Heilende Rituale

Mara Branscombe

Heilende Rituale

Herzstücke für deine göttliche Weiblichkeit

Aus dem amerikanischen Englisch übersetzt von Cornelia Epstein-Marquardt

Für meine geliebten Töchter
und stetigen Lehrerinnen,
Desa Rose und Phoenix

INHALT

Entzünde jeden Tag ein Leuchtfeuer für deine Seele!
Sei sanft und still, sei mutig und kühn – bleibe authentisch.
So strahlst du Güte und Mitgefühl aus,
als treue Zeugin der Wahrheit.
Weil du die Herzen anderer berührst,
wird sich auch dein Leben zum Besseren wenden.
In Freiheit und Bewusstheit zu leben,
heißt rückhaltlos zu lieben:
Dies sind die heiligen Worte der Wahrheit,
die aus der Quelle des Lebens strömen.

ZUM GELEIT

Es war der Ruf meiner Seele, der mich dazu brachte, dieses Buch zu schreiben. Ich wusste einfach, dass es Zeit dafür war und hoffe aus tiefstem Herzen, dem Bewusstseinswandel zu dienen, der jetzt unsere Welt ergreift. Es geht mir darum, dass du dich intuitiv mit deinem höchsten Selbst verbindest und herzzentriert lebst – wahrhaft lebendig zu sein und deine schönsten Träume zu verwirklichen.

Stell dir die spirituelle Reise deines Lebens so vor, dass du dich wie auf einer Spirale fortbewegst. Unser Lebensweg kreist um unsere innere Mitte und bewegt sich nach oben hin. Manchmal befinden wir uns im Zentrum der Spirale, in der Phase innerer Reifung und Vollendung, manchmal expandieren wir nach außen hin – worauf wiederum die Besinnung aufs Innere folgt. Mit jedem Zyklus bewegst du dich höher und höher: Das ist dein Weg, der Weg der modernen Mystikerin.

In welcher Phase des Lebens du dich auch befindest – stets sind die Momente des „göttlichen Timings" mitentscheidend. Um sie zu erhaschen, müssen wir unsere Absicht bewusst errichten – klar und deutlich. Und dann die Anhaftung an das Ergebnis loslassen! Dann leben wir voll und ganz im gegenwärtigen Moment, und unser Tun und Lassen wird zum lebendigen Ritual.

Wirf deine Visionen und Gebete in die Welt hinaus! Erschaffe deine täglichen Rituale, um selbst ein Magnet für die Energie zur Verwirklichung deiner Lebensträume zu werden! Auch wenn uns das Universum einmal etwas anderes bringt als das, worum wir gebeten hatten, ist es stets doch so bestimmt, dass das Ergebnis zu uns kommt.

Sich ungebremst auf diese Lebensreise zu begeben und die eigene Seelenabsicht zu verwirklichen, ist unser aller tiefster Traum. Unsere Intuition ist das Werkzeug dafür. Sie entfesselt ungeahnte Kreativität, weil sie Körper, Geist und Seele gleichermaßen verpflichtet, unsere persönlichste Essenz freizulegen. Sieh dich stets als das, was du in deiner höchsten Form bist – und nie mehr als das, was du (noch) nicht bist! So erweckst du die Mystikerin und die Heilerin in dir, die Lehrerin und die ewig Wissbegierige, die Dichterin und die Künstlerin, die Hebamme und Feuertänzerin, die Naturschützerin und friedvolle Kriegerin. Denn das alles bist du, wenn du dein Leben als ein heiliges Ritual lebst und deine Gaben mit der Gemeinschaft teilst. Die Welt braucht Menschen wie dich – gerade jetzt, in einer Zeit, da so viel für unsere Lebenswelt auf dem Spiel steht.

Möge dieses Werk einen bescheidenen Beitrag leisten, damit du deine ureigene Wahrheit erkennen, sie aussprechen und gleichermaßen mitfühlend zuhören kannst. Mögest du die Schönheit in allen Dingen sehen! Mögest du gleichermaßen geben und empfangen und mit erwachtem Bewusstsein leben! Und wisse: Du bist nicht allein – du wirst unterstützt.

RITUALE SIND HEILUNG

Rituale sind ein Spiegel deiner Lebensreise.
Mit ihnen feierst du den gegenwärtigen Moment,
erhebst das Alltägliche ins Heilige
und machst dir wichtige Wendepunkte bewusst,
um den Ruf deiner Seele zu erhören.

Kapitel 1
Rituale sind Heilung
Erwecke die Mystikerin in dir

WOZU RITUALE?

Ganz einfach deshalb, weil sie im Herzen der Menschheit verankert sind. Zum einen, um uns von äußerem Druck und Chaos zu befreien. Zum anderen, um uns durch Rhythmus und Wiederholung Halt und Verlässlichkeit zu bieten. Letzten Endes, weil sie uns helfen, in den Zustand innerer Freiheit zu gelangen.

Ein Ritual kann alles sein, was mit Absicht und Bewusstheit durchgeführt wird, sei es individuell oder in Gemeinschaft, sei es formelhaft festgelegt oder spontan und intuitiv. Schon wenn wir eine Kerze anzünden und unsere Absichten laut aussprechen, kann das ein Ritual sein – egal, ob wir ein wichtiges Projekt oder eine Beziehung abschließen, eine alte Gewohnheit loslassen oder uns für die nächste Phase in unserem Leben öffnen wollen.

Warum tun wir das? Weil wir wissen oder zumindest erahnen, dass Rituale uns den unmittelbaren Zugang zu unseren Selbstheilungskräften eröffnen. Weil wir fühlen, dass sie unsere Emotionen widerspiegeln und uns offenbaren, wie wir den Zugang zu innerer Transformation finden. Rituale sind unser Zufluchtsort, um uns eine völlig neue Perspektive zu eröffnen und die entscheidenden Momente in unserem Leben zu erkennen und tiefer zu verstehen. Denn Rituale spiegeln uns unbestechlich sowohl das zurück, was wahr und gut ist, wie auch das, was uns immer wieder aufhält, unsere eigentliche Lebensabsicht zu verwirklichen.

Denn darin liegt die Kraft jedes absichtlich und bewusst ausgeführten Rituals: dass wir uns auf uns selbst einlassen, uns mit Achtsamkeit für den gegenwärtigen Augenblick erfüllen und Verbundenheit mit dem Leben selbst erlangen.

HEILIGE ALCHEMIE: DEN INNEREN GARTEN HEGEN UND PFLEGEN

Unsere heutige Lebensweise führt oft zu Orientierungslosigkeit und Zukunftsangst. Überreizung auf der einen Seite und ein diffuses Gefühl inneren Mangels auf der anderen: Das sind die Folgen von Sinnverlust, einhergehend mit der Abkopplung von den natürlichen Rhythmen des Lebens. Immer lautere Hilfeschreie sendet unser Planet aus. Mutter Erde gemahnt uns, ihre Schätze mehr und mehr auch für künftige Generationen zu bewahren, statt nur an uns selbst zu denken. Ihre göttlich-weibliche Natur öffnet die Arme und lädt uns ein, alle irdischen Ressourcen wieder zu ehren, statt sie für eigensüchtige Zwecke zu missbrauchen. Das ist Erdung im spirituellen Wortsinn – dem Ruf zu folgen, am Erwachen einer zeitgemäßen Form der Mystik teilzuhaben. Rituale können dein Wegweiser sein. Sie verbinden dich mit der besten Version von dir selbst und stärken dich, um das Leben, das du aus tiefster Seele wählen willst, auch wirklich zu leben.

Dein Leben wird davon geprägt,
was du deinem Energiekörper zuführst.
Deine Gedanken, Worte und Überzeugungen
werden zu deiner Realität.

Die moderne Mystikerin wird zur Gärtnerin ihres Energiekörpers. Sie verschafft ihren Gefühlen und Gedanken einen gesunden Boden, sät ihre Handlungen sorgfältig und bewusst im Alltag aus, wässert und jätet ihre Beziehungen – und erfreut sich daran, was daraus erwächst. Das ist es, was ich als „heilige Alchemie" begreife: unseren „inneren Garten" zu hegen und zu pflegen. Für mich die Lebenskunst des neuen Zeitalters! Der Weg, um nicht mehr länger von meiner Bestimmung weggeführt zu werden, sondern den Impuls zu erwecken, mich selbst zu führen, statt verführt zu werden. Das Werkzeug, um mein volles Potenzial zu erschließen, dank intuitiver Kraft. Der Schlüssel, um das Leben, das ich wirklich will, auch zu führen – und es selbst zu steuern.

Dieser heilige Funke lebt in mir, und ich empfehle dir, ihn auch in dir selbst zu entzünden. Was in diesem Buch vorgeschlagen wird, dringt vom Verstand bis ins Herz vor, es belebt deine kreative Natur. Ob du einen Altar errichtest, ob du meditierst, Teetrinken zelebrierst, einfach eine Kerze entzündest, laut betest oder singst oder ein Tagebuch führst: Alles dient dazu, deine ganz persönliche Erfahrungswelt strukturierter und kreativer, vertrauter und befreiender zugleich zu gestalten.

Wenn du dich das nächste Mal in Zweifel, Furcht, Stress oder innerem Ungleichgewicht wiederfindest, dann frage dich: „Füttere ich selbst noch diesen Zustand, diese Situation?" Ein solcher Moment des Innehaltens ist ein goldener Moment, um Negatives in Positives zu wandeln. Deine Aufmerksamkeit in Richtung Dankbarkeit, auf das Gewahrsein deines Atems und alle Geschenke der Natur zu lenken. Und dem göttlichen Timing zu vertrauen! Zusammen werden wir erfahren, wie wir das erreichen können. Schritt für Schritt wirst du deinen mentalen Standard erhöhen. Und statt dein Herz mit toxischer Energie zu füttern, wirst du es mit Wahrheit erfüllen und dir selbst und anderen gut tun.

Die moderne Mystikerin legt Zeugnis für diese neue, alte Lebensweise ab. Sie speist bewusst und absichtlich solche Gedanken, Gefühle, Worte und Handlungen in ihr Wesen ein, die Negatives in Positives wandeln. Es beginnt damit, dir darüber bewusst zu werden, was dir selbst nicht mehr dient – und es zu akzeptieren! Denn es nützt nichts, Negatives zu leugnen oder wegzuschieben. Denn es würde wiederkommen. Also akzeptiere alles – einfach alles! – an dir selbst. Das ist der Anfang. Es ist unabdingbar, nichts zu unterdrücken, zu verdrängen oder zu umgehen. Arbeite auch mit Schwierigem als Katalysator, um eine heilende Erfahrung für dich selbst zu aktivieren.

Ritualarbeit hilft, toxische Gedanken und Verhaltensweisen endgültig loszuwerden, statt sie immer wieder zu übergehen. Weil Rituale ein machtvolles Werkzeug sind, um Inneres ins Äußere zu übersetzen. Weil du damit deinen ureigenen Weg zu einer positiven, bewussten und mystischen Lebensweise erst erschnupperst – und dann zielgerichtet gehen wirst.

Das Bedürfnis nach Ritualen ist ein ursprünglicher menschlicher Instinkt, ein zwingender Impuls, sich mit etwas zu verbinden, das über die profane Welt hinausgeht und ins Unendliche führt. Riten brachten immer schon ein umfassendes Netz archetypischen Verständnisses der menschlichen Lebenswelt hervor. Indem auch wir unsere Kraft zur bewussten Selbstführung durch Rituale erwecken, machen wir uns mit dem großen Geheimnis des Lebens vertraut. Es öffnet sich die Tür zur Heiligkeit, zu einer Wahrheit jenseits des alltäglichen Lebens, die uns selbst und unsere Mitwelt nährt.

Sobald du dir selbst die Erlaubnis gibst, ein spirituelles Leben in dieser deiner einzigartigen Gestaltung eines menschlichen Körpers zu leben, erwachen auch die göttlichen Zeitpunkte, die Vorzeichen, die helfenden und mitfühlenden Geister, der Schöpfer, die Engel, die Götter und Göttinnen (was auch immer dein persönlicher Glaube ist) für dich zum Leben. Spirituelle Energien reisen mit dir, um bei der Erfüllung deiner kühnsten Träume beizustehen. Das göttliche Timing unterstützt dich, und du beginnst die wegweisenden Zeichen, Symbole und Botschaften um dich herum zu sehen. Mit einem Wort: Du öffnest dich für die Alchemie des Geistes.

ZEITLOSE WEISHEITSLEHREN SIND DEIN INNERER KOMPASS

Seit es Menschen gibt, folgte der Lauf ihres Lebens dem Lauf der Jahreszeiten. Weise Menschen sorgten dafür, dass die Gemeinschaften sich mit den Rhythmen des kosmischen Geschehens verbanden. Die Mondzyklen lieferten Orientierungen für das tägliche Dasein, Sonnenwenden waren hohe Festtage. Die Sonne steht seit je symbolisch für die heilige männliche Kraft, Erde und Mond für die göttliche weibliche Energie. Beide Kräfte wirken in der Polarität zusammen, die unser aller Leben bestimmt. Die erdverbundene Weisheit der Alten lehrt auch uns, dass alle Reiche der Schöpfung miteinander kommunizieren, von den Mineralien über Pflanzen und Tiere bis hin zum Menschen – und wer weiß, bis wohin über uns noch? Alles ist aus Sternenstaub erschaffen und durch die Alchemie der Erde zu dem geworden, was es heute ist.

Nach den alten Lehren sind überall – sowohl in uns selbst als auch um uns herum – fünf Elemente am Werk: Luft, Feuer, Wasser, Erde und Äther. Wir selbst sind ein Teil dieser allumfassenden, alles durchwirkenden Kraft, der Essenz des Lebens, auch „Prana" genannt. Aus dieser Quelle schöpfen wir, wenn wir inspiriert sind, wenn wir unser Bewusstsein erweitern, unser wahres Potenzial entfalten, um uns selbst und andere zu fühlen und zu lieben. Dann bringen wir unser ureigenes Potenzial in dieser Welt voll und ganz zum Ausdruck.

Rituale sind unser Werkzeug, um mit den fünf Elementen, den vier Jahreszeiten und den vier Himmelsräumen zu arbeiten. Indem wir uns mit der Natur verbinden, verbinden wir uns auch mit uns selbst. Die altüberlieferte Symbolik des Jahresrades leitet uns an, wie wir uns erden und an einer Spiritualität teilhaben, die unsere persönliche Alchemie ins kosmische Kraftfeld integriert. In kreisförmigem Muster orientieren sich unsere Zeremonien an den vier jahreszeitlichen Scheidepunkten von Frühling, Sommer, Herbst und Winter und erwecken die heilenden und aufbauenden Kräfte der fünf Elemente von Luft, Feuer, Wasser, Erde und Äther zum Leben.

Die Symbolik jedes einzelnen Abschnitts auf dem Jahresrad bietet unendlich viel Weisheit und rituelle Inspiration. Sie inspiriert, sich einen gedeihlichen Rhythmus für den Alltag zu schaffen und gibt einen Kompass an die Hand, um die großen Linien des eigenen Lebens geradezuziehen.

Die beste Inspiration ist die Natur. Sie ist das königliche Medium, um zeitlose Weisheitslehren immer tiefer und immer umfassender zu verstehen. Indem wir uns auf die Wunder der natürlichen Welt einlassen und die Fülle und Schönheit, die in den Elementen lebendig ist, im eigenen Inneren erfahren, werden Körper, Geist und Seele gereinigt und befreit. Dauerhaft Freude und Frieden erfahren zu dürfen, ist das willkommene Resultat.

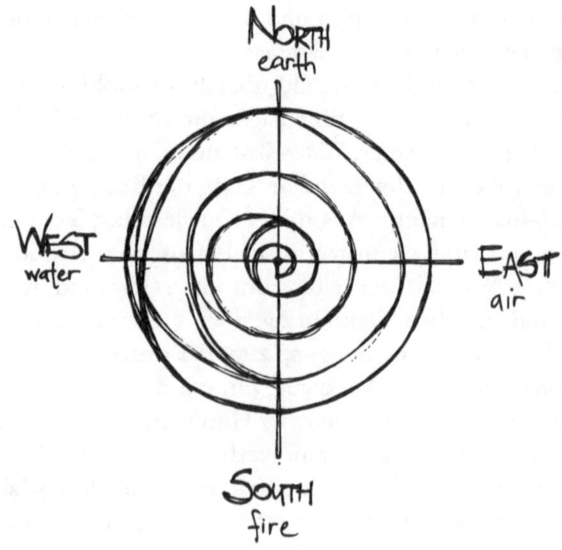

JAHRESRAD UND ELEMENTEN-SYMBOLIK

In den alten Hochkulturen fand das Rad des Jahres mannigfaltige symbolische Ausdruckformen. Nun liegt es bei dir, wie du dich am besten damit verbindest. Die moderne Mystikerin genießt es, rituelle Praktiken zu entwickeln, deren Struktur, Rhythmus und Symbolkraft ihrem persönlichen Wesen entspricht. Auch die Rituale in diesem Buch sind aus meiner eigenen Erfahrung hervorgegangen, beruhend auf intensivem Studium verschiedenster Überlieferungen und der Tatsache, dass ich seit vielen Jahren dem Weg der modernen Mystikerin folge.

OSTEN

Der Ort der aufgehenden Sonne, an dem wir das Element der reinen, frischen, süßen Morgenluft willkommen heißen. Wir ehren die Frühlings-Tagundnachtgleiche und den Zauber, der allem Anfang innewohnt. Wir feiern die Fruchtbarkeit und die Rückkehr des Lichts. Wir zelebrieren unsere Herzkraft, unsere Fähigkeit zu lieben und allen Wesen gegenüber mitfühlend zu sein. Das Element Luft regiert den Bereich des Denkens, des

Atmens, des Erwachens im Herzen, es fördert das Lernen und das Wissen sowie die Harmonie des Miteinander-Verbundenseins.

SÜDEN

Hier leuchtet das Feuer der unversieglichen Sonnenkraft, die alles zum Leben erweckt und erleuchtet. Wir ehren die Sommersonnenwende, das natürliche Wachstum vom Samen zur Frucht ebenso wie die kindliche Verspieltheit des erwachenden Geistes, der überkommene Narrative loslässt, weil sie einer Transformation des Bewusstseins bisher entgegenstanden. Staunend lassen wir uns auf unser gesundes Ich und unser wertgeschätztes Selbst ein. Feuer steht für Veränderung und Wandel. Es ist ein Symbol für Willenskraft, Freiheit, Leidenschaft, Vision, Liebe und Stärke.

WESTEN

Die Ruhestätte der untergehenden Sonne weist uns die Richtung, wann und wo wir uns für das Element Wasser öffnen können, um selbst in Fluss zu kommen. Es geht um Kreativität und Erneuerung. Wir ehren die Herbst-Tagundnachtgleiche, die reiche Ernte, die wir dank unserer bewussten Arbeit im eigenen Innern einfahren, und werden gleichzeitig an den Zyklus von Leben, Tod und Wiedergeburt in allen Formen erinnert. Wasser steht für den emotionalen Bereich, für das Unterbewusstsein und unser wahres Potenzial, für tiefste Träume und das In-Fluss-Kommen, um uns zu reinigen und selbst zu heilen.

NORDEN

Dort begrüßen wir unsere Große Mutter, öffnen uns für Erdung und Fülle. Wir ehren die Wintersonnenwende, den kürzesten Tag und die längste Nacht des Jahres und danken für jede Zeit der Ruhe und Besinnung, der Meditation und inneren Einkehr. Unsere geerdete, ruhige, ausgeglichene Energie und die Fähigkeit, sich Ängsten zu stellen und sie in Freiheit umzuwandeln, sind der Schlüssel zur Einstimmung auf dieses Element. Die Erde ist stabil, solide und verlässlich und steht für Fülle, Nahrung, Sicherheit und physische Manifestation.

ÄTHER

Die Mitte des Rades symbolisiert die Vitalkraft, die jedes Leben schafft und zusammenhält. Äther wird als Seelenelement bezeichnet und ist die wesentliche Energie des Geistes, aus dem die kosmische Welt ersteht. Äther beseelt alles, auch die uns unsichtbaren Reiche der Schöpfung und lässt alle Ebenen harmonisch miteinander agieren. Er ist die Essenz von Allem-was-Ist und sorgt für Einheit in der Vielheit. Hier, in der Mitte des Rades, liegt auch die Quelle unserer mystischen Begabung – über uns, unter uns, vor uns, hinter uns und in uns selbst.

Beherzige diese Übersicht als Leitfaden, um deine eigenen Rituale zu erschaffen und durchzuführen. Bleibe neugierig, um immer wieder Energie, Frieden, Fluss, Ausgeglichenheit, Leidenschaft, Klarheit und Verbindung einzuladen. Die Kraft der Elemente wird dich aus der Reichhaltigkeit der Natur schöpfen lassen, wann immer du willst. Bist du geerdet, bist du auch inspiriert. Öffne dich in jedem Moment für ein transformierendes, lebendiges, atmendes Ritual.

VERTRAUE DEINEM PROZESS

Ganz praktisch können wir erfahren, dass unsere gesamte Erfahrungswelt von allen fünf Elementen durchwirkt ist. Innen und außen sind miteinander verbunden und es gibt weder Fehlerhaftigkeit noch Zufall. Wie erkennen wir, wo uns eine unausgewogene Energie behindert und wann göttliches Timing uns hilft? Der Bauchinstinkt sagt es uns! Er lässt uns fühlen, was gut ist und was nicht. Wer es erlebt, wird spirituelle Dankbarkeit entwickeln. „Spirituelle Dankbarkeit“ bedeutet nicht, ständig für alles dankbar sein zu müssen – je weiser wir werden, umso präsenter und kritischer werden wir auch. Nicht alles gelingt auch sofort. Aber weil wir wissen, was für uns wahr und wichtig ist, bleiben wir stabil, selbst wenn es einmal nicht so gut läuft. In jeder Lebensphase dürfen wir deshalb unserem Entwicklungsprozess vertrauen.

Die Welt braucht dich. Jetzt! Planet und Menschheit bedürfen nachhaltiger Bemühung um ein universelles Feld der Freundlichkeit, des Mitgefühls und des herzzentrierten Lebens.

Ein Segen des nordamerikanischen Urvolks der Hopi lautet: „Mögest du in Schönheit wandeln.“ Schulen wir also unser inneres Auge, um die Schönheit um uns herum zu sehen, um uns auf unser mitfühlendes Herz, unseren bewussten Verstand und einen klaren, präzisen Aufruf zum Handeln einzustimmen. Das ist die Einstellung, die uns durch die Stürme des Alltags zu navigieren hilft, inmitten politischer Unrast, technologischer Überdehnung, Leistungsdruck und Egoismus.

Indem wir unser Gespür für uns selbst stärken und eine innige Verbindung mit bewussten, absichtsvoll gestalteten Ritualen eingehen, inspirieren wir uns gegenseitig, einschließlich künftiger Generationen, und bewirken einen dauerhaften, positiven Wandel: emotional, körperlich, geistig und spirituell.

Rituale, um sich mit den Elementen zu verbinden

In diesem Buch findest du eine große Bandbreite an Meditationen, Visualisierungen und Atemarbeit, an Ritualen zur persönlichen Verbindung mit den Elementen, Übungen für Körper und Geist zur Stärkung der Intuition, Gedichte zur Erweckung deiner persönlichen Alchemie und Anstöße, um selbst zu Stift und Papier zu greifen und durch ein Tagebuch das Gewahrsein für deine persönliche Präsenz in jedem einzelnen Augenblick deines Lebens zu erwecken. Locke deine Seele hervor! Heile dich selbst und andere!

Lies jede Übung zunächst von Anfang bis Ende aufmerksam durch, um ein Gefühl für die zugrunde liegende Absicht und den Weg zum jeweiligen Ziel zu bekommen. Dann besorge dir, wenn gefordert, die erforderlichen Utensilien. Folge der Anleitung mit genügend Zeit für jeden einzelnen Schritt. Spüre die heilenden Energien in Körper und Geist. Und vergiss dein Tagebuch nicht!

1. Fünf Grundsteine für jedes Ritual

Die Rituale in diesem Buch sind das Ergebnis jahrzehntelanger Erarbeitung und persönlicher Erfahrungen, die mich selbst weitergebracht haben. Sie verschmelzen zeremonielle Praktiken aus aller Welt, und manches mag dir bekannt vorkommen, anderes hingegen völlig neu sein. Alles dient dem Ziel, deine weibliche Göttlichkeit zu entfalten! Du darfst wählen – und bist gut beraten, dich von deinen eigenen Bedürfnissen leiten zu lassen. Immer wieder wirst du Hinweise finden, deine eigene Kreativität einzubringen. Denn was dich inspiriert, das hilft dir auch. Und wenn du deine eigenen Zeremonien mit einer Gemeinschaft teilst, erhöht das auch deine eigene Energie. Stets aber gilt es, alles auf der richtigen Grundlage aufzubauen. Die folgenden fünf Punkte zeigen dir, worauf du bauen kannst, um deine rituelle Praxis zum gewünschten Erfolg zu führen. Es ist empfehlenswert, sie anfangs ins Tagebuch aufzunehmen, um sie vollständig zu verinnerlichen.

1 Fasse eine klare, einfache Absicht. Zum Beispiel: „Heute öffne ich mich der Gnade von/des/der ..." Lausche deinem Inneren, um klarzustellen, was du manifestieren willst.

2 Beginne mit einer einfachen Aufgabe. Einen kleinen Schritt zu Ende zu gehen, ist allemal lohnender, als vor einem großen Ziel stecken zu bleiben. Ein immer lohnenswertes Beispiel ist, an jedem Morgen für drei gute Dinge in deinem Leben zu danken.

3 Verwende ein Kraftsymbol, das dich persönlich inspiriert – übernimm nichts, einfach weil irgendjemand es empfohlen hat. Du solltest dazu eine innere Verbindung verspüren, es könnte alles Mögliche sein: ein Naturfoto, das Bildnis einer Gottheit, ein Kristall – irgendetwas, wozu du einen Draht hast.

4 Ehre dein Ritual. Praktiziere möglichst immer zur selben Tageszeit. (Morgens ist für viele ideal.) Lass nicht zu, dass dann etwas in die Quere kommt – gestatte dir das Privileg der Seelenarbeit! Sie fruchtet am meisten, wenn sie ins Webmuster deines persönlichen Alltags fest verflochten ist.

5 Am Ende lass das Ergebnis los! Das Bedürfnis nach sofortigen Ergebnissen ist nur zu verständlich, aber es gehört zu unseren Anhaftungen. Nachhaltige Transformation erfordert Zeit. Du darfst sicher sein: Deine Energieschwingung wird sich Schritt für Schritt erhöhen – manchmal in großen, viel öfter aber in kleinen und doch spürbaren Schritten.

2. Kläre dein Energiefeld und verbinde dich mit den Elementen

Absicht

Den Alltagsstress loslassen und eine Verbindung mit den fünf Elementen herstellen, um dich mit möglichst reiner Energie aufzuladen, im Sinne geistiger Erneuerung für die Einigung von Körper, Geist und Seele.

Merke: Visualisierung ist alles, was du innerlich „greifen" kannst: Bilder, Worte, Erinnerungen, Sinneseindrücke jedweder Art.

1 Suche dir einen bequemen Platz und schließe die Augen.

2 Stell dir einen Ort in der Natur vor, den du liebst – einen stillen Ort, an dem du dich wohlfühlst. Stell dir die Landschaft um dich herum vor und nimm die Kraft wahr, die Pflanzen, Bäume und Blumen wachsen lässt. Heiße die festgefügte Kraft der Erde auch in deinem Körper willkommen. Fokussiere deine Aufmerksamkeit auf die untere Hälfte des Körpers; spüre, wie verbunden du mit der Wärme von Mutter Erde bist und von ihr umarmt wirst.

3 Nimm sechs tiefe, volle Atemzüge, um dich jetzt ganz und gar mit der Erde zu verbinden.

4 Heiße das Element Wasser willkommen. Stell dir die Geräusche von Wasser unmittelbar in deiner Nähe vor, empfinde sein Fließen auch in dir selbst, in deinen Hüften, deinem Becken und deinem Unterleib.

5 Atme sechsmal vollständig ein und aus, während du das Fließen und die Leichtigkeit der Energie in deinem Körper und in deinem Leben willkommen heißt.

6 Geh zum Element des Feuers, visualisiere eine Kerzenflamme. Sieh ihre hellen Farben und heiße die Energie der Leidenschaft in deinem Solarplexus willkommen.

7 Atme sechsmal tief ein und aus. Lass mit jedem Atemzug die Flamme der Kerze heller werden. Verwirble ihre Farben in Körper und Geist.

8 Visualisiere das Element Luft. Stell dir den Himmel vor. Ziehen dort Wolken, oder ist es hell und sonnig? Ist der Wind sanft oder stark? Stell dir vor, dass jede schwere emotionale Energie in deinem Herzen weggeblasen wird. Spüre, wie das Element Luft frische und klare Energie in deinen ganzen Körper bringt.

9 Nimm sechs volle, tiefe Atemzüge, um die Befreiung zu begrüßen, die mit der bewegten Luft kommt.

10 Visualisiere das Element Äther. Richte dein Bewusstsein auf seine stärkende Kraft überall um dich herum. Spüre die Vitalität der Lebensessenz, die alles erschafft. Visualisiere, wie das Licht der Sterne uns alle hervorgebracht hat, wie auch den fruchtbaren Boden, aus dem die Pflanzen und Blumen entstehen. Alles war einst Sternenstaub ... Nun ist es ein Teil von dir – DAS BIST DU! Stell dir vor, wie das Element Äther, das Geheimnis des Göttlichen, um dich herum wirkt und wirbelt, wie es auch dich mit der göttlichen, spirituellen Essenz des Lebens erfüllt.

11 Nimm sechs volle, tiefe Atemzüge, während du deinen Energiekörper ganz und gar mit dieser lebendigen, alles erfüllenden Energie anreicherst.

12 Kehre nun zu deinem Atem zurück, in den Raum, in dem du gerade sitzt, und nimm innere Veränderungen, die du in dir selbst spürst, genau wahr.

13 Beobachte, was sich geändert hat – irgendeine Perspektive? Eine Einstellung? Begrüße es als neue Energie, die dich durch den Tag begleitet.

14 Manifestiere eine positive „Ich bin … / ich will …"-Aussage und gehe in Resonanz damit. Wenn du zum Beispiel bereit bist, sowohl Feuer- als auch Erdenergie zu aktivieren, könnte deine Manifestation lauten: „Ich bin ein loderndes Feuer geerdeter Energie. Heute werde ich mein ausgeglichenes, strahlendes Selbst in jeder Hinsicht entfachen."

15 Wiederhole diese Aussage dreimal und schreibe sie auch auf. Webe sie in die Matrix deines Tages ein, sodass sie dir jederzeit zur Erinnerung gereichen kann.

3. Tagebuchanregung

- Welches Element – Erde, Luft, Feuer, Wasser oder Äther – hat in der vorangegangenen Meditation die stärkste Resonanz ausgelöst?
- Hast du dabei spontane körperliche Empfindungen gehabt?
- Auf welche Weise empfindest du, dass dein geerdetes Selbst dich mit innerer Stabilität im Alltag unterstützt?
- Was bringt dich in den Zustand der Ausgeglichenheit?
- Was bringt dich in den Zustand der Überforderung?
- Was bringt dich in den Zustand der Freude?
- Beschreibe, wie jedes einzelne Element eine deiner guten Seiten anspricht. Stell dir vor, wie selbstverständlich es sein kann, seine positive Energie zu empfangen. Erinnere dich, wie spontan sie fließen kann – selbst dann, wenn du dich müde, gestresst, unausgeglichen oder ängstlich fühlst. Heiße deine Fähigkeit willkommen, deine jeweilige Verfassung zu ändern, indem du deine Bewusstseinsschwingung erhöhst und dein Energiefeld stärkst – dank der Kraft der Elemente!

Altäre errichten.
Kerzen entzünden.
Zeit finden, um sich zu weiten
für die Stille der Geistigen Welt.
Das Unbekannte willkommen heißen.
Ins Geheimnis großer Lebensfragen eintauchen.
Die Erde berühren.
Den Himmel küssen.
Kanal sein für die Bewegungen des Geistes
in meinem heiligen Körper.
Jedem einzelnen Tag vertrauen!

IN DEN HERZTEMPEL

Als Jägerin und Fährtenleserin auf dem Pfad
zum Tempel meines Herzens
öffne ich sanft und unwiderstehlich zugleich seine Tür,
um meinen Seelengarten zu schmücken.
Ich verneige mich in Ehrfurcht, vergebe gern und oft,
ohne Angst vor Wandel und Neuanfang.
Ich sammle meine Visionssamen, pflanze sie tief in die Erde,
hege und pflege sie bis zur Reifung
und küsse meine Gebete mit der Alchemie meines tiefsten Wesens,
um unbändige, göttliche Liebe anzuziehen.

Möge meine Absicht stets in rückhaltlosem Annehmen wurzeln,
in völliger Urteilslosigkeit.
Möge mein Welt- und Menschenbild das große Mysterium feiern.
Möge ich vor allem ein fest geerdeter Kanal werden
für alle heilenden und erhebenden Kräfte,
die zum Wohl aller
aus dem Quell erleuchteter Herzenskraft strömen.

Kapitel 2
In den Herztempel
Wild leben, frei lieben

MIT DEM SCHATTENSELBST TANZEN

Immer wieder bringt unser Leben Prüfungen mit sich: Wunden werden geschlagen, Traumata erlebt, Scham und Schuldgefühle ausgelöst, Abhängigkeiten und Trennungen erlitten, Durchbrüche und Zusammenbrüche auferlegt. Die Liste ist schier endlos ... Kontrollieren können wir das Leben nicht – wohl aber unsere Reaktion darauf. Indem wir die richtigen Werkzeuge entwickeln, um von Geist und Herz gleichermaßen getragen zu werden, wird sich ein Weg eröffnen. Wir werden die beste Version unserer selbst hervorbringen und endlich sein, was wir sein könnten.

Unsere schwierigen Lebenserfahrungen sind ein Spiegel, in den wir absichtlich schauen sollten, um unseren inneren Heilungsprozess anzugehen. Es geht um die Begegnung mit unserem Schattenselbst. Unser angeknackstes, verwundetes Selbst meldet sich in Glaubenssätzen wie: „Ich bin nicht gut genug", „Nie werde ich Liebe finden". Doch nun laufen wir nicht mehr davor weg. Wir benennen unsere Ängste. Wir decken unsere Stressoren auf. Wir legen unsere unterdrückten Gefühle frei. Und erkennen endlich: Genau sie werden zum Material der Heilung.

Der erste Schritt ist, Gewahrsein dort hineinzubringen, wo bisher Verdrängung war. Der zweite besteht darin, negative Gefühle nicht einfach schlapp hinzunehmen, sondern sie mithilfe unserer Werkzeuge gezielt zu bearbeiten: sie zu „massieren", zu

„modellieren“, um Blut und Leben hineinzubringen, statt weiter Stillstand und Starre zu ertragen. Dank unserer bewussten, nachhaltig gepflegten Absichten werden wir zu Choreografen des inneren Gestaltwandels. Wir verwenden unser Schattenselbst als Material der Gegenwart, um das Opferbewusstsein hinter uns zu lassen und für uns eine bessere Zukunft zu bauen. Und ja, es ist Arbeit! Aber eine Arbeit, die den größten Lohn verschafft, der uns Menschen möglich ist.

Tägliche Rituale der Selbstfürsorge helfen, Angst, Trauer, Furcht, Wut und Depression zu heilen: als lebendige, atmende, mitfühlende, vergebende und wache Schöpfung unseres wahren Selbst. Sie sind unsere täglichen Werkzeuge, um unser bestmögliches Leben zu verwirklichen. Ja, es funktioniert! Sogar dann, wenn wir bisweilen etwas chaotisch und schlampig sind. Wenn schon unsere Träume wild sind, warum darf es nicht auch unser Alltag sein, solange wir mutig und ungezähmt ins Leben hineinwachsen?

Du hast die Wahl. Du stellst die Regeln auf. Denn nur du übernimmst die Führung auf der Reise.

Hast du Lust drauf? Auf geht‘s!

DIE SEGNUNGEN DES MITGEFÜHLS UND UNERSCHÜTTERLICHER SELBSTLIEBE

Was ist der beste Balsam für seelische Wunden? Die Selbstliebe.

Halte inne, nur für einen Moment. Lege beide Hände auf dein Herz, atme dreimal tief durch – und begegne deinem Körper in Liebe. Lass bei jedem Ausatmen alle Selbstgespräche gehen, die dich daran hindern, dich jetzt voll und ganz zu akzeptieren und zu lieben. So, wie du bist! Liebst du dich selbst, kannst du dich auch der Welt so zeigen, wie du wirklich bist. Radikale Selbstliebe ist eine unerschöpfliche Quelle der Kraft: sowohl, um anderen Menschen mitfühlend und liebevoll zu begegnen, als auch um Selbstverurteilungen abzulegen wie „Ich bin nicht gut genug“ oder „Ich bin dessen nicht würdig“. Dein Herzzentrum verankert sich, deine Gedanken werden geradegezogen, mit einem Wort: Du magnetisierst dich selbst mit vitaler Energie.

Warum wohl übernehmen Angst, Stress, Abgeschlagenheit und Motivationslosigkeit das Ruder? Weil wir es zunächst gar nicht bemerken! Schon finden wir uns in einem aufgeheizten Moment wieder und sagen oder tun etwas, das dem entgegensteht, was wir uns doch fest vorgenommen hatten. Wir bezahlen für die Unachtsamkeit des vorigen Moments, leben aus der Vergangenheit heraus, und statt diesen Moment mit freiem Geist und offenem Herzen zu ergreifen, projizieren wir etwas in die Zukunft, das uns jetzt blockiert. So verfehlen wir die Erfüllung unserer Absicht, in der Gegenwart ein Quell der Liebe und des Miteinanders zu sein. Es ist, wie wenn fließendes Wasser gestaut wird. Irgendwann heißt es nur noch zu fliehen oder zu kämpfen – und wie leicht gehen wir in den Fluten unter, die dann über uns hereinbrechen.

Nimm dir jetzt einen Moment Zeit. Halte inne und atme tief durch. Wisse und vertraue darauf, dass du im gegenwärtigen Moment verwurzelt bleibst, dich selbst voll und ganz fühlst, dass du nichts unterdrückst und auf deine Eingebung hörst – egal ob sie körperlich, mental, emotional oder spirituell zu dir kommt.

Was bedeutet es, mitfühlend zu sein? Es heißt, die Eigenheiten jedes einzelnen Menschen zu akzeptieren – auch ihre Urteile und die daraus resultierenden Handlungen. Begegne alldem mit Bereitschaft zur Vergebung. Denn sobald auch dein Verstand beginnt, sich in einer negativen Schleife zu drehen, schickt das ein Signal an dein Herz, sich zu verschließen. Auf den Körper wirkt es sich als energetischer Sog aus, der positive Energie ab- und negative Energie anzieht.

Ertappst du dich beim Gedankengeschwätz und beim Urteilen, dann versuche es zum Stillstand zu bringen, statt es weiterlaufen zu lassen. Was wäre jetzt deine bewusste Entscheidung? Dass du innehältst, atmest und dich fragst: „Welchen Wert hat dieser Gedanke/dieses Gefühl für mein eigenes Wohl und das Wohl des/der anderen?“ Genau das bedeutet es, Präsenz zu zeigen. Eine Präsenz, die zum Katalysator innerer Transformation wird. Im Gewahrsein, dass mein Herz dabei ist, sich jetzt zu verschließen, gefühllos zu werden. Indem dein Verstand erkennt, dass niedrig schwingende Urteile niemals einen Nutzen haben, wird auch ein pochendes und rasendes Herz weicher. Alle deine subtilen Herz-Geist-Körper-Kanäle öffnen sich!

In jenen Momenten, da wir auf diese Weise erwachen, pflegen wir unser Herzzentrum, setzen es als spirituelle Führung ein und verrichten hochwirksame Seelenpflegearbeit. Innere Wunden heilen. Wir erhalten Zugang zu einer höheren Schwingungsebene. Unsere Selbstliebe wird unerschütterlich – und auf verblüffende Weise anziehend! Denn auch andere spüren: Wir lassen uns darauf ein, wirklich das zu leben, was jeder einzelne Moment für uns bereithält. Ganz ohne faule Kompromisse! In dir selbst verankert, wirst du auch zum Anker für andere Menschen und bringst ein Stück Frieden in die Welt. So kultivierst du deine Liebesfähigkeit und gehst als Heilerin zum Tempel deiner Seele. Deine Lebensreise wird zum Abenteuer – einschließlich der Arbeit mit Trauer, Trauma und sogar Schmerz aus vergangenen Leben.

Jeder Lebenszyklus, jede Beziehung und jede einzelne Erfahrung schafft Navigationspunkte für den Herzkompass. Indem du deine Energie ziel- und absichtsvoll bewegst, deinen Geist von toxischen Rückständen befreist und Mitgefühl dir selbst und anderen gegenüber übst, erhältst du Zugang zu höheren Schwingungsebenen und magnetisierst deine Liebesfähigkeit.

JEDER NEUE TAG IST EIN NEUER ANFANG

Wir alle können heilen – jederzeit, denn unser inneres Ökosystem ist darauf eingerichtet, die körpereigene Intelligenz anzuregen. Jeder neue Tag bietet dir dazu die Möglichkeit.

Halte inne, atme tief ein und aus und sage laut und deutlich: *Mein Potenzial zu heilen hält seine Pforten stets geöffnet, jeder neue Tag bietet mir die Möglichkeit dazu.* Am Strom der Heilung teilzuhaben, heißt mutig zu lieben und frei zu leben. Das braucht inneren Spielraum für Gutherzigkeit und Vergebungsbereitschaft. Geboren werden wir mit der unschuldigen Reinheit des Forschergeistes. Doch sobald sich das Ego formt und der Charakter Gestalt annimmt, beginnen wir eine Version unserer selbst zu entfalten, die Lieben und Nicht-Lieben trennt, damit wir uns in Sicherheit fühlen und Anerkennung erfahren dürfen. Die Frage ist: Wie können wir uns radikale Selbstliebe zu eigen machen?

Wenn der Verstand Streiche spielt, unterbricht das jeden Heilungsprozess. Statt zur Gänze präsent zu sein, teilen wir unsere Gedanken, Handlungen und Worte in Pro und Kontra. Sobald wir aber wieder mit unserer innersten Essenz – dem höheren Selbst – verbunden sind, wachsen wir in unsere volle Präsenz hinein, erweitern und vertiefen wir unsere intuitive Natur. Die moderne Mystikerin weiß: In dem Maße, wie die menschliche Lebenswelt sich technologisch weiter und immer weiter entwickelt, muss auch sie selbst sich immer wieder rekalibrieren. Um ihrer Seelenmission gerecht zu werden, verpflichtet sie sich zu erdenden Praktiken für innere Stärke, Mitgefühl und nachhaltige Selbstliebe. Während die Welt immer komplexer wird, muss auch die Kraft täglicher Rituale wachsen! Dann findet jedes Mal, wenn du Selbstfürsorgerituale praktizierst, auch Heilung statt – manchmal leise und subtil, dann wieder urplötzlich transformierend.

Feiere deine persönliche Ausstrahlung! Erhöhe deine Energie, indem du Selbstliebe zurückgewinnst! Tag für Tag aktiv mit Ritualen zu arbeiten, erlöst langjährige negative Muster von Scham, Schuld, Selbstzweifel, Selbsthass, Angst und Furcht. Du transformiert deinen Seinszustand und wirst dein souveränes, liebendes Selbst zurückfordern. Deine geistige Führung wird es würdigen und dich leiten und unterstützen. Mit ihr wirst du dich verbunden fühlen und mehr und mehr der Einheit deiner Seele bewusst werden. Lass Licht herein!

ELEMENT LUFT: REINIGUNG DURCH ACHTSAMES ATMEN

Luft gibt dir den Atem, und Atem ist Leben. Deshalb erweitert ein Gewahrsein für deinen Atem auch deine gesamte Lebenseinstellung. Wird es dir bewusst, wenn du durch Stress kurzatmig wirst, wie tief du in der Meditation und wie entspannt du nach einem erholsamen Schlaf atmest, wirst du verstehen, wie du mit dem Element Luft auch das Leben in dich aufnimmst. Du wirst beginnen, deinen Atem zu ehren. Sein rhythmisches Tönen, seine jeweilige Qualität sind ein Spiegel deiner Bewusstheit für den gegenwärtigen Moment. Du horchst tiefer in dich hinein und weißt dir in gewissen Momenten zu sagen:

„Ich habe das Gefühl, dass mein Atem gerade eingeschränkt, enger und kürzer ist. Indem ich tief und lang ein- und ausatme, werde ich gehen lassen, woran ich mich in diesem Moment festbeiße."

Mit unserem allerersten Atemzug verschmolzen wir mit dem Element Luft. Unsere kleinen Lungen öffneten sich spontan und dehnten sich, um uns mit Leben zu beschenken. Stell dir vor, wie du gerade aus dem Mutterleib kommst, deinen ersten Atemzug nimmst und wie deine reine Essenz die Welt begrüßt. Sie ist dein Geschenk an die Welt. Mögest du dich jeden Tag ihrer erinnern und sie stets auftanken durch einen gesunden Atem. Mögest du deinen Lebensodem – deine Seelenessenz – bewahren, immer wieder reinigen, sie entwickeln und mit der Welt teilen. Dies ist der Kern deiner Lebensreise, und du fühlst ihn sehr, sehr tief – ob als sanfte Revolution im Herzen oder wie das Brüllen einer wilden Löwenmama. Atme tief und mitfühlend! Erinnere dich selbst immer wieder, dass die Herzmedizin der reinen Liebe das Heilmittel unserer Zeit ist.

Das Element Luft dient als Brücke zwischen dem Wasser im Schoß unserer Mutter und dem Funken des Feuers, das während des Geburtsvorgangs entfacht wird. Der mütterliche Körper bot uns den Kanal, um auf die Erde zu kommen. In Blitzesschnelle verschmolzen wir mit der Alchemie der fünf Elemente. Mitten hinein in ihre Natur wurden wir geboren, jeweils in einzigartiger alchemistischer Komposition. Auch die menschliche Gemeinschaft als Ganze birgt dieselbe elementare Seelenessenz, denn sie teilt ein und dieselbe Luft zum Atmen.

Indem wir jeden Morgen das Element Luft bewusst in uns aufnehmen und den Himmelsraum des Ostens begrüßen, von wo die Sonne hervorgeht, verleihen alle Geflügelten, die unseren Himmel zieren, uns ein Gefühl für die unendliche Höhe und Weite des Universums. Wir ehren die Erde, die Sonne und das Wasser mit tiefem Respekt, empfangen die heilende Energie der Erleuchtung durch die Elemente und öffnen uns für die Großartigkeit des Lebens.

Die indische Tradition verknüpft das Element Luft mit der Energie des „Prana" als körperlich-geistig-spiritueller Kraft. In China wird die vitale Lebenskraft, die durch jedes Organ und System des Körpers fließt, „Qi" genannt. Gemeinsam lehren alle östlichen, westlichen sowie die indigenen Lehren der Naturvölker, dass die Lebenskraft umso stärker wird, je mehr man den Atem entwickelt. Die Winde der Veränderung, der grenzenlose Himmel über uns und die Heiligkeit des unendlichen Raums bergen das Geheimnis des großen Unbekannten. Es gibt so viel mehr im Leben, als wir sehen oder wissen können! Luft lehrt uns, wie wir die Energien zwischen unserer Verstandes- und Herzenskapazität verschieben und damit unsere Lebenseinstellung grundlegend ändern können. Sie ist ein Symbol für den Bereich des Denkens, des Lernens, des Wissens, der Harmonie, der Kommunikation durch jene subtilen Kanäle, die Herz und Verstand miteinander verbinden. Was du deinem Verstand zuführst, steht in direkter Beziehung zu deinem Herzen und zu der Art und Weise, wie du dich selbst und andere liebst. Was du deinem Herzen als Nahrung zuführst, steht in direkter Beziehung zur Funktionsweise deines Verstandes und umgekehrt.

So, wie das ständige Wechselspiel der Wolken am Himmel erfolgt, so können wir auch den Energiekanal öffnen, der sich von Herz zu Geist und von Geist zu Herz bewegt. Intellekt und Herzensweisheit lehren uns gemeinsam, Selbstliebe und Mitgefühl gleichermaßen zu praktizieren. Wir treten in eine heilige Verbindung mit der dynamischen Natur der Winde und Lüfte ein, die sich an alles verschenkt, was atmet und lebt.

Andererseits: Wenn wir unseren Atem abrupt anhalten oder ihn gewohnheitsmäßig einschnüren, verengen wir auch den Energiefluss zwischen der körperlichen und der mentalen Ebene. Unsere Gedanken geraten durcheinander und unser Herz schlägt wild, weil die Kanäle zwischen Herz und Verstand verstopfen. Wenn es wieder einmal so weit sein sollte, dann atme einfach tief und vollständig ein sowie tief und vollständig aus. Heiße einen weiteren tiefen, vollen Atemzyklus willkommen und bringe ihn in den hinteren Teil deines Körpers, dann unter dich, an beide deiner Seiten, und visualisiere schließlich den Atemstrom überall um dich herum. Wenn wir uns in den Körper fallen lassen und mit unserem Atem eins werden, stimmen wir uns auch auf den gegenwärtigen Moment ein, weil wir mit unserer Essenz verschmelzen. Wir öffnen den Körper als Kanal, um zu fühlen, zu sehen, zu spüren, zu hören und unsere eigene ursprüngliche Lebenskraft mit der Kraft des Göttlichen zu verbinden.

Gelingt uns das, dann schaffen wir es auch, unsere anerzogene Programmierung loszulassen. Auf ganz natürliche Weise gilt die Aufmerksamkeit nicht mehr nur den alltäglichen Fragen des Lebens. Wie von selbst lassen wir uns auf inneres Wissen ein. Somit bringen wir stagnierende Energie wieder in Fluss – weil wir uns der Alchemie des Elements Luft bewusst werden.

Wie wir atmen, so leben wir auch.

Nimm dir jetzt einen Moment Zeit. Stell dir einen großen Vogel im Fluge vor, einen „souveränen Überflieger". Betrachte dein Leben aus seinem Blickwinkel. Welche Botschaften kannst du aus der Vogelperspektive empfangen? Gibt es eine Richtung, in die du unbedingt drängst? Etwas, das du erzwingen willst? Dann heiße die Inspiration des Elements Luft willkommen! Es wird dich lehren, Überkommenes gehen zu lassen und den Wandel zu begrüßen. Ein frischer Wind wird durch dein Leben wehen. Was möchte dein Herz dir sagen? Gibt es eine Vision? Eine Heilung für dich? Oder für jemand anderes? Sieh mit den Augen des Herzens, spüre die Luft, die dich trägt auf deinem Weg in jedwede Richtung. Heiße die Visionärin in dir willkommen, die über reines Verstandesdenken hinausführt. Lass deinen Verstand in dein Herz fallen und von dort aus zu dir sprechen!

Sei selbst ein Überflieger, indem du tief atmest, spielerisch die Perspektive wechselst, wie der Wind in alle Richtungen weht. Fließe mit den Winden des Wandels, woher und wohin sie auch strömen wollen. Spüre, wie sie manchmal durch den Körper fegen, stürmisch und heftig, manchmal dich sanft und liebkosend umschmeicheln. Begrüße *alle* als deine Gäste, die dir Geschenke darbringen, mit denen du arbeiten kannst. Dies wird deine Heilungsreise sein! Heiße jegliche Boten willkommen, sei es den alten Freund, der dich ruft, den Adler, der über dir schwebt, den kraftvollen Traum, den Gedanken, der sich in der Realität manifestieren will. Dies ist der stürmische Himmel in deinem Herzen! Dies ist deine Fähigkeit, ein spirituelles Leben in der Gestalt eines menschlichen Körpers zu führen. Du bist die Jägerin, die Kriegerin, die Überfliegerin, du spürst den Energien und Erfahrungen nach, die sich aktuell in deinem Leben zeigen.

Luft ist nie statisch, sie webt und lebt, sie biegt sich und verändert ständig ihre Richtung und Qualität. Wenn wir dazu erwachen, mit der Alchemie der Luft zu arbeiten, werden wir anpassungsfähig, weil wir spüren, aus welcher Richtung das Leben auf uns zukommt. Wir stellen uns allem frontal, um Projektionen und Konstrukte zu klären und gehen zu lassen, die endlich der Vergangenheit angehören sollten. Wir begegnen der Kraft der Luft wie einer Göttin, der wir uns anvertrauen dürfen, um unseren Garten mit jener Selbstliebe zu pflegen, die auch Seelenliebe ist. Wir tanzen mit Widrigkeiten, legen Wege frei, räumen Hindernisse weg, um Kummer loszulassen und tiefer und tiefer in die Liebe zu gehen. Jedes Quäntchen unserer selbst ist es wert, rückhaltlos darin einzutauchen ...

Höre den Ruf! Jetzt ist die Zeit. Vertraue der Reise und der Möglichkeit tiefen inneren Wandels.

ALLES LEID ABLEGEN: TRAUERARBEIT IST SEELENPFLEGE

Die einzige Konstante im Leben ist die Veränderung. Mögen also auch wir selbst empfänglich sein für die Energie des Elements Luft und die Winde des Wandels, die es mit sich bringt. Indem es unmittelbar mit unserem Herzzentrum verbunden ist, lehrt es uns, bedingungslos zu lieben, mitzufühlen, zu vergeben – und auch, mit Verlust umzugehen. Insbesondere der Verlust eines geliebten Menschen bringt seelenzerreißenden Schmerz mit sich. Schon eine Krankheit kann für uns die Welt auf den Kopf stellen, sodass tiefe Trauer einsetzt und wir unsere Wahrheit nicht mehr wiederfinden. Was wir schon als eigene Bestimmung erkannt hatten, könnte auch durch verpasste Gelegenheiten und enttäuschte Erwartungen erneut in Zweifel gezogen werden. Was immer uns Kummer bereitet, nimmt unsere Seele in Beschlag. Und je tiefer die Trauer reicht, umso mehr verursacht sie nicht nur vorübergehende Trägheit, sondern lähmendes, anhaltendes Leid.

Veränderung ist nicht immer leicht! Wir alle machen Trauererfahrungen durch, und jede Trauerarbeit braucht Zeit. Doch es unterstützt, wenn wir Rituale entwickeln, die unsere Trauer aufrufen, wie eine liebevolle Lehrerin ihre Schülerin aufruft, um gemeinsam deren Problem anzugehen und es ans Tageslicht zu bringen, ganz ohne Druck.

Dann beginnt unsere Trauer mit uns zu sprechen und sich uns vertrauensvoll mitzuteilen, weil wir jede Sehnsucht erhören und verstehen. Dies ist der Weg, um sogar ganz alte Wunden zu heilen.

Könnte es sein, dass das Wesen der Trauer auch das Wesen unserer Liebe ist? Die Sehnsucht unseres Herzens, wenn es nirgends hingehen kann, niemanden hat, den es berühren oder dem es die Hand reichen kann? Kannst du dir dann den Spielraum gewähren, um den Schmerz deines eigenen Leidens zu fühlen, wirklich zu fühlen? Kannst du dich in diesem Moment öffnen, um dein innerstes Selbst zu sammeln und der Tatsache des entstandenen Verlustes ins Auge zu sehen? *In der Trauer präsent zu sein?* Kannst du jetzt weich werden, um dich zu stellen? Kannst du vielleicht sogar herausfinden, wo in deinem Körper die Trauer *leben* kann, ohne sich sofort unterdrückt fühlen zu müssen, weil du sie nicht ertragen magst? Kannst du bei Körperempfindungen, Gedanken und visuellen Eindrücken, die jetzt hochkommen, verweilen? Sei gewiss: Dein Schmerz macht dich nicht schlecht oder unwürdig. Sobald du anerkennst, dass Leiden und Schmerz nun einmal da sind, dass sie da sein *müssen*, dass sie ein Recht zu existieren haben, dann kannst du auch damit arbeiten, statt davon vereinnahmt zu werden. Atme jetzt in diese Empfindung hinein:

Ich akzeptiere meinen Kummer, aber ich bin nicht mein Kummer.

Ich akzeptiere meine Trauer, meinen Kummer und meinen Schmerz und verstehe doch, dass sie die Weite und Unbegrenztheit der Liebesfähigkeit meines Herzens nicht einschränken.

Ich verstehe, dass mein gegenwärtiges Gewahrsein des Atems, des Körpers, des Herzens und des Geistes mich zu Tiefen der Selbsterfahrung erwecken wird, die aus dem Verlust entstehen.

Ich akzeptiere meine Fähigkeit, gleichzeitig zu trauern und zu lieben.

Der Rhythmus meines Herzens führt mich zur Alchemie,
die mich in den nächsten Zyklus meiner Heilung leiten wird –
mein Leben, meinen Verlust und meine Liebe kann ich nun
voll und ganz annehmen.

In diesem Sinn wird Trauerarbeit zum Katalysator der Transformation. Wir verschaffen Geist, Körper und Herz den Spielraum, damit sie sich frei mit Wind, Wasser, Feuer und Erde durch uns hindurchbewegen können. Wir legen Leid und Trauer nieder in Atemübungen, in täglicher Meditation, bei der Errichtung eines Naturaltars, indem wir sie unserem Tagebuch anvertrauen oder uns auf einen frei gewählten kreativen Prozess bewusst einlassen. Dies ist die Seelenpflege, um das heilende Elixier für unsere Regeneration zu erwirken. Bring deine Worte zu Papier, sprich mit der Natur, bete laut zu einem verlorenen geliebten Menschen und kommuniziere mit den Energien der unsichtbaren Reiche. Ob du Göttin, Gott, Engel oder deine persönliche Geistführung adressierst, bleibt ganz und gar dir selbst überlassen. Öffne dich einfach dafür, mit der Kraft bewusster, fühlbarer Absicht um Unterstützung zu bitten. Dein Körper wird zum Kanal, dein Geist zum Gefäß. Das Salz deiner Tränen ist die Medizin, durch die sich die Energie verschiebt.

Ein gebrochenes Herz kann nur mit der Zeit zu heilen beginnen, aber sobald es sich wieder öffnet, wird die Kraft des Mitfühlens es wie ein brausender Sturm von allen trüben Gedanken reinigen. Und jeden Tag betest du laut: im Bad, zu den Bäumen, dem Wasser, den Bergen, den Blumen, dem Feuer, deinen spirituellen Begleitern, der göttlichen Natur und der Güte in all dem, was in dir lebt. Mögen die Augen deines Herzens lebendig werden, während du deinen Kummer und deine Sehnsucht pflegst, bis sie sich eines Tages gänzlich transformieren. Lass dich auf die Winde des Wandels ein, die vor dir und hinter dir wehen, und heiße dein visionäres Herz willkommen!

Wie liebst du heute, mein Schatz?
Nimm meine Hand, begleite mich zum Fluss,
wasche meine Hände rein von Un-Wohl.
Lass uns nah beieinander liegen,
das Wasser der Berge streichelt unsere nackten Körper.

Sieh, wie die Wolken gehen, der Himmel sich wandelt und lichtet,
um grenzenlose Weite hervorzubringen.
Ein Bote flüstert: „Lege hier alles nieder."
Es strömt durch meine Knochen und heraus aus den Händen:
Der unerträgliche Kummer, der unsägliche Schmerz,
die Verzweiflung angesichts des Unkontrollierbaren.
Ein Sturm reißt es nieder.
Herz pocht, Knochen sprechen.
Eine unbekannte Sprache wird urplötzlich verstanden.
Ich erwache in und zu mir selbst.
Ein Liebeslied erklingt, eine himmlische Sinfonie.
Eine unwiderstehliche Einladung.

DIE SAAT DEINER VISION GEHT AUF: WAS DER FRÜHLING VERSPRICHT

Jeden Morgen, wenn die Sonne im Osten aufgeht, bringt ihr majestätisches, mit Lebenskraft durchdrungenes Leuchten das Leben hervor. Jeder Tag kann auch für dich ein Anfang, eine neue Sicht auf dein eigenes Leben sein. Eine Möglichkeit, den Blick zu schulen, um in jedem Moment die Schönheit um dich herum zu sehen. Eine Möglichkeit, sich dem Fließen der Lebenskraft anzuschließen. Eine Möglichkeit, Kraft und Bereitschaft zu zeigen, um Wissensdurst und Ehrfurcht miteinander zu verbinden. Die Tore von Körper, Geist und Seele öffnen sich jeden Morgen und bieten dir die segensreiche Alchemie des vor dir liegenden Tages an.

Warum sich gleich nach dem Aufwachen das Telefon vornehmen? Warum nicht erst in Stille sitzen, den Lichtwechsel beobachten und die Morgenstunden mit Achtsamkeit versehen? Wenn wir erst zu uns selbst kommen, bevor wir uns in den täglichen Trubel stürzen, schwingen wir uns auf einen stabileren inneren Rhythmus ein. Sicher: Immer wieder wird es auch Hektik geben. Aber solange wir uns morgens regelmäßig eine Zeit für Ruhe und Besinnung nehmen und mit den Kräften der natürlichen Welt verschmelzen, verbinden wir uns auch mit unserer eigenen Natur. Wir erhalten einen Motivationsschub, um den kommenden Tag als Abschnitt auf unserer einzigartigen Lebensreise zu genießen.

Schon in kurzen Minuten morgendlicher Andacht können wichtige Eingebungen als Download aus unserem inneren Reservoir heruntergeladen werden: ob als rasch leuchtendes Aufflackern von Energie oder als leises Flüstern, das wir allerdings nur wahrnehmen, wenn wir jetzt bei uns selbst sind. Gib allem Raum, was durchkommt. Jede Idee kann zum Samen werden, der in den Garten des heutigen Tages gepflanzt wird. Praktizierst du morgens regelmäßig so, schaffst du Schritt für Schritt den Spielraum für die organische, zyklische Natur deines persönlichen Wachstums. Öffne dich, um jeden Morgen die Sonne im Osten zu begrüßen, richte dich aus auf das Element Luft, den Bringer des Lebens.

Wie beglückend es doch auch ist, den Morgen einer Frühlings-Tagundnachtgleiche so zu feiern! Jetzt beginnt auch die Frühlingssonne die Lebenskräfte im Boden aufzuwühlen, denn nicht nur im Seelengarten werden Samen gepflanzt. Und sobald ein nährender Regen kommt, erweckt auch die Erde ihre Lebenskraft, sodass die Wurzeln treiben. Warme Winde werden die zarten Keimlinge umspielen, sobald sie aus dem Boden brechen und sich zum Licht recken. So werden auch deine Träume von der Verheißung des Frühlings gewiegt und getragen. Vertraue geduldig dem natürlichen, zyklischen Verlauf deines persönlichen Wachstums, das von der kosmischen Ordnung profitiert, die allem Leben innewohnt. Wenn die Zeit reif ist, gehen auch deine Visionssamen auf, du wirst widerstandsfähiger, trotzt den Stürmen des Alltags und manifestierst dein innerstes Selbst in dieser Welt.

Kannst du dir vorstellen, eine neue Vision deines eigenen Lebens zu finden und sie vor deinem inneren Auge zu halten, um sie als fruchtbringende Samen zu säen und treiben zu lassen, als Pflanze zu hegen und zu pflegen bis zur reichen Ernte? Und dies täglich, wöchentlich, monatlich, jährlich? Ja, deine Herzens- und Lebenswegvisionen sind wie heilige Samen, die du sammelst, pflanzt und wachsen lässt. Und während du durchs Leben gehst, erlaubt dir dein Gefühl für den Vorgang, stets zu sehen, was noch fehlt und ergänzt werden muss. Im Bewusstsein des Wachstumszyklus siehst du sehr klar, wo alte Muster, überholte Narrative und einschränkende Glaubenssätze lagern. Auch wirst du die Unwahrheiten sehen, die sie bergen.

Indem du dein Urteilen und Absondern unterbrichst, kappst du auch ein Verhalten, das dem Aufbrechen deiner Visionssamen entgegensteht und dein persönliches Wachstum blockiert. Denn unsere Realität wird vornehmlich durch unsere persönlichen Überzeugungen und Gefühle geschaffen. Sobald wir tiefer graben und wirklich neugierig darauf werden, wohin unser Herz uns ruft, werden wir auch wissen, wohin wir zu gehen haben. Dann beginnen wir unsere größte Reise: die Einstimmung auf unsere Herzensvision.

Wenn wir allerdings vergessen, Vision und Herz zu nähren, wird auch die Fähigkeit, Liebe, Mitgefühl und Freude zu empfinden, abnehmen. Denn unsere Absichten sind die Nabe unseres Lebensrades.

Beginne mit dem Einfachsten: jeden Morgen die Sonne zu begrüßen, in Meditation zu sitzen und den neuen Tag einzuläuten, einen *wirklich* neuen Tag, den du noch nie zuvor erlebt hast. So wirst du zum Kanal der Intuition. Bewusst und absichtlich tauchst du in die vitale Kraft und die psychischen Möglichkeiten deines ureigenen Energiefeldes ein. Du ziehst das an, was du wirklich im und vom Leben willst – wofür du in einzigartiger Weise bestimmt bist.

HINGABE: DIE LEBENSADER DEINER GÖTTLICHKEIT

Seit je erahnten die Menschen ihre eigene kosmische Natur, und die moderne Wissenschaft beweist es sogar: Aus dem Staub der Sterne ist unser irdisches Leben entstanden! Kosmische Alchemie transformierte seine Keime im Lauf von Milliarden Jahren, um unsere Spezies zu bilden. Dies ist die Perspektive, wie du auch dich selbst sehen solltest. Deine kosmisch-spirituelle Natur lädt dich ein, dich für das Mysterium deiner Göttlichkeit zu öffnen und dein einzigartiges Potenzial zu umarmen.

Auch wenn es anfangs nur ein Flüstern sein mag: Wird der Ruf der Seele einmal erhört, dann wird er wie ein fruchtbarer Samen im Boden deines Wesens aufgehen. Schaffe Raum für Stille, Schweigen, Gebet und Meditation. Entdecke das Geschenk der Selbsterforschung. Geh in Resonanz mit deiner geistigen Führung, mit deinen Ahnen, mit Engeln, Göttinnen und Göttern. Sich selbst die Erlaubnis zu geben, auf die eigene Fortentwicklung zu vertrauen, ist der erste Schritt zum Ziel, eine kosmische Erfahrung zu machen. Auch in Gestalt eines menschlichen Körpers kannst du dich von der Gnade des Geistes getragen und gehalten fühlen. Zuallererst kommt es auf deine Hingabe an.

In unserer von so vielen Krisen gebeutelten, materialistischen Welt müssen wir mehr denn je innere Arbeit leisten. Denn wirklicher Wandel beginnt immer bei einem selbst. Und wieder ist am Anfang das Einfachste auch das Beste – auch wenn gerade das anfangs am schwersten erscheint: sich mehr Zeit nehmen und nicht immer nur produktiv sein wollen. Denn zuallererst geht es darum, achtsamer und absichtsvoller zu werden – und sich nicht immer selbst im Mittelpunkt zu sehen. Immer stehen wir in Beziehung zu anderen Menschen und zur Natur, die uns umgibt. Immer können wir deshalb vom Lebenssaft trinken!

Hier ein Morgengebet für dich, um dein Inneres zu sammeln und eine Unterstützung herbeizurufen, die du jeden Tag durch Hingabe empfangen kannst. Sprich laut und vernehmlich:

Ich bin bereit und willens, hier und jetzt Unterstützung zu erhalten.
Ich höre auf meine helfende und mitfühlende Führung.
Ich bin präsent, ich bin offen und bereit, Rat und Sicherheit
zu empfangen. Ich bin bereit und willens, ein Gefäß des Mitgefühls
und der liebevollen Energie zu sein.
Schicke mir ein Zeichen, einen Boten, und lass mich wissen,
dass ich jetzt auf dem richtigen Weg bin.

Während du so betest, hingebungsvoll und aus ganzem Herzen, änderst du deine Perspektive und überwindest die Bindung an engherzige Sehnsüchte. Du gibst deiner Seele den Spielraum, sich helfen zu lassen. Du öffnest dich für eine neue Art Energie, weitest dich innerlich und fasst Vertrauen. Deine Hingabe wiederum öffnet dir den Blick für die unsichtbaren Reiche, sodass die Kraft des Geistes dich in deinem höchsten Selbst hält und deine Intuition schärft. Du wirst jeden Tag wie magnetisiert beginnen!

Es bleibt natürlich so, dass unser Leben uns immer wieder vor Herausforderungen stellt. Dass es uns manchmal sogar zu überwältigen wollen scheint. Aber wenn du dann auf eine persönliche Kultur der Ruhe und Besinnung zurückgreifen kannst, wirst du auch alle zersplitterten und verwirrten Teile deiner selbst beruhigen können.

Du fängst negative Gedanken ab, bevor sie dich fesseln, du öffnest dich, wirst wieder neugierig – und einfallsreich. Lass deinen Blick schweifen, halte inne, atme bewusst und sprich zu dir selbst: „Hier bin ich wieder."

Die automatischen Gedanken umzulenken, dem inneren Monolog frische Luft einzuhauchen und sich wieder für die Weite der Herzkraft zu öffnen, lässt auch deinen Körper wieder weicher werden. Das ist ein unsagbar kostbarer Moment! Du fühlst, wie du von etwas Größerem unterstützt wirst. Es mag als starker Sturm kommen, der dich fortreißt, oder wie eine sanfte Sommerbrise, die deinen Schweiß trocknet: Aber es wird zu dir kommen!

Lass dein Innehalten dein Heiligtum werden. Und ja, erlaube dann auch trüben oder unordentlichen Dingen, durch dich hindurchzufließen. Auch sie gehören zum spiraligen Kreislauf des Geistes.

Gib dir jetzt die Erlaubnis, auf deine persönliche Einschätzung zu vertrauen – urteilslos und mitfühlend. Genau hier verläuft deine Lebensader zum Göttlichen: in deinem Herztempel, der dich nach Hause ruft. Lass dieses Licht herein! Deine spirituellen Helfer werden deine Arbeit anerkennen. Sie werden dich darin unterstützen, dass in deiner Seele ein Bewusstsein der Einheit erwacht.

Sei die Jägerin des Heiligen.
Sammle Holz. Trage Wasser. Pflanze deine Samen.
Im Webmuster der Erinnerung geschieht Geheimnisvolles
im Stillen, in kleinen, verborgenen Welten.
Entzünde dein Feuer.
Eine ganz neue Welt ist bereit zu entstehen.
Wage den Schritt ins Unbekannte.
Und liebe, wie du nie zuvor geliebt hast.

Rituale zum Verbinden und Verankern mit dem Herzen

Du stimmst dich auf die segensreiche Kraft der Selbstliebe ein, indem du einen Altar errichtest sowie dich in Atemarbeit, Gebet, Visualisierung und Meditation übst. Du leitest deine innere Wandlung ein durch Läuterung des Herzens, Reinigung des Körpers und Erweckung des Geistes. Heiße deine innere Erhebung willkommen, während du die Elementarkraft der Luft erschließt, und empfange die leuchtende Vision deines Herzens.

1. Morgenritual: Verankerung in der Vision des Herzens

Absicht

Diesen Tag mit Dankbarkeit, Klarheit des Geistes und Gutherzigkeit erfüllen.

1 Beginne jeden Tag, indem du im Stillen die aufsteigende Sonne begrüßt. Stimme dich auf das Element Luft ein und werde gewahr, wie es dir Leben einhaucht.

2 Entzünde eine Kerze und nenne drei oder mehr Dinge, für die du dankbar sein darfst. Vielleicht möchtest du sie aufschreiben oder laut aussprechen.

3 Sitze drei bis fünf Minuten lang in stiller Meditation. Möchtest du die Unterstützung der Mineralwelt willkommen heißen, indem du in jeder Hand einen Heilkristall birgst?

4 Stell dir vor, dass dieser Tag so verläuft, wie du es dir wünschst; lass es vor deinem inneren Auge genau so ablaufen. Du wirst fühlen, vielleicht sogar sehen, wie dein Energiekörper sich auf ein höheres Schwingungsfeld ausrichtet.

5 Verlagere dein Bewusstsein auf das Einatmen, als Zustand des Empfangens, und auf das Ausatmen, als Zustand des Gebens.

Atme sechsmal ein, um zu empfangen, und sechsmal aus, um gute Energie abzugeben.

6 Richte deine Aufmerksamkeit nun auf die Energie der aufsteigenden Sonne. Visualisiere die Energie deines Herzens. Was braucht es, um frei zu schlagen und ganz erfüllt zu sein? Welche Samen kannst du jetzt in den Boden deines Herzens pflanzen?

7 Lege beide Hände auf dein Herz und danke für einen weiteren Tag des Lebens auf diesem Planeten.

8 Schreibe alle positiven Bilder, Symbole, alle Dankbarkeiten und/oder Botschaften auf, die hochgekommen sind. Webe sie gedanklich in deinen Tag ein.

2. Den Herzatem genießen

Absicht

Deine Herzkraft erwecken und Selbstliebe entfachen.

Vorbereitung

Auch für dieses Ritual brauchst du eine Kerze sowie einen bequemen und ruhigen Platz. Sitze oder liege dort zehn Minuten lang ungestört. Vielleicht möchtest du ruhige Musik hören, wenn sie deine Entspannung unterstützt.

1 Entzünde deine Kerze und fasse die Absicht, dich körperlich zu reinigen, geistig zu klären und das Gefühl zu hegen, dich selbst bedingungslos zu lieben und zu unterstützen.

2 Schließe die Augen und atme tief und achtsam. Verlangsame den Atem langsam und ungezwungen, bis du sowohl beim Einatmen als auch beim Ausatmen bis sechs zählen kannst. Führe acht Runden dieser Übung durch.

3 Beginne, deinen Herzraum, deine Lungen und deine Schultern zu visualisieren. Falls du Schwere, Taubheit, Traurigkeit oder Dunkelheit verspürst, lass es beim Ausatmen aus dir herausfließen. Verbinde dich mit einer Farbe, die du liebst, und lass sie deinen Herzraum sowohl beim Einatmen als auch beim Ausatmen durchströmen und reinigen.

4 Richte dich jetzt auf eine Tugend oder eine Wesenshaltung aus, die dich darin unterstützt, aus ganzem Herzen deine Fähigkeit zur Selbstliebe, Selbstheilung und Selbstführung wachsen zu lassen.

5 „Es" kann in Form von Worten, Klängen oder Symbolen zu dir kommen. Fühle dich eingeladen, dann laut auszudrücken, was du empfängst, etwa als Gebet oder Gesang. Du wirst sicher erhören, was dein Herz braucht, um sich zu entfalten.

6 Lege deine linke Hand auf dein Herz und darüber die rechte Hand. Du wirst jetzt sehr weich, fühlst jede Emotion, die hochkommt. Lass alles fließen. Klopfe mit der rechten Hand auf den linken Handrücken im Rhythmus 1–2, 1–2–3, 1–2, 1–2–3, 1–2, 1–2–3. Zähle den Takt laut mit, sofern du es als hilfreich empfindest. Mach das so lange, wie du deinen Körper entspannen kannst.

7 Komm in völlige Stille und heiße das Element Luft willkommen. Stell dir die sauberste, gesündeste Luft vor, die es nur geben kann. Atme vier bis sechs Sekunden ein, halte den Atem ebenso lange an, und atme vier bis sechs Sekunden lang aus. Halte dann den Atem vier bis sechs Sekunden lang an und wiederhole den ganzen Vorgang. Immer wenn du den Atem anhältst, heiße die radikale Selbstliebe willkommen, die du dir jetzt gibst – sie strömt durch deinen ganzen Körper. Mach das mindestens zwei Minuten lang und danach so lange, wie du willst.

8 Visualisiere einen Anker in deinem Herzen, der starken Halt für Öffnung, Erdung, Wachstum und starke Grenzen verschafft. Lass diese verankerte Energie nun in deine Wirbelsäule und in die Erde hinab. Sobald du spürst, wie dein Herzanker sich nach unten hin immer fester verwurzelt, visualisiere, wie die Energie durch einen Kanal deine Wirbelsäule hinaufsteigt, dann durch dein Haupt und schließlich aus deinem Scheitel heraus nach oben geht. Deine Wirbelsäule ist jetzt ein Kanal unerschütterlichen Mitgefühls.

9 Visualisiere weiterhin, dass sich dein Herz in deiner Wirbelsäule befindet, und beobachte alle Empfindungen, Bilder und Symbole, die hochkommen.

10 Beende dieses Ritual, indem du dich aufrecht hinstellst, mit den Füßen hüftbreit auseinander. Schwinge beim Einatmen die

Arme hoch über den Kopf, beuge die Knie und schwinge die Arme seitlich nach unten. Beim Ausatmen schwingst du die Arme nach unten und beugst die Wirbelsäule so, dass dein Herz in Richtung Knie fällt. Dann wieder von vorn. Führe diese Armschwünge achtmal aus. Steh dann aufrecht und komm zur Ruhe.

11 Visualisiere die Herzkraft, die jetzt in deiner Wirbelsäule lebt. Öffne deinen ganzen Körper als ein Gefäß der Freude. Verbinde ihn mit der Erde, gib ihn hinauf zum Himmel, weite ihn wie der Sonnenaufgang das Tageslicht, und begrüße den heutigen Tag mit dieser grenzenlosen und magnetischen Energie.

3. Meditation mit Mantra des erwachten Herzens

Absicht

Dein Herz weiten, spirituelle Unterstützung erhalten und sich auf ein heilendes Mantra einschwingen.

1 Steh mit der Sonne auf oder visualisiere ihren Aufgang vor deinem inneren Auge. An einem bequemen Platz empfängst du die Farben des Sonnenaufgangs als energetische Übertragung in Knochen, Organe, Blut und in die Kammern deines Herzens.

2 Heiße die Essenz der Erleuchtung in deinem Körper willkommen und danke dafür, dass du einen weiteren Tag auf dieser gesegneten Erde leben darfst.

3 Öffne dich, um heute Unterstützung durch die Winde des Wandels zu empfangen. Visualisiere dich selbst als Kanal des Mitgefühls und führe deinem Herzen die Vision einer Beziehung, einer Gemeinschaft und/oder einer Familie zu.

4 Lege die Hände auf dein Herz. Werde weich und angenehm in deinem ganzen Wesen.

5 Stimme dich auf den Atem ein, spüre die Weite des offenen Himmels und nimm reine Luft in die Kammern deines Herzens auf, um es zu läutern und zu sänftigen.

6 Visualisiere eine Blume, die dir etwas bedeutet, und stell dir vor, dass sie in deinem Brustkorb, deiner Lunge und deiner Herz-

region erblüht. Gib ihr Leben durch deinen Atem. Stell dir vor, dass dein Atem ihre Essenz auf ihre höchste Frequenz anhebt.

7 Erlaube dir, dich mit deinem Herzschlag zu verbinden. Füttere dich mit reinigendem Atem und positiver Lichtenergie.

8 Öffne dich dafür, keine Trennung zwischen dir, deinem Herzen und dem Element Luft zu verspüren. Luft ist das, was dich atmen lässt, was dir Leben gibt. Öffne deinen Körper jetzt als einen Kanal der Erleuchtung, als ein Gefäß für die energetische und spirituelle Alchemie deiner Verkörperung als menschliches Wesen. Öffne dein Bewusstsein für den Empfang tiefer Einsichten.

9 Bitte deine geistige Führung, alle Boten und Engel des Himmels um Unterstützung. Sei ganz frei in der Formulierung – so, wie es dir behagt. Zum Beispiel: „Ich bin bereit und offen, heute Unterstützung von meiner geistigen Führung zu erhalten. Ich bin bereit, zu geben und mit den positiven Energien um mich herum mitzufließen, um in Balance, Freude und Verbundenheit zu leben."

10 Achte auf alle Botschaften! Fühlst du dich zum Handeln aufgerufen? Eine Botschaft kann blitzartig, als Energiewelle oder leises Flüstern durchkommen. Lausche, beobachte, nimm es auf – vielleicht schreibst du es auch nieder. Sei neugierig!

11 Schließe deine Herzmeditation mit drei reinigenden Atemzügen und drei Segenswünschen ab. Stell dir vor, dass jeder Segen sich in deinem Herzen, deiner Lunge, deiner Brust und deinen Schultern verankert. Nimm dieses Gefühl sehr bewusst wahr. Dann lass den Segen los – lass ihn mitten aus deinem Herzen in die Welt fließen. Dies ist eine kraftvolle Übung, dank der Wechselseitigkeit von Geben und Empfangen.

12 Beende deine Meditation mit einem einfachen Herz-Mantra:

Ich liebe mich selbst,
ich liebe mich ganz und gar,
ich liebe mich bedingungslos.
Ich bin ein Kanal der Liebe, ich bin, ich bin.

13 Sprich es drei- bis sechsmal.

4. Aktivierung des ungezähmt liebenden Herzens: Selbstliebe ist die größte Heilung

Absicht

Herzkraft erwecken, läutern und verjüngen.

Zweck

Die Fähigkeit zur Selbstheilung und Selbstführung stärken sowie Heilung und Ganzheit vom Herzen her bewirken.

Diese Aktivierung kann zu Hause, im Wald, am Meer oder in den Bergen stattfinden – wo immer du dich aufgerufen fühlst. Ich selbst errichte für mich sowohl zu Hause als auch draußen in der Natur Altäre. Ich liebe es, überall und mit allen Elementen und Symboliken zu arbeiten, die unsere Welt hervorbringt.

Was zu deinem Altar gehört

Sammle Gegenstände aus der Natur, in denen sich die fünf Elemente Erde, Luft, Feuer, Wasser und Äther verwirklichen. Zur Reinigung des Energiefeldes, in dem du arbeitest, dienen Kerzenlicht, Kräuter, ätherische Öle und Räucherwerk. Mit Rassel, Glockenspiel, Klangschale und/oder deinem Lieblingsmusikinstrument stimmst du dich darauf ein, zu lauschen und zu er-hören. Auch kannst du mit den Händen klatschen oder zwei Steine aneinander klopfen – Rhythmus hilft stets, Fokussierung zu erzeugen.

Ich selbst sammle gern kleine Träger des Lebens, die von Bäumen oder Pflanzen gefallen sind – Tannenzapfen, Zweige, Samen, Blütenblätter –, oder nehme etwas aus meinem Garten. Wann immer du etwas aus der Natur wählst, frage bitte vorher um Erlaubnis. Das verschafft dir ein Gefühl dafür, ob der Gegenstand anderweitig gebraucht wird oder nicht. Solltest du über keinen angemessenen Zugang zur Natur verfügen, kannst du auch einen frischen, artgerecht gegärtnerten Strauß oder eine Kräuterkombination kaufen. Sammle einfach etwas, das dich anspricht und deine persönliche Absicht für die jeweilige Aktivierung zum Ausdruck bringt. Zeremonielle Darbietung soll auch dein „Wildes Herz" anregen und stärken. Der Möglichkeiten sind viele … Lass alle Erwägungen und Zweifel des Verstandes gehen, und handle ganz aus der Intuition des Herzens heraus.

Bewusstes, achtsames Sammeln, Sortieren, Ordnen und Gestalten all dessen, was deinen Altar ausmachen wird, ist keine äußerliche Symbolik – es ist innerlich zutiefst nährend und kreativ. Das bewusste Auswählen der Gegenstände, die Art und Weise, wie sie zueinander arrangiert werden, auch ihre Farben und Texturen, nicht zuletzt auch die Töne und Worte, die du beim Sammeln und Ordnen hervorbringst: All das bringt dich zum Spüren, Fühlen und Sehen des Kerns deiner Seele.

Das unbewusste Selbst beginnt, eine Brücke zum bewussten Selbst zu schlagen, weil beides sich danach sehnt, miteinander zu verschmelzen. Das Wörtliche vermählt sich mit dem wortlos Gespürten. Der innere Kritiker wird gezähmt. Geist, Körper und Seele beginnen miteinander zu tanzen! Oft kommt schon während des Vorbereitungsprozesses eine tiefe und heilende Botschaft durch. Manchmal ist es ein einfaches, seelenvolles Wort wie „Frieden" oder „Freiheit", manchmal aber auch eine kraftvolle Sentenz wie: „Möge ich mein inneres Feuer durch gehaltvolle Seelennahrung gesunden lassen."

Oder es wird eine Affirmation sein: „Heute liebe ich mich radikal. Ich bin wahnsinnig in mich selbst verliebt." Oder: „Ich lasse heute den Schmerz in meinem Herzen los. Ich entscheide mich dafür, mich auszuruhen, mich hinzugeben, nichts herausfinden zu müssen und einfach darauf zu vertrauen, dass es das ist, was ich brauche."

Bau deinen Altar so auf, dass die Gegenstände in voller Absicht so platziert werden, wie im Folgenden beschrieben:

Luft > Osten

Heiße die Läuterung und Stärkung deiner Liebesfähigkeit willkommen. Begrüße die Visionsgabe deines Herzens und stell dir vor, dein Leben aus der Vogelperspektive zu sehen – öffne dich dafür, deine Lebenslinie als Ganzheit zu sehen. Begrüße den Neuanfang und deine Bereitschaft, dich von deinem erwachten Herzen leiten zu lassen.

Feuer > Süden

Was ist da in dir, das sich ändern will? Was weckt deine Leidenschaft? Welche alten Narrative und Gewohnheiten willst du jetzt gehen lassen? Und was erstickt noch dein inneres Feuer? Heiße den Wandel auf allen Ebenen willkommen!

Wasser > Westen

Begrüße den Strom der Kreativität, die Kraft von Licht und Heilung. Wie willst du dich zur Selbstfürsorge, zur Selbstliebe verpflichten und auf eine tiefere Ebene des Mitgefühls für dich selbst und andere gelangen? Wo und wie willst du fließender, geduldiger und flexibler werden? Gibt es etwas, das du zu kontrollieren versuchst, was sich aber deiner Kontrolle entzieht? Was in deinem Leben kannst du jetzt gehen lassen?

Erde > Norden

Heiße dein geerdetes Selbst willkommen. Öffne dich für den Ausgleich von Geben und Nehmen. Pflanze deine Wurzeln in feste, nährende Erde. Heiße deine Ahnen willkommen. Visualisiere Mutterboden, öffne dich der Fülle wachsenden Lebens, des exponentiellen Wachstums und der exquisitesten Schönheit. Spüre die Kraft, die Setzlinge austreibt. Welche Samen säst du derzeit in dich selbst?

Äther > Zentrum

Lege einen Gegenstand als Anker in die Mitte des Kreises, der dein höchstes Selbst in Beziehung zu allen Pflanzen, Mineralien, Tieren und Menschen repräsentiert. Verbinde dich dann mit den Energien der Erde und des Himmels: mit Sternen, Sonne und Mond. Öffne dich dafür, aus dem Alltäglichen herauszutreten, erlaube allen helfenden und mitfühlenden Wesen aller Welten, vor dich hinzutreten. Heiße sie in deinem Ritual willkommen. Dein zentraler Gegenstand auf dem Altar kann eine Kerze sein oder ein – ethisch einwandfrei gewonnener – Kristall oder Stein, eine spezielle Blume oder ein Blumenstrauß, ein Bild, ein Gedicht oder ein Gebet, das du eigenhändig aufgeschrieben hast.

Wenn dein Altar fertig ist, setz dich eingestimmt und gesammelt davor und lass dich auf deinen Atem ein. Spüre den Farben, Formen, Mustern oder Symbolen deiner Altarschöpfung nach.

- Öffne dich, wie Licht sich nach allen Seiten hin ausbreitet, damit du Botschaften, Visionen und neue Einsichten durch Perspektivenwechsel empfängst. Empfinde die Wärme in deinem Herzen.

2 Lege deine Hände ins Energiefeld deines Altars und spüre, wie alles in dir weicher und offener wird. Erlaube dir, vollständig präsent zu sein und tief empfänglich zu werden.

3 Atme lange und tief ein und aus. Verlangsame deinen Atem, bis du beim Einatmen und beim Ausatmen jeweils bis sechs gezählt hast. Erinnere dich an deine zentrale Absicht, die Energien deines Herzens zu erwecken, zu reinigen und zu verjüngen.

4 Beginne laut zu sprechen, zu beten oder zu singen. Teile den genauen Zustand deines Herzens dem Universum mit und lass es frei – wohin es dich auch tragen möchte. Sprich frei heraus zur Geistigen Welt: ob mit Göttin, ob mit Gott, ob mit der Urquelle – was auch immer dein Glaube sei. Bete nicht nur in Gedanken, sondern mit Stimme. So wirst du bereit, dich so zu zeigen, wie du wirklich bist, und dich selbst mehr und mehr lieben. Du wirst ein Kanal für die Liebe, die sich durch dich bewegt und dich völlig präsent sein lässt.

5 Verwendest du Klangschale, Rassel und/oder ein Musikinstrument, wird es sich richtig anfühlen, alle möglichen Energien auszudrücken: beim Spielen, Singen, Sprechen, Beten und Tanzen. Lenke deine Kraft auf den Altar und beobachte den Energiewandel. Nimm alles in dich auf – in jede Faser deines Körpers.

6 Wie angenehm es sich anfühlt, den Körper als aufnahmewilliges Gefäß der Herzenergie zu öffnen! Tanze, singe, spiele, was dich bewegt, und sei es heiß und wild! Lass dich voll und ganz von deinem Herzen leiten. Fühlst du dich aufgerufen, ein Stück einfacher, rhythmisch betonter Musik zu hören? Ob im Liegen, Sitzen oder Stehen – schließe die Augen und beginne, aus Zeit und Raum herauszutreten. Lass das Alltägliche, das Gewöhnliche und Vergängliche hinter dir!

7 Stell dir vor, du betrittst ein Portal zur Geistigen Welt und öffnest dein innerstes Wesen, um emotionale Klärung zu gewinnen. Heiße deine Führung willkommen, erhebe dich, um ihre Bestätigung und Ermutigung zu erhalten, damit du deinen eigenen Weg von nun an beherzt und mutig beschreiten kannst. Gib dich diesem Gefühl so lange hin, wie es sich richtig anfühlt.

8 Du kannst dich auch für eine stille Meditation entscheiden und deiner inneren Bilderwelt erlauben, dein Herz von Blockaden zu befreien. Ob ein heiliges Krafttier oder eine mitfühlende Führung aus der Geistigen Welt: Jedes aufbauende Bild, das zu dir kommt, wird deinen Prozess voranbringen.

9 So schwingst du dich auf eine höhere Frequenz der Fühlbarkeit ein, bis zur bedingungslosen Liebe, um dein Herz mit Kraft und Empfänglichkeit zu rüsten.

10 Allmählich gelangst du an einen inneren Ort der Stille und des Friedens. Dort erdest du dich, verwurzelst dein Wesen im Bauch von Mutter Erde.

11 Gibt es Leitworte, die du jetzt niederschreiben und als Erinnerungsstütze auf deinen Altar legen möchtest? Welche Blockaden möchtest du loslassen, wenn du wieder den äußerlichen Raum des Alltags betreten wirst?

12 Wenn du deine Andacht beschlossen hast, schließt du deinen, heiligen Ritualraum, indem du alle Segnungen ehrst, die dich immer und überall unterstützen. Dies kann schweigend oder innig gesprochen geschehen:

- Ehre alle deine Lehrerinnen und Lehrer – in Vergangenheit, Gegenwart und Zukunft.
- Ehre die Luft für jede Inspiration, die dir neue, positive Perspektiven schenkt, um den Blick aus den Niederungen des Alltags zu erheben und das zu sehen, worauf es für dich wirklich ankommt.
- Ehre das Feuer für seine Leben spendende Leidenschaft, seine transformative Natur und seine magnetische Lichtkraft.
- Ehre das Wasser für seine heilende, fließende und kreative Art.
- Ehre die Erde für ihre Fülle und die Festigkeit, die sie jedem deiner Schritte bietet.
- Ehre Geist und Äther für die universelle Lebenskraft, die dich beseelt, nährt und an dein Ziel führen wird.
- Ehre alles, was dir auf deiner Lebensreise Einsicht und Inspiration schenkt, aus welchem Reich der Schöpfung heraus auch immer: Pflanzen, Mineralien, Tiere, geistige Wesen. Schließe auch alle Geschenke, Botschaften, Symbole oder Leitworte ein, die du von ihnen erhalten hast.
- Ehre die Energien von Mond, Sonne, Sternen und die heilige Weisheit von All und allem, was uns umgibt.
- Fühle das kosmische Netz, von dem wir selbst ein Teil sind, um

zur Hebung des Bewusstseins aller Wesen beizutragen. Vertraue auf die Weisheit der vollkommenen Ganzheit.

13 Wiederhole das Mantra „Ich liebe mich selbst" dreimal.

Fühlst du dich inspiriert, deine Erfahrungen bei der Aktivierung deines Wilden Herzens festzuhalten? Dann kannst du darüber ein Tagebuch führen, etwas dazu zeichnen oder ein Gedicht schreiben.

Den Altar ehren und pflegen

Nach dem Ritual solltest du deinem Altar eine Woche lang mit besonderer Aufmerksamkeit begegnen. Entzünde jeden Tag die Kerze und setze dich gesammelt hinzu. Wenn es ein Naturaltar im Freien ist, solltest du ihn nach Möglichkeit jeden Tag besuchen und jedwede Veränderung beobachten, die hier, an deinem heiligen Ort, festzustellen ist. Nimm Sinn und Bedeutung aller Gegenstände, die du platziert hast, in dich auf. Lass sie durch deinen Atem lebendig werden.

Dein Altar ist deine eigene, bewusste Schöpfung! Nähre sie jetzt täglich mit allem, was ihre Schwingung erhöht: mit frischen Kräutern, Blumen, Kerzen, Steinen, Worten, Liebesbriefen, Gedichten oder Affirmationen. Nähre auch dein Herz mit der nahrhaftesten Erde, die es gibt: mit deiner eigenen Seelenenergie. Pflanze die Samen neuer Ideen und Visionen, die zu dir kommen, jeden Tag tief in die Kammern deines Herzens.

Am achten Tag baust du deinen Altar in voller Absicht und genauso sorgfältig zurück, wie du ihn aufgebaut hast. Was du in der Natur gesammelt hast, kann dem Stück Natur, aus dem es stammt, zurückgegeben werden oder der Erde geopfert werden. Alles andere bewahrst du so auf, dassY es seine Würde behält. Während du diesen eigenständigen und voll bewussten Prozess des Rückbaus durchläufst, heißest du die Heilung deiner Hände und deines Herzens willkommen. Dehne die gewonnene Heilungsenergie auf alles aus, was du berührst, und segne die Natur und deine menschliche Mitwelt.

5. Himmelsvision: Perspektivwechsel durch Visualisierung und Meditation

Absicht

Negativität ablegen und Erneuerung willkommen heißen.

Zweck

Von Grund auf Dankbarkeit und Gutherzigkeit wiedergewinnen. Deinen inneren Ort der Heilung erkennen und mobilisieren. Geistige Führung erhalten, die dich jetzt unterstützt.

1 Mach es dir im Sitzen oder Liegen bequem und lege eine Hand aufs Herz, die andere auf den Unterbauch.

2 Entspanne die Augen, die Schultern und alle Gesichtsmuskeln. Beim Einatmen fokussierst du darauf, dich mit geklärter, mitfühlender Energie zu erfüllen, und beim Ausatmen, alle Ängste und Sorgen, Schmerz und Trauer loszulassen. Fühle, wie all dies behutsam aus dir herausgezogen wird, im Namen der Liebe und eines Lebens in Freude als deinem Geburtsrecht.

3 Nenne elf Dinge, für die du aktuell dankbar sein darfst. Lass deine Dankbarkeiten nacheinander – ohne groß darüber nachzudenken – vor dir aufscheinen und alle Fasern deines Körpers und alle Ebenen deines Geistes durchdringen.

4 Richte dein Bewusstsein auf die Wirbelsäule und visualisiere sie als Kanal für deine Fähigkeit zu lieben und tief berührt zu werden. Atme von der Basis der Wirbelsäule her ein und wandere mit dem Atem hinauf zu deinem Herzen. Atme aus vom Herzen her, und schicke dein Gewahrsein wieder die Wirbelsäule hinunter. Visualisiere eine Farbe oder eine energetische Qualität und lege dieses Empfinden in die Qualität deines Atems. Wenn du es sehen kannst, kannst du es auch fühlen! Du praktizierst bewusste Manifestation und energetische Transformation. Praktiziere dieses Atemmuster sechsmal.

5 Lass deine Wurzeln in die Erde hinab, verankere dich in Mutter Erdes Bauch. Sobald du deine Wurzeln sehen und empfinden kannst, bist du wahrhaft geerdet und hast stets einen Ort, wo du einkehren kannst.

6 Öffne dich jetzt für deine Himmelsvision. Finde deinen eigenen Weg, um in den Himmel zu gelangen: Klettere auf einen Baum oder steuere ein Flugzeug, lass dich von einem geflügelten Führer mitnehmen, verwandle deine Gestalt – komm irgendwie hin! Denk erst gar nicht darüber nach – visualisiere es! Sieh dich dann selbst aus der Vogelperspektive und schau auf deine irdische Umgebung. Siehst du die energetische Qualität deines jetzigen Lebens? Nimm wahr, was schwer ist und was leicht, wo die komplizierten Anteile liegen, was dir Freude bereitet und dich in die Kraft radikaler Selbstliebe bringt. Wenn du dich auf diese Weise deiner Himmelsvision öffnest, wirst du die aktuelle Energie deines Lebens verstehen, weil du es spürst und siehst.

7 Geh nun einen Schritt weiter, in die Selbstheilung. Übernimm selbst die Führung, um sämtliche energetischen Qualitäten, die deiner Entwicklung abträglich sind, zu verändern. Ziehe alles heraus, was Schmerz und Dunkelheit mit sich bringt, und übergib es der Erde. So schaffst du Raum für neue Energie. Siehst du, wie dein innerstes Wesen auf deine Beziehung zu bestimmten Menschen antwortet? Auf die Muster dahinter und die Verhaltensweisen, mit denen du reagierst? Versuche alles zu ordnen und so zu sortieren, dass eine neue, aufbauende Mischung entsteht, und verwebe sie gedanklich in deinen Alltag. So beginnt deine aktive Selbstheilung vom innersten Selbst her.

8 Sehr wahrscheinlich gibt es geistige Helfer, wie immer sie auch gestaltet sein mögen, die dich auf deiner Lebensreise liebevoll unterstützen wollen. Sie haben Botschaften für dich. Bleibe offen, um sie zu erhören. Und nimm sie an! Öffne dein Herzbewusstsein, um von der Welt gehalten und umarmt zu werden. Du wirst unterstützt!

9 Komm jetzt zurück in deinen Körper.

10 Lege beide Hände auf dein Herz. Gelange wieder in den Zustand der Dankbarkeit. Atme drei tiefe Atemzüge in deine Wurzeln hinein, drei tiefe Atemzüge in die Wirbelsäule und drei tiefe Atemzüge in deinen Geist.

11 Schreibe ein Tagebuch über diese Erfahrungen.

6. Gebet für das erwachende Herz

Möge ich heute mit den Augen meines Herzens sehen und das Feuer meiner Visionsfähigkeit entfachen. Wie die Sonne, die jeden Morgen aufgeht, sich mit ihrem Strahlen umgibt, umarme ich mich selbst mit Liebe und Güte. Wissend, dass jeder Tag im Leben ein Segen ist, lausche ich dem tiefen Wissen in meinem Inneren und lasse alles los, was meine Liebe schmälert. Während ich mich auf den östlichen Himmel einstimme, wachsen meiner Wahrnehmung Flügel, um der Selbstliebe, der Heilung und der Freude an einem erfüllten Leben den Weg zu bereiten.

Nimmst du dir jeden Morgen zu Herzen, was in diesem Gebet an positiver, lebensbejahender Kraft steckt, beginnst du deinen Tag auch in der Überzeugung, dass Selbstliebe der Weg zu freudvoller Existenz ist. Was immer dieser Tag dir bringen wird – du kannst jederzeit den göttlichen Funken in dir selbst entfachen. Betest du, dann betest du auch durch dein Herz und kannst deine geistige Führung anrufen. Du nimmst das Leben an, wie es ist – Atemzug für Atemzug, Moment für Moment. Du lebst und liebst rückhaltlos und radikal – mit jedem Quäntchen deines Seins!

Es lohnt sich, hierzu auch ein eigenes Gedicht oder Gebet zu schreiben. Webe es in die Energie der aufgehenden Sonne ein, damit es zum Segen eines neuen Tages werden kann. Heiße Mitgefühl, Selbstliebe und Wahrheit willkommen. Erlaube auch allen Schatten, nach vorn zu kommen, damit du sie befreien kannst. Zeichne Symbole und Bilder, die dein Gebet unterstützen, und schreibe Leitworte oder eine Affirmation nieder, die das Licht deiner Erleuchtung entzünden.

7. Dekret für den Tempel des Herzens

Ich bin das Licht meines Herzens.

Ich lausche nach innen, ich lasse los
und liebe den Kern meines Wesens inbrünstig.
Ich bin Adler, Falke, Kolibri, Rabe, Sperling, Eule, Schmetterling.
Ich bin die geflügelte Wahrnehmerin, die Überfliegerin,
die Herzensvisionärin.
Ich umarme auch alle Beschwerden, die Schmerzen und die Sorgen,
die mich wie Nebel durchziehen.

Ich vertraue darauf, dass die Winde der Weisheit entfesselt werden,
wenn die Zeit reif ist und mein Herz um Befreiung bittet,
damit die erdrückende Rüstung meines Herzens zerbricht.
Ich bade meinen Körper in Selbstliebe, auch und vor allem an Tagen,
wenn ich mich für befleckt und wenig liebenswert halte.

Ich bringe mein Herz zurück in meinen göttlichen Geist
und baue es wieder auf, damit es sich weiten kann.
Mein Geist tränkt meine Knochen mit einem heiligen Serum,
damit ich jeden Tag, an dem ich lebe, die Wahrheit spüre,
die Unwahrheit ablege und dank Einfühlung in andere
immer lebendiger werde.

Mein Seelengefäß ist empfänglich für die reine,
bedingungslose Liebe, die mir von meinen Lieben angeboten wird.
Und ich werde von meiner geistigen Führung voll unterstützt.
Ich bin die Gebeine meiner Vorfahren ebenso wie ihr erlöster Geist.
Mein Herz erinnert sich an meine Seelenfamilie,
ich lausche innig, wenn sie mir etwas zuflüstern.
Ich genieße das Geheimnis des Lebens!
Wie der Adler, der durch die hohen Lüfte gleitet,
blicke ich aus umfassender Perspektive auf meine Gegenwart.

Heute entscheide ich mich dafür,
mit den Augen meines Herzens zu sehen.

Ich weite mein Empfinden, bin eine leuchtende Flamme –
und gänzlich frei.
Ich bin hier, mit offenem Herzen.

Jetzt bist du an der Reihe, dein Dekret für dein Herz zu schreiben! Schreibe spontan, ohne zu urteilen oder dich zu zensieren, als Ausdruck der Verpflichtung deiner eigenen Göttlichkeit gegenüber. So machst du dich bereit, die innerste Vision deines Herzens zu leben.

8. Tagebuch-Empfehlungen

- Welcher innere Ort – und was? – in dir bedarf aktuell der Heilung?
- Welche Samen bringst du heute in deine Erde aus? Welche Ideen, Visionen und konkrete Absichten möchtest du in dein Selbst pflanzen und zum Sprießen bringen?
- Schreibe einen Liebesbrief an dich selbst, einen geliebten Menschen, an deine Gemeinschaft, einen Vorfahren oder ein anderes Familienmitglied, das hinübergegangen ist. Tu es aus ganzem Herzen, folge deinem ersten Impuls, zensiere dich nicht – folge deinem freien Willen und lass dein Herz singen. Du musst den Brief nicht abschicken; es geht darum, dein Herz zu klären, sodass es auf allen Ebenen lieben kann.
- Welche Bereiche in deinem Leben bist du bereit, aus einer anderen Perspektive zu sehen?
- Schreibe drei Dinge auf, die du an dir selbst liebst. Wann immer du einen Mangel an Selbstliebe empfindest, erinnere dich daran und lass dich sich davon leiten. Willkommen in der Praxis der Selbstliebe!
- Schreibe die drei wichtigsten Praktiken auf, die du täglich ausüben kannst, um in eine liebevolle, mitfühlende und freundliche Beziehung zu dir selbst zu gelangen.

Komm nach Hause, Süße.
Deine Sanftheit
ist deine Stärke.
Dein Tanz gehört nur dir.
Dein Lied ist wie Nektar –
lass ihn bis ins Mark deiner Knochen sickern.
Ruh dich jetzt aus, Süße.
Komm nach Hause.
Die Türen des Tempels sind geöffnet.

ERWECKE DEINE WAHRE KRAFT

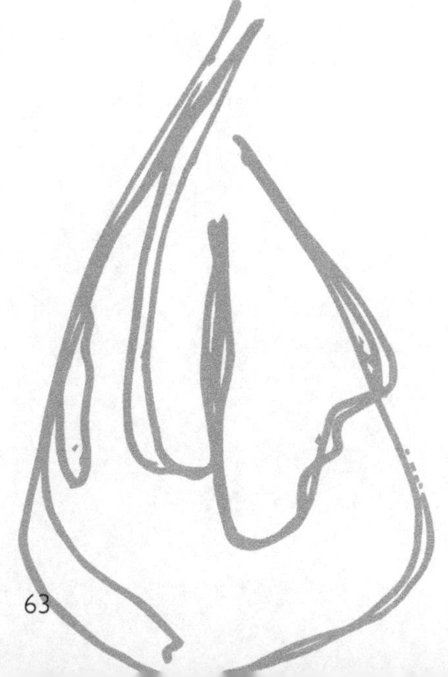

Sei selbst die Hebamme deines Werdens!
Deine Seele – wild und weich – will tanzen, schreien,
weinen, singen!
Forme ihre zerbrochenen Stücke zu künstlerischen Skulpturen,
die deine innere Erde schmücken.
Nähre deinen komplizierten Verstand mit einfachen Wahrheiten.
Entzünde das Feuer in der Wohnstatt deiner Heilung.
Die Geistige Welt ersehnt deine Neugeburt:
deine Rückkehr zu dir selbst.
Erhöre den Ruf des Seetauchers, das Heulen des Wolfs,
den Grillengesang.
Lass dein Auge dem Flug des Adlers folgen,
dem Schweif der Sternschnuppe, der Gischt eines Wasserfalls.
Sei selbst die Rose und die Schlange, Brennnessel,
Schmetterling, Zedernbaum und Sonnenblume.
Güte, Schönheit, Wahrheit:
Sie sind dein Geburtsrecht.

Kapitel 3
Erwecke deine wahre Kraft
Schüre das Feuer, aktiviere die Vision

NIMM DIE FÄHRTE AUF

Das Leben bedient sich einer Vielzahl von Ereignissen und Erfahrungen, um uns Menschen dazu zu bringen, unser Inneres selbst zu gestalten: charakterlich und wie wir uns selbst definieren, um uns im Alltag zu manifestieren. Unsere Selbsterfahrung bestimmt, was uns motiviert, welche Rollen wir spielen, welche Regeln wir befolgen oder brechen, wie wir uns bewegen, hören, fühlen, spüren und sprechen. Dazu gehören auch Verwicklungen. Sobald Scham und Schuldgefühle, Einsamkeit und Angst erlebt werden, bilden Körper und Geist Schutzmuster, damit wir uns trotzdem möglichst sicher fühlen können. Muster dieser Art werden ins Zellgedächtnis eingebettet und versetzen unser parasympathisches Nervensystem in ein beständiges Hin und Her zwischen Kampf und Flucht.

Wenn ein Kind den Spielraum bekommt, genügend Sicherheit zu verspüren, um sich auch verletzlich zeigen zu dürfen, ohne weiter verletzt zu werden, wird es auch als erwachsener Mensch seiner Verletzlichkeit den nötigen Spielraum zu sichern vermögen. Andernfalls wird seine Freiheit des emotionalen, kreativen, körperlichen und intellektuellen Ausdrucks infrage gestellt. Schon früh bilden wir daraufhin gewohnheitsmäßige Bewältigungsmuster aus, um vielleicht trotzdem die Aufmerksamkeit, Fürsorge und Liebe zu erhalten, die wir uns doch so sehr wünschen. Im Teenageralter, als junge Erwachsene und in späteren Jahren erleben wir daraufhin immer wieder Enttäuschungen, die zu weiteren reaktiven Mustern führen: unstillbare Sehnsucht, irrationales Festhalten, ständige Versuche, eigentlich unlösbare Probleme immer wieder reparieren zu wollen. Vielleicht setzen wir sogar unser eigenes Selbst aufs Spiel und werden zum Opfer oder zum Täter – vielleicht zu einer Person, die immer wieder verlassen wird?

Solche chronischen Muster sind tief in unsere Gefühlswelt eingebettet. Ohne dass wir es ahnten, können sie unser ganzes Leben bestimmen und sogar als Panikattacken, Phobien und Suchtverhalten akut werden. Sich unbewusster Fehlsteuerung bewusst zu werden, ist der Anfang innerer Heilung. Sie beginnt immer damit, zunächst einmal zu akzeptieren, dass wir uns selbst sabotieren. Erst danach können wir toxische Muster effektiv bearbeiten, Verantwortung für uns selbst übernehmen und unser Leben neu ausrichten.

Achtsamkeit und Bewusstheit sind hier wahrlich Gold wert! Sie können Selbstzweifel und geringes Selbstwertgefühl, traumatische Belastungen und innere Wunden in strahlende seelische Gesundheit verwandeln. Was auch immer das Leben uns angetan haben mag (oder wir uns selbst) – es ist die Brücke, über die wir gehen *müssen*, um den Zugang zu unserem wahren Selbst wiederzugewinnen: zur kreativen Natur unseres Geistes und zu unserer Herzkraft, die uns mit allem in Frieden und Freiheit verbinden will.

Nehmen wir also unsere „unbewussten Herrscher“ genauer unter die Lupe – auch das, was uns vorgaukelt, dass wir letztlich doch alles unter Kontrolle hätten. Sobald wir aufdecken, was uns antreibt, Besitz oder Macht im Außen zu gewinnen, und sobald wir die Unwahrheiten erkennen, die damit verbunden sind, beginnen wir uns selbst zu ermächtigen und erfahren unsere wahre Kraft.

WO DEINE WAHRE KRAFT LIEGT

Je mehr du ein Empfinden für deine wahren Wünsche entwickelst, umso mehr wird dir auch bewusst, was deine *Kernabsicht* ist: das, wofür du geboren bist und wo deine wahre innere Kraft liegt. Die Mystikerin in dir ruft dich auf, den Funken deiner Einzigartigkeit zu entzünden und das Feuer deiner Authentizität zu schüren! Und es gibt sogar einen inneren Ort, wo deine wahre Kraft zu Hause ist: direkt über dem Nabel (Solarplexus), und sie ist spürbar bis in den Rücken. Dies ist der innere Raum, in dem sich die heilende Energie sammelt und dafür sorgen kann, dass du dich verbunden statt getrennt und geschätzt statt abgewertet fühlst – ganz natürlich, ohne dass du äußere Bestätigung nötig hättest.

Immer wenn Angst aufkommt, immer wenn das Leben uns zu überwältigen scheint, immer wenn es stressig oder herzzerreißend wird, leidet unser Selbstwertgefühl. Wir „geraten aus der Fassung“: was nichts anderes bedeutet, als dass wir aus unserer Mitte fallen. Das Gleiche geschieht, wenn wir zur Bequemlichkeit verführt werden oder aus ganz bestimmten Gründen die Augen vor der Wahrheit über uns selbst verschließen wollen.

Ob auf die eine oder andere Weise – gefühlt ist das immer ein Energiekollaps. Du kommst aus dem Fluss, alles fühlt sich stumpf und taub an. Dein Selbstwertgefühl geht gegen null, deine kreative Ader verstopft, du hast keine Verbindung mehr zum Herzen. Nach und nach verliert sich die Fähigkeit, sich selbst rückhaltlos zu lieben, in einen leeren, unbeseelten Raum. Wie könnten wir dann noch unsere Träume verwirklichen? Scham, Schuldgefühle und Opfermentalität werden die Macht an sich reißen. Ein Teufelskreis negativer Energie entsteht, schafft ein falsches Selbstbild und pampert das Ego. Dies ist der vergiftete Boden, aus dem Stress, Depression und Suchtverhalten erwachsen.

Uns allen wird eingeimpft, nur ja nicht die Kontrolle zu verlieren. Letztlich aber ist es doch nur Kontrollbewusstsein – nicht wirkliche Kontrolle. Das Macht-Paradigma durchwirkt unsere gesamte gesellschaftliche Realität: Patriarchat, Sexismus, Rassismus und Frauenfeindlichkeit sind ererbte kollektive Muster, die nach wie vor traumatische Erfahrungen erzwingen und überall Unheil stiften. Hast du da selbst vielleicht schon mitgespielt? Unbewusst? Hast du dich in den Schutzraum falscher Sicherheit und einschränkender Glaubenssätze begeben? Hast du, mit einem Wort: *klein gespielt, um dich selbst zu schützen?*

Es gibt einen Weg, die Last künstlich auferlegter Selbstbegrenzungen abzuwerfen! Er führt über deine eigene, unverwechselbare Authentizität und beginnt damit, alle Machtkonstrukte, die dir dein Geburtsrecht rauben, zu erkennen und zu entschlüsseln. Sie zu unterbrechen und schließlich aufzulösen, sich also selbst zu befreien, ist möglich, indem du deine innere Kraft aktivierst und dein Identitätsgefühl kultivierst – in Übereinstimmung mit der Berufung deiner Seele. Beginne schon heute damit, deine persönliche Souveränität zurückzugewinnen! Mach dir bewusst, welche Kontrolle über dich ausgeübt wird. Geh tief und tiefer, bis zur Wurzel deiner Emotionen, dorthin, wo die Wahrheit hinter deiner Motivation steckt. Frage dich selbst:

- Für wen tue ich das, was mich jetzt auf Trab hält?
- Nach welcher Art von Lob sehne ich mich? Anerkennung? Erfolg? Aufmerksamkeit?
- Über wen oder was will ich die Kontrolle haben? Warum fühle ich mich dadurch gut, sicher und mächtig?
- Was wäre, wenn alle Rollen, die ich in meinem Leben spiele, zerbrächen? Wenn sie bis auf die Grundmauern niedergebrannt würden? Wer wäre ich dann?
- Wer bin ich am Sitz meiner Seele? Welche Eigenschaften beschreiben am besten, wer ich in meiner reinen Essenz bin, ohne Teilnahme am Spiel von Macht und Kontrolle?

Nimm dir genügend Zeit, um die Fragen zu beantworten. Lies sie mehrmals durch, beantworte jede einzelne. Indem du Nicht-Anhaftung an Ergebnisse, Besitztümer und Identifikationen übst, gehst du den nächsten Schritt. Du erspürst deine Essenz, erhörst den Ruf deiner Seelenaufgabe, beginnst innere Kraft anzuzapfen – und bist auf dem Weg der modernen Mystikerin.

IN DIE INNERE KRAFT KOMMEN

Wie gelingt das? Indem du achtsamer gegenüber deinen tiefsten Wünschen wirst und eine stabile Motivation entwickelst, sie im Alltag auch tatsächlich zu verwirklichen. Verbindest du dich ohne Wenn und Aber mit dem, was das Leben dir vorsetzt, durchschaust du auch das emotionale Auf und Ab der Achterbahn des Lebens. Statt den immer wiederkehrenden Hochs und Tiefs aufzusitzen, die dein falsches Ego dir vorgaukelt, gewinnst du Zugriff auf dein angeborenes Geschenk der Weisheit. Du ermächtigst dich, Mut statt Angst zu nähren, und machst dich nicht länger klein. Du verankerst dich im gegenwärtigen Moment und nutzt die Chancen, die dir das Leben schenkt. Auch anderen gönnst du die ihren gern. Denn wir alle sollen in unsere eigene Kraft kommen, sodass unsere gemeinsame Seelenreise ihr Ziel findet.

So wirst du zur demütigen Kriegerin, friedlich wie ein Strom, der einem vorgezeichneten Bett folgt, stark wie Mutter Erde, anmutig wie der sanfte Sommerwind und so strahlend wie die Sonne. Von wahrem Ich-Gefühl durchdrungen – in Kraft und Demut gleichermaßen –, wirst du auch zur Unterstützerin der Selbst-Ermächtigung anderer. Und sie akzeptieren es! Denn du bleibst in Gefühlen ausgeglichen und im Verstand rein und klar. Sie nehmen dir ab, dass du berechtigt bist, für das Wohl unseres Planeten und aller Wesen, für die Ehrung der Elemente und der unsichtbaren Reiche einzutreten. So wirst du zu einer Quelle reinster spiritueller Energie! Deine Berufung zu dienen, wird allseits Fülle und Freude, Ausgeglichenheit und Mitgefühl erzeugen. Wer so mit Liebe und Verbundenheit aufgeladen ist wie du, erweckt auch die heilende Kraft in anderen zum Leben.

ELEMENT FEUER: DER WEG DER TRANSFORMATION

Feuer steht für Wandel und Veränderung. Es bewirkt rascheste Transformation, mehr noch sogar als der Atem. Visionäre Kraft, absolute Hingabe und Wille sind wie flammendes Feuer. Dein inneres Feuer wird entfacht vom Energiezentrum im Solarplexus, weil es seine Strahlkraft aus der Schöpferkraft der Sonne nimmt, die auch dich inspiriert und aktiviert.

Indem du deine größte Kraft abzurufen beginnst, baust du nach und nach eine innige Beziehung zu deinem gesunden Ego auf, zur reinen Essenz, mit der du als einzigartiges Wesen geboren wurdest. Denke stets daran: Wer täglich aus dem Brunnen des eigenen geschätzten Ichs schöpft, nährt auch das höhere Selbst in sich.

Im heidnischen Jahreskreis ist das Element Feuer im Süden angesiedelt, wo der Sommer wohnt und unser inneres Kind birgt, mit seiner unschuldigen, nimmersatten Neugierde, mit dem Gefühl des Staunens über die Wunder der Welt und dem unstillbaren Drang nach Freiheit – eben mit allem, was uns ein gesundes Selbstwertgefühl bringt.

Vergiss nicht die Schattenaspekte: Scham und Opferbewusstsein. Nichts lehrt dich so wie das Feuer, dich in bekömmlicher Weise auf alles in dir einzulassen, was mit Wut, Scham, Trägheit und niedrigem Selbstwert zu tun hat. Erst wenn wir Verstand und Gefühl daran gewöhnen, sämtliche psychischen Qualitäten zu *beobachten*, lernen wir zu *beachten*, was oft hinter unseren Worten und Handlungen steckt. Allmählich lernen wir, blitzschnell zu erfassen, wenn niedrige Energien auf uns einprasseln und vermögen in klarer Absicht sofort Energien mit höherer Schwingung einzuladen. Es kostet Kraft, doch ist es auch ungemein stärkend, mit den eigenen Grenzen leben zu lernen.

Bewusste Ausrichtung auf die Energie des Feuers zeigt dir auf, wie du gefühlten Mangel und gefühlte Scham, dieses innere „Ich bin nicht genug“, „Ich werde nie _____“ und „Ich werde immer _____“ in positive Wahrheiten umwandelst.

- Der erste Schritt einer jeden Entdeckungsreise ist die Achtsamkeit.
- Der zweite das Loslassen alter Geschichten, die dich begrenzen und aufhalten.
- Der dritte die Neujustierung deiner Kernabsicht.
- Der vierte schließlich das kraftvolle Durchziehen im Alltag.

Genau das heißt es, Wandlungsfähigkeit zu beweisen!

Nicht nur, was du sprichst und tust, sondern auch das, was du denkst und fühlst, beeinflusst ja deine Mitwelt. Achte also auf die Energien, die du in dein Feld einlädst. Erfasse deinen gegenwärtigen Level intuitiv und fang dich ein, sobald einschränkende Glaubenssätze ihre Schatten zu werfen beginnen. Und vergib dir genau in diesem Moment! Atme tief durch. Mach dein Äußeres weicher und festige dein Inneres. Erinnere dich an deine Kernabsicht, an deine authentische Leidenschaft, und nähre deine positive Ausstrahlung. Du bist ein Magnet! Ein wildes Feuer aus Licht, Tiefe, Heilung, Weisheit und Brillanz. Vertraue, dass du getragen wirst! Rufe deine mitfühlende und hilfreiche geistige Führung an. Lausche den Eingebungen, wenn du spontan im Flow bist oder wenn du sie durch Meditation, Gebet oder Traumzeit erhältst. Übe dich jeden Tag in der Kunst der Geduld und des göttlichen Timings.

Geh jetzt ins Feuer ... auch wenn es ums Flicken und Reparieren geht ... oder wenn du Demütigungen erfahren hast. Werde zur Zeugin, wie sich dein Verstand von ihnen trennt. Sei verletzlich, aber richte dich auch wieder auf. Tauche ein in alles, was brennt und lodert, was niederkniet im Gebet. Trage all deine Überzeugungen Schicht für Schicht ab, bis du zur Wahrheit vorstößt. Wirf jede Rolle, jede Erwartung, jede Scham, jedes vergangene oder gegenwärtige Trauma ins Feuer. Sieh zu, wie es brennt – und vertraue dem Prozess. Gib dir selbst die Erlaubnis, dich zu verändern, zu wandeln. Heute ist ein neuer Tag! Und ab heute erwachst du jeden Tag erneuert an Körper und Geist zu deinem wahren Potenzial, zu einem neuen Leben ...

LASS HEMMENDE GLAUBENSSÄTZE LOS. SCHREIBE DEINE PERSÖNLICHE GESCHICHTE UM

Jeder Mensch ist einzigartig und trägt deshalb auch an einer persönlichen Geschichte. Das Leben hält eine schier unendliche Fülle von Überraschungen, Fragen und Herausforderungen sowie widerstreitenden Kräften wie Freude und Trauer für uns bereit. Nie werden wir vorweg das Ergebnis kennen. Gerade auch in unseren persönlichen Beziehungen nicht. Doch eins ist sicher: Jede Erfahrung führt uns zur nächsten, es geht immer weiter. Wie könnte es anders sein? So ist es ja auch in der uns umgebenden Natur: Auch ihre Kräfte – Wasser und Feuer, Erde und Luft – ringen hart und spielen freudvoll miteinander. In allem Leben walten Gegensätze, im Kleinen wie im Großen, bis hin zu kosmischen Zyklen, die uns wie Ewigkeiten anmuten. Das spiegelt sich in unserem eigenen, demgegenüber doch sehr kurzen Leben: Da gibt es unvergessliche Höhepunkte, die sich bis ins Zellgedächtnis einprägen – und es gibt diese scheinbar endlosen Niederungen des Alltags und die emotionalen Tiefpunkte, die der Erinnerung wie zäher Klebstoff anhaften. Eines jedoch ist beiden Seiten unserer Lebenserfahrung gemeinsam: Wenn wir sie bewusst aufarbeiten, beginnen wir unsere persönliche Geschichte zu verstehen.

Bewusstheit bedeutet stets, alle Seiten zu sehen: So wollen wir uns nicht nur daran erinnern, was uns weitergebracht hat, sondern auch daran, was uns zurückhielt. Wir alle müssen durch etwas durch, das uns eigene Bedürfnisse unterdrücken ließ und in Rückzugsverhalten trieb. Etwas, das uns in Scham versinken ließ und uns kleingemacht hat. Etwas, das uns zwang, anderen gefallen zu wollen, statt zu uns selbst zu stehen. Wo wir zustimmten, obwohl wir genau wussten, dass wir im Grunde unseres Herzens dagegen waren. All jene Dinge eben, die uns zur Trennung von unserem wahren Selbst verführten. Auch diese Erfahrungen müssen aufgedeckt werden, müssen Schritt für Schritt abgeschichtet werden. Nur dann finden wir unsere Willenskraft wieder und können unser gesundes Ego zur Geltung bringen. Und wahrhaft authentisch werden! Dieser Weg wird kein leichter sein – und ist doch ungeheuer befreiend und heilsam für die Seele. Er erfordert Mut und Verletzlichkeit zugleich. Und achtsame Ehrlichkeit.

Unsere Lebensgeschichte schreibt sich von allein und immerfort weiter im gegenwärtigen Moment. Indem du das begreifst, tust du den ersten Schritt, sie umzuschreiben. Ja, du kannst innerlich aufräumen und hemmende Grundüberzeugungen, die sich in deiner Gefühlswelt festgesetzt haben, abschütteln. Jene kleinlichen Herrscher über dein Leben, die sich in endlosen Gedankenspiralen wiederholen, hinter dir lassen. Ein für alle Mal!

Und wie jetzt weitergehen? Ganz einfach: Hör dir zu. Lausche deinen spontanen Gefühlen und deinen unwillkürlichen Gedanken. Werde dann weicher, um nichts vorschnell zu verurteilen oder gleich wieder wegzuschieben. So erkennst du, welche unbewussten Überzeugungen dein Leben beherrschen. Spüre nach, wo eine dieser verborgenen Geschichten in deinem Körper „lebt". Wohin sie dort geht und woher sie kommt. Unbewusste

Grundüberzeugungen trägst du Schicht für Schicht ab, indem du dich mit der Wahrheit verbindest, im Gegensatz zur Unwahrheit, die du rein mechanisch in deinem Denken wiederholst, weil sie in deinen Gefühlen ankert. Dieses Unterscheidungsvermögen ist der Schlüssel! Vielleicht ist die eine oder andere festgefügte Überzeugung an sich ja gut und schön – aber wie lebst du sie? Versteckt sich genau dort vielleicht die Art und Weise, wie du dich kleinmachst, wie du das Opfer spielst, dich versteckst – oder übermächtig zu werden versuchst? Wie du auf Beschämung reagierst? Oder es einfach mit irgendetwas übertreibst? Verbirgt sich dahinter ein Muster, ein unbewusstes Programm, das dein Leben beherrscht, ohne dass du es wirklich willst?

Hast du hemmende Denk- und Verhaltensprogramme einmal erkannt, kannst du sie auch überschreiben, sodass sie unwirksam werden. Wenn dich ein Glaubenssatz begrenzt wie „Ich schaffe es doch nicht" oder „Ich werde nie genug sein", dann besteht deine Arbeit darin, dich im Mitgefühl mit dir selbst zu üben. Schreibe solche unbewussten Glaubenssätze um in bewusste Glaubenssätze wie: „Ich bin mit dem Leben verbunden, ungezähmt und frei" oder „Ich bin genug, ich trage das Licht meines vollen Potenzials". Wenn deine begrenzende Überzeugung lautet: „Ich bin der Liebe nicht würdig", könnte die Umformulierung „Ich bin ein Kanal der Liebe, des Lichts und der universellen Lebenskraft" sein. Es ist wichtig, dass du dabei an einem inneren Ort weilst, wo du dich selbst ehrlich fühlst, um wirklich in dich selbst „hineinzusprechen". Je kürzer der neue Glaubenssatz, desto besser. Er prägt sich dann umso tiefer in deinen Energiekörper ein.

Sobald sich die neuen Überzeugungen in deinem Unterbewusstsein verwurzeln, wirst du eine größere Freiheit kennenlernen, denn jetzt kommst du in eine gesunde Verbindung mit der Quelle deiner Kraft. Schritt für Schritt lässt du alle alten Geschichten hinter dir. Die Vergangenheit wird zu ruhen beginnen, die Gegenwart ändert sich, und die Zukunft wirkt plötzlich einladend. Du bist nicht mehr durch deine persönliche Geschichte begrenzt – *du wirst durch sie ermächtigt.*

Dies ist die Arbeit der modernen Mystikerin, die sich mit dem Element Feuer vermählt. Sie sammelt all ihre persönlichen Erfahrungen und Geschichten, die ihre Zeit schlicht und ergreifend hinter sich haben, und legt sie auf der Erde nieder wie kostbare Skulpturen. Wie der Phönix aus alter Sage soll alles, was geschmerzt und die Seele vergiftet hat, nun verbrennen, zu Asche zerfallen und selbst zu Erde werden. Nur du allein kannst wissen, wann du dies tun musst. Wann es an der Zeit ist, deinen Selbstwert nicht mehr infrage zu stellen und nicht mehr an deiner Seelenaufgabe zu zweifeln. Du wirst dich vom Opferbewusstsein, von der Mentalität des Mangels befreien und von einem authentischen Leben nicht nur träumen, sondern es wirklich und wahrhaftig leben!

NÄHRE DEIN FEUER: WERKZEUGE DER SELBST-ERMÄCHTIGUNG

Wir aktivieren innere Kraft
durch die Resonanz einer bewussten Entscheidung,
durch tiefes Verlangen, einen klaren Verstand
und den gradlinigen Aufruf zum Handeln.
Entscheidend ist, das erwünschte Endergebnis loszulassen.

In dem Moment, da wir uns dabei ertappen, dass wir unsere Kraft verschenken, beginnen wir mit der Selbst-Ermächtigung. Wir begreifen, was unsere Trägheit mit uns macht: sich der Machtlosigkeit zu ergeben. Klag dich jetzt aber nicht an! Zeige Verständnis für dich selbst. Dann erkennst du, was bisher unbeachtet blieb: dass du Schutz suchst, um bestimmte Gefühle nicht fühlen zu müssen und scheinbar unbeteiligt bleiben zu können. Diesen Bewältigungsversuch zu durchschauen, ist der Schlüssel, um Machtlosigkeit in Macht zu transformieren.

Schichten wir als Beispiel einen üblichen Anlass für die Emotion des Ärgers ab: Gerade haben wir unser Bestes getan, um ein gewünschtes Ergebnis zu erzielen. Doch war uns entgangen, dass wir von dem Bedürfnis durchdrungen gewesen sind, unseren Willen durchzusetzen. Nun ist es nicht so gelaufen, wie wir es wünschen. Frustration ist die Folge. Wir werden wütend. Egal, ob wir die Wut verdrängen oder ihr den Lauf lassen – beides triggert die Blockierung eigener Kraft, weil es die Geist-Körper-Verbindung stört. Ob wir jetzt unsere Kraft verschenken oder sie missbrauchen, spielt auf der energetischen Ebene zwar keine Rolle. Chronischer, unbewusster Gebrauch eines derartigen Bewältigungsversuchs kann aber bis hin zum Burnout führen. In jedem Fall schwinden Selbstwertgefühl, Mitgefühl und – ganz entscheidend – die Fähigkeit zum Perspektivwechsel. Wir konzentrieren uns nur auf das Problem, empfinden es als persönlichen Angriff, statt eine konstruktive Lösung herbeizuführen. Die Nerven flattern, das Herz rast, der Verstand ist umnebelt. Nach außen sprechen wir schädliche Worte, und im Inneren nähren wir das Opfer.

Wie schaffst du es, Empfindungs- und Verhaltensmuster zu beheben, die dich in eine solche Zwangslage bringen? Indem du wieder das Gleichgewicht zwischen Anstrengung und Leichtigkeit herstellst. In gewissen hitzigen Momenten wirkt es schon Wunder, nur innezuhalten und durchzuatmen. Bewerkstelligen wir es in diesem kritischen Moment, nur eine einzige Minute des Nicht-Handelns zustande zu bringen, so kann das den entscheidenden Unterschied ausmachen.

Ruhe und Gelassenheit sind effektive Aktivatoren, um innere Kraft wiederzugewinnen. Je öfter wir es beherzigen, uns im entscheidenden Moment davor zu bewahren, in schädliche Spontaneität zurückzufallen, umso versierter werden wir im Perspektivwechsel. Und dann kann der nächste Schritt folgen: Bevor wir das nächste Mal ein bestimmtes Ergebnis erzwingen wollen, erweisen wir Achtsamkeit und fragen uns: „Gibt es in diesem Moment einen besseren Weg?“ So lockern wir unseren verkrampften Griff auf unvermeidliche Situationen ein Stück weit und erkennen immer genauer den Punkt, wo wir loslassen müssen. Sei gewiss: In dem Moment, da du die Zeichen und Signale von Geist und Körper, die mit deinem Ärger einhergehen, wahrnimmst, bevor sie dich überwältigen, durchströmt dich schon frische Energie! Du beginnst dich aus deiner Klemmlage zu befreien und erholst dich erstaunlich rasch. Und sobald du mit ganzem Herzen die Einladungen annimmst, die dir das Leben jetzt schickt, um ein Gleichgewicht von Anstrengung und Leichtigkeit zu erzielen, arbeitest du intelligent mit deiner inneren Kraft. Ermüdungserscheinungen verschwinden allmählich wie von selbst. Der Alltagsstress wird nicht mehr als Angriff empfunden, sondern zunehmend als Gelegenheit erkannt, sich selbst wiederherzustellen.

Wir sind stärker im Loslassen als im ständigen Festhalten. Wenn du nur ein wenig loslässt, machst du den Weg frei für eine expansive, effektive Aktivierung deiner inneren Kraft auf allen Ebenen.

Schauen wir uns nun die Scham an. Wir alle können diese unangenehme Empfindung bis in unsere Kindheitserinnerung zurückverfolgen. Sich daran zu erinnern, hilft uns zu verstehen, warum wir bis heute auf bestimmte Auslöser mit Beschämung reagieren. Selbst-Erinnerung, als aufmerksame, urteilslose Spurensuche in der eigenen Vergangenheit, ist ein starker Hebel, um dauerhafte Veränderung zu bewirken. Scham tritt immer dann zutage, wenn das Selbstwertgefühl geschwächt wurde. Wenn sie die Oberhand gewinnt, bricht man wortwörtlich in der Körpermitte auseinander, denn die Erdung des Unterkörpers und die hinauf strebende energetische Natur des Oberkörpers werden durchtrennt. Der primäre psychische Energiefluss wird blockiert. Wir reagieren passiv-aggressiv und sind unfähig, Feedback zu empfangen. Statt guten Rat anzunehmen, machen wir uns klein und überzeugen uns selbst lieber davon, dass es doch besser sei, es gar nicht weiter zu versuchen. Warum auch, wo wir doch bisher immer wieder versagt haben? Fakt ist, dass in diesem Moment unser ganzes System aus dem Gleichgewicht gerät. Das Wichtigste ist jetzt, die negative Energie des Moments zu erkennen – gerade dann, wenn man sich hilflos fühlt.

Störungen des freien Strömens unserer Energie können sowohl durch vergangene Erfahrungen wie durch negative Zukunftsprojektionen ausgelöst werden. Sie zu erkennen und ertragen zu lernen, ohne gleich für Abhilfe sorgen zu müssen, ist der Schlüssel. *Gerade wenn wir verwirrt sind, besteht die Chance, zur Quelle innerer Kraft zu gelangen.* Und es gelingt, sobald wir darauf verzichten, auch noch selbst die Pfeile des Mangels, der Knappheit, der Unwürdigkeit, der Versagenserwartung, der Angst vor dem eigenen Erfolg auf unsere Schwachstellen abzuschießen. Damit würden wir doch nur das System nähren, wovon wir uns befreien wollen!

Freud und Leid, Erfolg und Misserfolg,
Erfahrungen von Gerechtigkeit und Ungerechtigkeit
werden gleichermaßen zur Herausforderung für dich,
dich am Kompass deiner Lebensvision auszurichten.
Erlaube ALLEN Erfahrungen, die du machst, dich zu heilen.
Diese Wandlungsbereitschaft wird dich leiten, die Heimreise
zu dir selbst anzutreten,
dank deiner neu kalibrierten inneren Kraft.

Jedes Mal, wenn wir vor einer Herausforderung stehen, haben wir die Möglichkeit, harmonisch auf die Melodie zu antworten, die das Leben uns vorspielt. Jetzt sollten wir bereit sein. Mit allen Energien arbeiten, die uns zur Verfügung stehen, um zu verstehen, warum wir normalerweise so und nicht anders reagieren. So öffnen wir uns für die Weisheit unserer Intuition, ohne uns vorher hin- und herwerfen lassen zu müssen. Denn wir verdrängen unsere Emotionen und Reaktionen nicht mehr, sondern fühlen mit und hören hin. Vom unvermeidlichen Auf und Ab des Lebens erholen wir uns rascher!

Mitfühlendes Verständnis und Nichtbeurteilung sind die Werkzeuge, um diesen nicht immer leichten Prozess zu bewerkstelligen. Wenn du dich das nächste Mal in der Rolle des überkritischen Richters über dich selbst wiederfindest, atme dreimal tief durch, lass deine Agenda los, habe Verständnis für dich und vertraue darauf, dass du jetzt ein Signal erhältst, um deine Negativität abzulegen und die Einladung zur Veränderung anzunehmen. Akzeptanz, die von Herzen kommt, öffnet Informationskanäle im Körper und schärft die Erinnerung für das, was wir uns vorgenommen haben. Der Energiestrom in deinen Bewusstseinskanälen beginnt sich auf ganz natürliche Weise so auszurichten, dass du deine innere Kraft in Richtung persönlicher Transformation mobilisierst.

Die Kraft dieses fließenden, verbundenen und erwachten Selbst ist der Lebenssaft der anmutigen und tapferen Kriegerin. Sie weiß, wann es gilt, sich aktiv einzubringen oder etwas gehen zu lassen, mit wem es sich einzulassen lohnt und mit wem nicht – kurz gesagt: Sie weiß, was sie selbst in ihr Leben ruft. Statt sich zu unterwerfen oder selbst beherrschen zu wollen, ruft sie die Weisheit in sich selbst wach. Das unausgewogene, unter-

oder überbewertete Ego wird in die Schuhe gestellt. Spüre dorthin, wo im Körper sich die aufwallende Emotion befindet, und benenne sie urteilsfrei – dann wirst du Rat aus deinem tiefsten Inneren auch annehmen.

Rufe also deine tiefsten Sehnsüchte hervor! Schüre dein inneres Feuer mit beständiger Energie! Und vertraue darauf, dass du sowohl Schülerin als auch Meisterin deines Energiefeldes bist. Mit einem einzigen Funken der Flamme kannst du dich verändern, wandeln, transformieren, loslassen und neu beginnen!

Durch bewusste, tägliche Rituale, durch Achtsamkeitsübungen, Meditation und intuitives Gewahrsein im gegenwärtigen Moment stärkst du deine feurige Willenskraft. Doch nicht zuletzt auch durch Vermeidung von negativem Geschwätz! Mögest du erkennen und dich erinnern: Macht ist Bewusstsein. Macht ist Wissen. *Macht ist Zuhören.* Macht bedeutet für dich, Zeugin deines eigenen Prozesses und des Prozesses der anderen zu werden. Macht ist Seelenpflege. Macht ist Heilung. Macht verschafft unverwechselbare Ausstrahlung und innere Schönheit. Macht lässt dich deine Ganzheit unwiderstehlich zurückfordern.

Die innere Kraft aktivieren: Schrittweise tägliche Praxis

1 Mach dir bewusst, wann du deine Opfermentalität nährst. („Das passiert mir immer wieder / ich werde nie gut genug sein / andere werden immer mehr haben als ich / ich werde nie glücklich sein“ ...)
2 Verarbeite die Informationen, die durch dich hindurchgehen: Was sagt der Verstand dazu? Wo fühlst du das Thema in deinem Körper? Welche Worte sprichst du, die das damit einhergehende Gefühl verstärken?
3 Beobachte die Gewohnheitsmuster, die ein Opferbewusstsein begleiten oder nähren. Erkenne die Existenz dieser Muster an und unterbrich sie.
4 Übe dich in Mitgefühl. Mach deinen Körper weich, halte dich selbst in liebevoller Umarmung. Atme dreimal tief durch und lass die Opfermentalität los.

5 Erkenne deine Reaktivität und dass du das nicht bist. Es ist nur die Gewohnheit, sich im Opferkreislauf kleinzumachen.
6 Richte dich aus auf die Überzeugung, dich stark zu fühlen.
7 Positive Affirmation: „Ich werde heute weiterhin meinen gesunden Willen nähren."

NACHHALTIGER WANDEL

Dauerhafte Veränderung entsteht nicht dadurch, andere korrigieren oder ändern zu wollen, sondern indem du selbst Verantwortung übernimmst. Sobald du deine Willenskraft entfacht und dein Selbstwertgefühl verbessert hast, kannst du strategisch und intelligent handeln. Du hast deine Perspektive erweitert und drängst dich nicht mehr ständig zur Produktivität, sondern findest das richtige Verhältnis zwischen Zupacken und Loslassen. Dadurch arbeitest du auch effektiver und entspannter zugleich. Enttäuschungen streifst du leichter ab, erträgst Umleitungen und Verzögerungen geduldiger. Meditation, körperlicher Ausgleich und Qualitätszeit in der freien Natur öffnen dein Inneres, und du hörst anderen geduldiger zu. So schaffst du Spielraum, um gemeinsame Ressourcen besser zu nutzen. Mit einem Wort:

Du kaufst dich nicht mehr in die kleinen Dramen des Lebens ein.

Natürlich wird es immer Herausforderungen geben. Doch nimmt sie leichteren Herzens an, wer seine wahren Wünsche kennt und seinen Willen geklärt hat.

Wirf deine Lebensvision weit ins Universum hinaus! Betrachte alles als Energie! Empfange die Impulskraft in dir! Richte deine Empfindungsbereitschaft auf Schwingungen aus: Ist ein Gedanke, ein Verhalten, eine Manifestation flüssig, klebrig, trüb, klar, stark, weich, anmutig, kalt, heiß, bunt – birgt sie vielleicht sogar mehrere Qualitäten wie diese? Achtsam nach innen schauend, aufmerksam nach außen, bleibst du mit dir selbst verbunden und wach genug, um dein Energiekörper-Geist-Herz-Feld bewusst wahrzunehmen und es zu transformieren.

Alles ist möglich! Was du emotional fütterst, das wächst auch. Verbinde dich mit deiner Kernabsicht – was du wirklich vom Leben willst. Sobald du das Gefühl dafür erwirbst, wird alles Kraft. Du wirst du nie mehr im Mangel sein, nie mehr an geringem Selbstwertgefühl und an der bohrenden Frage nach dem Sinn des Lebens leiden. Die Energie der Wandlungsbegabung wird dir als göttliches Geschenk in die Hände gelegt.

DAS EIGENE ENERGIEFELD KLÄREN UND STÄRKEN: DER WEG DER MODERNEN MYSTIKERIN

Sobald dein angeborenes Verlangen nach dem Guten und der Wahrheit größer wird als jedes Ergebnis, das du erzielst, entfaltet sich vor deinen Augen das größte aller Mysterien. Mit den staunenden Augen deines inneren Kindes wirst du die Wunder der Natur ganz anders sehen, erfühlen und verstehen: wie Bäume miteinander kommunizieren, wie Tiere ziehen und überwintern, Fossilien das Geheimnis ewiger Veränderung enthüllen und wie Berge unerschütterlich ruhen, während Sonne, Mond und Sterne sich in harmonischen Kreisläufen bewegen. Immerfort zu fragen, neugierig zu sein, den Durst nach Lernen zu verspüren – das wird dich schulen, in allem die Schönheit zu sehen.

Beherrschen werden wir Menschen die Geheimnisse des Lebens nie. Sehr wohl aber können wir uns für die Schwingungsfelder irdischer und kosmischer Rhythmen öffnen und uns auf ihre unermessliche Energiequelle einstimmen. Statt in der Empfindung von Mangel und Machtlosigkeit gefangen zu bleiben, dürfen und sollen wir seelenvolles und geerdetes Wissen entwickeln. Dann nehmen wir am kosmischen Geschehen teil, statt im Inneren davon getrennt zu bleiben.

Verliert die Menschheit als Ganze ihre kosmische Verbindung noch weiter, gerät auch jedes einzelne Ich noch leichter ins Trudeln. Das falsche Ego wird genährt. Wir verstricken uns in Unruhe, Unentschlossenheit, geringem Selbstwertgefühl und Ziellosigkeit. Wir verlieren uns selbst.

Daher gilt es, zunächst unser eigenes Energiefeld zu klären. Zuallererst müssen wir gesunde Grenzen setzen. Welche und wie viel negative Energie nimmst du tagtäglich auf, obwohl sie sich ungut anfühlt? Zu verstehen, was deine gute Energie erschöpft, ist der Schlüssel, um gesunde Grenzen zu setzen. Beginne damit, herauszufinden, was immer ein Ungleichgewicht in dir erzeugt. Es könnten ungesunde Ernährung, sinnfreie Gespräche, kraftraubende Beziehungen, übermäßiger Medienkonsum, Schlafmangel und toxische Gedankenmuster sein. Hast du die Ansatzpunkte erkannt, so verfalle nicht in blinden Aktionismus. Akzeptiere, dass es so ist, wie es ist – und lass das Urteilen los. Die eigene Verwundbarkeit zu erkennen und sich selbst zu vergeben, sind die ersten Schritte auf dem Weg des inneren Wandels. Sobald du ein gefühltes Bewusstsein für die Erschöpfung hast, die mit jenen Gewohnheiten verbunden ist, wirst du dich auch dafür entscheiden, deine Aufmerksamkeit und dein Handeln auf das zu lenken, was deine Energie klärt und stärkt.

Tägliche achtsame und seelenvolle Rituale sind dafür das beste Mittel. Es kann so einfach sein wie das Anzünden einer Kerze am Morgen, das Aufschreiben eigener Dankbarkeiten, ein stiller Spaziergang in der Natur oder ein Bad bei Kerzenschein. Was auch immer du wählst – es sollte dich unterstützen, zu dir selbst zu kommen. Nimm dir jeden Tag diese Qualitätszeit! Stell dir vor, dass du deinen inneren Tempel mit Güte auffüllst. Dann wirst du auch verstehen, an welcher negativen Energie du festhältst, welche destruktiven Gedanken dich beherrschen und wo du das Opfer spielst. Checke dich auf diese Weise in jeden neuen Tag ein. Wirf deine Wünsche weit, weit ins Universum hinaus – ohne dabei ein bestimmtes Ergebnis zu erwarten! Auf diese Weise beginnst du, eine intime Beziehung zu deinem tiefsten Wesen und deinem höchsten Selbst aufzubauen. Es wird wie ein Gespräch sein, das du mit deiner besten Freundin führst.

Der Aufbau des erneuerten Energiefeldes erfolgt primär durch stetige und tägliche Gewöhnung. Es muss aber noch etwas hinzukommen: Bewusstheit. Da Bewusstsein nie statisch ist und stetig erneuert werden muss, ist es völlig normal, zwischendurch aus dem Rhythmus zu kommen. Wie kraftvoll es sich dann anfühlt, wieder in die Spur zu kommen! Die Mystikerin in dir darf sich nicht länger im Schatten verstecken, darf nicht mehr die Fassade aufrechterhalten, dass doch immer alles von allein in Ordnung käme. Fühle tief – und lerne, mit *allen* Energien zu arbeiten, die in dein Kraftfeld kommen.

Schritt-für-Schritt-Anleitung zur Klärung deines Energiefeldes

Die folgenden Empfehlungen sind dazu da, deine innere Kraft zu stärken und dein Energiefeld zu klären, insbesondere dann, wenn du dich an einem Scheideweg, in einer Übergangsphase oder im Zustand des Ungleichgewichts und des Selbstzweifels wiederfindest. Bestimme einen Platz, wo du ruhig und gesammelt sein darfst, und mach dir klar, was genau jetzt deine Absicht beziehungsweise Frage ist.

1 *Richte dich* auf deine Absicht aus und erfühle sie voll und ganz. Es kann, muss aber nicht in Form eines visualisierten Bildes geschehen. Manchmal kommt etwas blitzartig hoch, manchmal als kaum vernehmliches Flüstern. Sei aufmerksam. Nicht alles, was du siehst oder vernimmst, ist wörtlich zu nehmen. Es wird aber zur genauen Bestimmung deiner Kernabsicht beitragen.

2 *Verbinde dich* mit der Energie, die im Inneren der Absicht lebt. Welchen Wert hat dein Ziel? Fülle, Freiheit, Gleichgewicht, Freude, Frieden, Begeisterung, Großzügigkeit, Pflege, Liebe, Mitgefühl, Authentizität, Kunstfertigkeit? Wie fühlt sich diese Energie an? Je mehr du dein Geist-Körper-Bewusstsein auf die passende Schwingung lenkst, desto mehr stimmst du dich auch darauf ein.

3 *Organisiere dich,* indem du deine Ideen und Visionen zusammenträgst, sie sichtest und sortierst. Denke praktisch! Träume groß! Was muss aus dem Bild gestrichen werden? Konzentriere dich auf die Beseitigung von Ängstlichkeit, um keine Blockade zuzulassen. Organisiere dich absolut nachvollziehbar – Aufschreiben kann helfen.

4 *Entwickle Strategien* zur Umsetzung. Der entscheidende Schritt! Eine Vision ohne praktische Strategie wird eine rein mentale Geschichte bleiben. Der Kniff besteht darin, nicht klein beizugeben, sondern einen echten Gewinn erzielen zu wollen, und sei er noch so bescheiden. Öffne dich für die Realität, bring deine Vision in den Alltag – sieh, wie sie sich manifestiert, wenn du deine Strategie umsetzt.

5 *Lass los!* Lass jetzt das erwünschte Ergebnis einfach gehen … Erfasse in genau diesem Moment: Wenn wir uns für die Zu-

sammenarbeit mit der Geistigen Welt öffnen, um unser Leben zu gestalten, statt alles nur zu erdulden, sollten wir auf Überraschungen gefasst sein: Das Universum kann auch eine andere Vorstellung davon haben, was wirklich gut für uns ist, als wir selbst. Wenn du es so angehst, lernst und empfängst du umso mehr! Die goldene Regel lautet: *Folge deinem Wunsch und lass das Ergebnis los!* Auf diese Weise wirst du dich tiefer und tiefer mit dem Schwingungsfeld deiner Vision verbinden.

6 *Entwickle die Vision weiter.* Es wird Zeiten geben, in denen du alles überdenken musst – auch deine Vision. Denn wir wachsen und entwickeln uns jeden Tag. Ohne inneren Wandel keine persönliche Evolution. Und was einst vor Sehnsucht in uns brannte, wird irgendwann womöglich nicht mehr gar so viel Bedeutung haben. Jeder einzelne Schritt auf dem Weg ist aber wichtig. Deine Intuition wird gestärkt, wenn du dir selbst die Erlaubnis gibst, sie auch zu befolgen. So wirst du zum Kanal für die Manifestation deiner Träume.

7 *Trage deine Vision in die Welt.* Durchdringst du dein Wesen auf Seelenebene mit der Energie deiner Vision, ziehst du diese Energie auch unweigerlich an. Du wirst ihr nicht mehr nachlaufen müssen – sie wird dir entgegenkommen. Dank göttlichen Timings wirst du auf Mentoren, Unterstützungssysteme und/oder eine gleichgesinnte Gemeinschaft treffen. Mit einem Wort: Du wirst selbst zum Magneten für die Energie, die du abstrahlst.

ENTZÜNDE DIE FLAMME: NÄHRE DEINE SEELE UND DIE SEELEN ANDERER

Das Element Feuer lebt in uns allen. Es wärmt, verbindet, treibt uns voran und erinnert daran, dass wir Menschen „Umspannstationen“ im kosmischen Netz sind. Unser inneres Feuer teilt seine Wärme und Liebe mit der Welt, in der wir leben. Die Verbundenheit der modernen Mystikerin mit allem verleiht ihr die Führungsqualität, um zum nachhaltigen Wandel beizutragen.

Arbeitest du an deiner persönlichen Evolution, arbeitest du auch für die menschliche Gemeinschaft. Wer Verantwortung für sich selbst übernimmt, geht mit gutem Beispiel voran und ermutigt andere, ebenfalls Verantwortung für die Heilung ihrer inneren Wunden zu übernehmen: demütig, doch voller Leidenschaft, auf das eigene Selbst fokussiert, doch im Einklang mit dem Wohl aller.

Mögest du dich erheben, damit auch andere sich erheben! Mögest du kraftvoll und anmutig zugleich arbeiten, damit auch andere es tun! Die Vereinigung des persönlichen Seelenzwecks mit dem Seelenzweck der Menschheit ist der Kern mystischer Erfahrung, weil sie über das rein Alltägliche hinausgeht und die Überhöhung des eigenen Wohls überwindet.

Verbinden wir uns also mit dem Schwingungsfeld unserer Authentizität! Nähren wir uns und andere mit reiner und unerschütterlicher Energie! Und denken wir immer daran, dass das, was wir nähren, auch wachsen wird. So klären und stärken wir das Feld, wo die Lebensenergie fließt, glüht und sich ständig transformiert. Mit dem Staunen eines Kindes und der radikalen Akzeptanz des Loslassens all dessen, was wir ohnehin nicht kontrollieren können, arbeiten wir auch am Herzen der menschlichen Gemeinschaft.

Natürlich werden wir auf Widerstände stoßen – sowohl in uns selbst als auch bei anderen. Wir werden beurteilt und kritisiert werden, unsere eigenen Fähigkeiten werden uns weiter Grenzen setzen, unser Körper wird rebellieren. Doch wenn wir uns selbst mit radikaler, intimster Selbstliebe begegnen, statt nur gesehen und anerkannt werden zu wollen, wird unser inneres Feuer nie erlöschen. Wir bringen das mystische Bewusstsein in dieser Welt zum Vorschein. Nimm diese mächtigste aller Energiequellen in dich auf! Verschenke sie nicht! Heiße die Weisheit deines Körpers, deines Geistes und deines Herzens willkommen!

Du bist ein mystisches, magnetisches, tiefes und weises Wesen. Das ist dein Geburtsrecht. Du wurdest mit der Fähigkeit geboren, eine Zeitreise durch die Archetypen der Menschheit zu unternehmen: als Kind, Jungfrau, Mutter, Vater, Krone, Älteste, Künstlerin, Kriegerin, Erfinderin, Anführerin – extrovertiert und introvertiert: DAS BIST DU. Du bist Wahrheit. Du bist Freiheit. Du bist verbunden mit dem Kosmos. Du bist hier, um eine spirituelle Existenz in der Gestalt eines menschlichen Körpers zu leben. Stell dir jedes einzelne Ereignis, jede Erfahrung und jedes Geschehen in deinem Leben als Teil deiner Reise zur Integration deines vollen Seelenpotenzials vor.

Die Flamme in deinem Solarplexus brennt manchmal mit wilder Leidenschaft, und manchmal glüht sie nur still: Es ist die Flamme deiner Seele, die dich nach Hause ruft. Bete zu ihr, nähre sie mit positiven Schwingungen, nimm wahr, wenn sie geschützt werden und wann sie angeblasen werden muss. Erinnere dein inneres Feuer an seinen Wert! Fürchte dich nicht davor! Trenne alles ab, was nicht zu dir gehört. Wirf es ins Feuer! Die Mystikerin in dir sehnt sich danach, entflammt zu werden und ihren inneren Tempel zu pflegen.

Rituale zur Erweckung und Aktivierung persönlicher Transformation

Wir arbeiten mit dem Element Feuer, um Gewohnheiten zu ändern, die unserem höchsten Selbst nicht mehr dienen. Dazu lernen wir Atemtechniken, Übungen zur Erweiterung unseres Körper-Geist-Bewusstseins und weitere rituelle Praktiken, die unser Energiefeld reinigen und die innere Kraft aktivieren.

1. Feueratem: Erweckung und Ermächtigung von innen heraus

Praxis

Vorzugsweise morgens bis nachmittags, ohne Essen im Bauch. (Wichtig: Falls du schwanger bist, meide den Feueratem. Atme einfach tief ein und aus.)

1. Sitz bequem auf einem Stuhl oder mit gekreuzten Beinen auf dem Boden.
2. Lege die linke Hand aufs Herz und die rechte Hand auf den Unterbauch.
3. Atme sechs tiefe, klärende Atemzüge durch die Nase ein und durch den Mund aus.

4 Atme weiter durch die Nase ein und halte den Atem sechs Zählzeiten lang an, wobei du den Nabel an die Wirbelsäule ziehst. Währenddessen visualisiere die Flamme einer Kerze in deinem Solarplexus. Lass sie wachsen und trinke ihre Farben wie Nektar. Atme dann die Hitze des Feuers aus, indem du den Atem hörbar durch den Mund ausstößt (sechsmal).
5 Nutze den Feueratem zur Aktivierung der Körpermitte: Nachdem du vollständig ausgeatmet hast, atme lange durch die Nase ein und halte dabei den Mund geschlossen. Stoße die Luft dann mit kurzen, scharfen und schnellen Stößen durch die Nase aus. Konzentriere dich auf das Ausatmen, indem du jedes Mal den Nabel zur Wirbelsäule hin ziehst und ihn beim Einatmen auf natürliche Weise zurückschnellen lässt. Führe die Übung so lange durch, wie du die Qualität der kurzen, scharfen Ausatmung beibehalten kannst – anstrengungslos! Wenn ohne Anstrengung möglich, mit 50 bis 60 Atemzügen.
6 Übe dies dreimal.
7 Kehre zu einer sanften Ein- und Ausatmung zurück.

2. Anzapfen der Thymusdrüse

Diese Übung kann das Stressniveau senken, das Immunsystem stärken und positives Selbstwertgefühl wecken.

1 Bring deine Hände in Gebetshaltung, verschränke die Finger und beginne den Bereich um die Thymusdrüse (hinter dem Brustbein) kräftig zu beklopfen.
2 Während du klopfst, öffne deinen Mund und lass ein „Aaaaaaaaaaa" ertönen. Sei laut und stolz! Vielleicht gibt es weitere Töne, die hervorkommen wollen? Dies ist ein Selbstheilungsprozess, also improvisiere ganz nach Gefühl. Du kannst zum Beispiel den Kiefer von einer Seite zur anderen bewegen, die Zunge herausstrecken oder mit den Augen rollen. Erforsche deinen höchsten, dann deinen tiefsten Ton – lass völlig los. Deine Lebensenergie wird zurückkommen!
3 Übe es drei- bis sechsmal.

3. Meditation: Klärung des Energiefeldes

1 Suche dir einen bequemen und ruhigen Platz zum Sitzen.
2 Stell dir ein Feuer vor.
3 Nimm dir genügend Zeit, um ganz bei deinem Atem zu weilen. Verlangsame ihn auf sechs Zählzeiten beim Einatmen und beim Ausatmen.
4 Visualisiere alle Schichten in dir, an dir und um dich herum, die du ins Feuer werfen willst. Alles, was dich ermüdet. Alles, was stresst und Ungleichgewicht erzeugt. Visualisierung ist alles, was du innerlich „greifen" kannst: Bilder, Worte, Erinnerungen, Sinneseindrücke jedweder Art.
5 Lass an die Oberfläche kommen, was immer auch kommen will – und lege es ins Feuer, Schicht um Schicht, Thema für Thema, alle Erinnerungen und Belastungen. Lass sie einfach verbrennen.
6 Sobald es sich erledigt anfühlt, atme lange und tief durch – und heiße alle Symbole, Worte, Geistesblitze oder Offenbarungen willkommen, die jetzt hochkommen.
7 Besiegle dein Clearing mit Dankesworten, mit der Errichtung einer Absicht oder einem feierlichen Gelübde. Das unterstützt deinen Selbstheilungsprozess und nährt die innere Kraft.
8 Schreibe in dein Tagebuch, was du erfahren hast.

4. Aktivierung der inneren Kraft und Errichtung eines Altars

Es kann hilfreich sein, sich zunächst folgende Fragen zu stellen:

- Wie fühle/spüre ich derzeit meinen Selbstwert?
- Gibt es da auch hemmende, einschränkende Stimmen?
- Womit nähre ich in der jetzigen Lebensphase meine Gedanken, Gefühle und körperlichen Empfindungen mit negativer, einschränkender Energie?
- Was beflügelt mich? Wofür interessiere ich mich am meisten?

Errichte einen Altar, der deine Beziehung zu deiner inneren Kraft repräsentiert. Ehre die Elemente – Luft, Feuer, Wasser, Erde und Äther – und alles, was deine lunare/weibliche und solare/maskuline Kraftausrichtung symbolisiert. Siehe Kapitel 2 für Altarrichtlinien, falls erforderlich.

Sobald dein Altar errichtet ist:

1 Entzünde Kerzen und verbrenne Weihrauch oder anderes Räucherwerk, um deinen Handlungsraum nach innen und außen hin zu reinigen. Du kannst die Fenster öffnen, wenn du dies als förderlich empfindest.

2 Lass dein ganzes Wesen weich werden. Konzentriere dich jeweils bis sechs aufs Einatmen und Ausatmen.

3 Fasse die klare und feste Absicht, deine innere Kraft zu aktivieren. Visualisiere die Flamme der Kerze in deinem Solarplexus.

4 Visualisiere, wie alle Energien niedriger Schwingung, die dich verlassen sollen, aus deinem Inneren entweichen. Sieh sie in einem großen Feuer vor dir verbrennen.

5 Heiße die Unterstützung deines voll aktivierten und hoch geschätzten Selbst willkommen. Visualisiere dich in deinem höchsten Zustand von Liebe, Licht, Freude und Vertrauen.

6 Rufe deine Intuition auf, zu dir zu sprechen. Rufe eine geistige Führung herbei: Ahnen, Tiere, Mineralien, Pflanzen, Landschaften, Formen, Symbole und gefühlte Energien, die bereit sind, mit dir zu kommunizieren. Stell dir eine mitfühlende Energie vor, die jetzt mit dir arbeitet – ein Gesicht, einen Namen, eine Landschaft. Achte auf alle sinnlichen Eindrücke, die erscheinen wollen.

7 Verfasse einen „Aufruf zum Handeln". Verwende das Präsens und die Worte „Ich bin/ich werde". Halte es kurz und einfach. Zum Beispiel:

*„Ich bin über alle Maßen mächtig.
Ich werde täglich meditieren,
damit mein Solarplexus aktiviert wird und stark bleibt."*

*„Ich bin unbegrenzt expansiv.
Ich werde mich heute zu einer unendlich weiten,
total offenen Perspektive ermächtigen."*

8 Schreibe es siebenmal auf. Wiederhole es jeden Morgen für sieben Tage. Erlaube es deiner Manifestation, sich selbstständig zu entwickeln. Lass Veränderungen zu. Sieh einfach, was herauskommt!

5. Körper-Geist-Übungen zur Integration der Schwingungsfelder von Feuer und Transformation

Feuertanz

1 Entzünde eine Kerze und höre deine Lieblingsmusik.
2 Tanze wild und ungehemmt fünf bis zehn Minuten lang – ohne Unterbrechung. Spüre, wie du dich erwärmst, und konzentriere dich darauf, deinen zentralen Energiekanal – die Wirbelsäule – mit den Farben zu nähren, die du in der Kerzenflamme siehst.
3 Erlaube deinem Ausatmen, stagnierende Energie und toxische Gedanken und Gefühle auszuleiten.
4 Erlaube deinem Einatmen, dich mit wilder Feuerenergie hell aufleuchten zu lassen. Du bist selbst Feuer! Und lässt dein Strahlen in eine überirdische, absolut persönliche Tanzparty hineinwachsen.
5 Achte darauf, ob deine Stimme Töne, Worte, Schreie oder Brumm- und Grolllaute kanalisieren will. Unterdrücke nichts! Habe Spaß!

Holz hacken

1 Stell dich aufrecht hin, die Beine hüftbreit auseinander, mit verschränkten Fingern und ineinandergelegten Handflächen.
2 Stell dir ein großes Stück Holz vor, das du zerhacken willst. Du kannst das Holz als Symbol für festgefahrene Energie, Frustration, Trägheit, Ungeduld, Widerstand, mangelnde Konzentration oder Ähnliches sehen.
3 Atme kräftig ein, während du deine Arme und verschränkten Finger nach oben schwingst. Beim Ausatmen beugst du die Knie, neigst dich nach vorn, schlägst mit deinen Händen kraftvoll zu und hackst das Holz vor dir in zwei Hälften, während du laut „Ha!" sagst.

4 Führe die Übung achtmal aus. Bleibe konzentriert und unterstütze deinen unteren Rücken, indem du die Knie großzügig beugst.
5 Erde dich in einer sitzenden Position oder in der Hocke, bis du dich wieder ruhig und ausgeglichen fühlst.

Feierliche Selbst-Erhebung

1 Setz dich auf einen Stuhl oder in die Hocke, die Füße hüftbreit auseinander.
2 Atme ein, während du die Arme gerade nach vorn hin ausstreckst.
3 Atme mit einem lauten „Ha!" aus. Steh dafür auf und zieh die angewinkelten Arme und geballten Fäusten an die Seiten.
4 Während du diese Energie anziehst, stell dir ein Feuer vor, das an deinem Solarplexus aufflammt und immer weiter wächst.
5 Mach dies achtmal. Ruh dich aus und schüttle die Arme und Beine aus. Wiederhole es so oft, wie es sich gut anfühlt.

Die Kriegerin aktiviert ihre innere Kraft

1 Einen Schritt nach vorn setzen und das vordere Knie im 90-Grad-Winkel beugen. Dann das hintere Bein strecken und die Arme seitlich in T-Stellung halten. Heiße deinen leuchtenden Kriegerinnengeist willkommen!
2 Richte einen starken, doch weichen Blick nach vorn. Bleibe dabei – so lange und so unverkrampft wie möglich.
3 Werde deines Atems gewahr. Stell dir vor, dass deine Knochen aus einem Licht bestehen, das in jede Ecke deines Körpers dringt. Lass es durch dich hindurchleuchten – nimm deine innere Kraft rückhaltlos an.
4 Richte deine Aufmerksamkeit auf ein bestimmtes Projekt oder auf etwas, das du in deinem Leben fühlen oder sein möchtest. Sieh dich selbst schon jetzt so! Sieh, wie es sich bereits manifestiert. Du bist bereits dort, weil es schon in dir lebt.
5 Wechsle die Seite und wiederhole die Übung.
6 Schließe das Ritual ab, indem du dich aufrecht hinstellst und deinen ganzen Körper als einen Strom leuchtender Energie visualisierst.

Geführte Visualisierung: Vitalität gewinnen oder wiederherstellen

1 Geh in der Erinnerung zurück in eine Zeit, als du dich geschämt hast und dein Selbstwertgefühl beeinträchtigt wurde. Halte dich aber nicht damit auf, sondern nimm es einfach so wahr, als sei es eine Art Mini-Tod gewesen.

2 Vergegenwärtige dir jene Teile deiner Essenz, die durch bestimmte Lebenserfahrungen verloren gegangen oder fragmentiert worden sind, weil sie dich geschmerzt und ausgelaugt haben.

3 Während du in der Zeit zurückgehst, stell dir vor, wie dein jetziges Selbst mitfühlend all jene Teile von Körper, Seele und Geist aufnimmt, die du abgeschaltet und verloren hast, um dich selbst zu schützen. Geh weiter und weiter zurück – so weit du kannst in deinem Leben.

4 Richte deine Aufmerksamkeit darauf, diese verlorenen Teile wieder in deinen Solarplexus einzuweben. Visualisiere die Flamme einer Kerze, die jedes Mal heller wird, wenn ein Teil von dir nach Hause kommt.

5 Unerwartete Erinnerungen können hierbei auftauchen. Bleibe auch dann bei deinem Atem und suche immer nach positiven Teilen deiner selbst. Es kann helfen, dir und/oder anderen zu verzeihen. Lass auch Momente der Traurigkeit, des Ärgers, der Angst und des Zweifels zu. Alles! Wende jeden Stein, sieh seine Unterseite an. Vertraue darauf, dass du dich selbst heilen kannst. Du bist frei, du darfst wählen, was und wie du sein willst, und du darfst deine verlorenen Teile zurückfordern.

6 Stell dir einen Mantel oder einen Umhang vor, der all deine Lebenserfahrungen in Harmonie und Frieden in sich birgt. In feierlicher Umarmung all dessen, was nun von Scham und Angst befreit ist. Ohne irgendein „Was wäre, wenn …" und „Hätte, könnte doch …". Feiere deine Erneuerung! Sieh, wie dein geeintes, geschätztes Selbst in Erscheinung tritt.

7 Sobald du das Gefühl hast, all deine verlorenen Teile wieder eingesammelt zu haben, stell dir vor, wie du in einer heiligen Landschaft ein zeremonielles Feuer entfachst. Sammle Holz und zünde es absichtsvoll an. Bringe Opfergaben dar, die symbolisch für dein ursprüngliches, unverbildetes Selbst stehen. Sofern es noch Abdrücke von Wut, Kummer, Angst und Scham in irgendeiner Erinnerungsspur gibt, lass auch sie aus dir her-

ausströmen und übergib sie dem Feuer. Gibt es Worte, Klänge, Formen, Symbole und Farben, die hinausgebracht werden wollen? Das kann jetzt Freude und Erleichterung, Gelassenheit und Ruhe verschaffen und ein neu gefundenes Gefühl der Freiheit. Nichts hält dich mehr zurück! Nimm alles an, was durchkommt, unterdrücke nichts. An diesem heiligen inneren Ort wirst du unterstützt, bist geschützt und vollkommen sicher. Biete dem Feuer ein heiliges Geschenk an, das dieses neu gefundene Gefühl von innerer Kraft und Autonomie besiegelt.

8 Öffne dich, um Unterstützung und Leitung durch deine mitfühlende geistige Führung und deine eigene Intuition zu erhalten. Lass diese Ausstrahlung tief eindringen, bis ins Mark der Knochen. Öffne dich vollständig, während du in diesem heiligen Raum bist, um Einsicht zu erlangen.

9 Versiegle die empfangene Ausstrahlung mit einem persönlichen Code: mit Symbolen, Worten oder einem Aufruf zum persönlichen Handeln: ein Projekt, ein Weg, ein schöpferisches Streben, eine Beziehung, eine Heilung, eine Vergebung oder eine energetische Schwingung … All das dient dem größeren, vollkommenen Guten in dir, im Dienst der ganzen Welt.

6. Empowerment-Brief an dein geschätztes Selbst

Verwende die untenstehende Vorlage zur persönlichen Ermächtigung sowie zur Verbindung mit deiner Intuition und deiner geistigen Führung. Fühlst du dich inspiriert, ein Gedicht, ein Gebet oder einen Brief an dein geschätztes Selbst zu schreiben? So, dass du direkt zu deiner inneren Ausstrahlung sprichst? Wenn du es sehen kannst, kannst du es auch fühlen!

Liebe Führung (oder: Liebe Intuition),
ich öffne mich vollständig, um in dieser Phase meines Lebens deine Unterstützung zu erlangen. Ich bin offen, bereit und willig. Ich werde zuhören und Maßnahmen für meinen persönlichen Heilungsprozess ergreifen.
Ich bin gestärkt, ich bin verankert. Wie das Feuer bin ich selbst ein Instrument für rasche Transformation. Wenn toxische Ener-

gien auf mich zukommen und mich durchdringen wollen, dann weiß ich, dass ich in der Lage bin, mit ihnen zu arbeiten. Anmutig lasse ich negative Teile abfallen, während mein inneres Feuer immer heller wird. Mein Licht ist stark, es leuchtet weit und breit. Wenn ich das nächste Mal an mir selbst zweifle, werde ich offen bleiben und mich fragen: „Was ist meine Lektion in dieser Situation? Wie kann ich meine eigene Schwingung erhöhen und meinem Weg treu bleiben?" Ja, ich kann meine Situation ändern, indem ich in meine eigene Kraft trete, indem ich zuhöre, meine Abwehrreaktionen schwäche, meine Wahrheit spreche und die Opfer-Muster in meinem Leben abschaffe.
Mein Strahlen hat einen Welleneffekt, der tief in meinem inneren Tempel beginnt und sich nach allen Seiten hin ausbreitet.
Ich weiß, dass ich meine Träume leben kann. Ich vertraue diesen Momenten, in denen ich springe, fliege, tauche, mich drehe, wirble und schillere. Die ganze Zeit über bewegt sich das Heilige durch mich, um mich herum und aus mir heraus.

7. Überholte Narrative ablegen

Schreibe deine drei wichtigsten hemmenden und einschränkenden Grundüberzeugungen, dich selbst betreffend, auf. Alles, was dir durch den Kopf geht, wenn du an dir zweifelst. Zum Beispiel:

- Ich bin nicht gut genug.
- Ich bekomme nie genug Schlaf.
- Ich bin immer gestresst und lebe im Chaos.

Nimm dir Zeit, um dich mit den einschränkenden Glaubenssätzen zu befassen, die dich beherrschen, ohne dass du dir dessen sonst gewahr wirst. Jedes Mal, wenn du sie denkst, aussprichst oder sonst wie nährst, schießt du energetische Pfeile des Mangels und der Negativität in deinen Energiekörper. Jetzt geh weiter und sieh dir an, was der Ursprung einer jeden negativen Kernüberzeugung ist:

- Woher kommt sie?
- Wer war daran beteiligt?

- Auf welche Bereiche meines Lebens wirkt sie sich unbewusst aus?
- Wie fühlt es sich an, wenn ich mir das bewusst mache?

Schreibe all deine negativen Kernüberzeugungen auf und schreibe sie in positive Affirmationen um. Etwa so:

Ich bin nicht ~~gut~~ genug.	*Ich bin genug, ich bin ganz, ich nutze mein volles Potenzial.*
Ich bekomme nie ~~genug~~ Schlaf.	*Ich ruhe mich aus, wenn ich es brauche.*
Ich bin immer ~~gestresst~~, ich lebe im Chaos.	*Ich bin ruhig, verbunden und aktiviert.*

Feiere und ehre deine neuen Grundüberzeugungen! Wiederhole dazu die „Ich bin"-Aussage jedes Mal, wenn deine Gedanken und Gefühle zu den alten Narrativen zurückkehren wollen. Bleibe freundlich und mitfühlend mit dir selbst – lache über deinen trickreichen Verstand, statt mit ihm zu schimpfen. Heiße täglich die Energien der Sonne, des Feuers und des Lichts willkommen, um dein geschätztes Selbst zu nähren. Wenn du die Erwartung loslässt, dass andere dies für dich erledigen könnten, dann beginnst du automatisch, falsche Teile deines Egos abzulegen, aus der Opfermentalität herauszutreten und die volle Verantwortung für deine eigene Kraft, Freude und Freiheit zu übernehmen.

8. Tagebuch-Empfehlungen

- Wie ist dein Verhältnis zu Scham und Wut?
- Wo taucht das eine und/oder das andere von diesen beiden in deinem Alltag auf?
- Kannst du es bis in die Kindheit/Jugend oder zu aktuellen Erfahrungen zurückverfolgen, um herauszufinden, wann du dich beschämt oder wütend gefühlt hast? Und warum?
- Welche „Steine" hast du noch nicht umgedreht? Welche Erfahrungen aus der Vergangenheit nicht aufgearbeitet? Es können Ereignisse sein, an die du immer wieder denkst – aber

auch rein unbewusste Herrscher über deine Gefühls- und Gedankenwelt.

- Schreibe auf, was dir dazu einfällt, um dich selbst besser zu verstehen.
- Was wächst dir gerade über den Kopf? Welche Anhaftungen gilt es aktuell loszulassen?
- Welche Praktiken unterstützen deine innere Stärke?
- Gibt es ein Mantra oder eine positive Affirmation, die zu deinem persönlichen Wachstum beitragen wird?

Kümmere dich täglich um deinen inneren Tempel.
Spiel nicht länger die Närrin für deine Illusionen.
Stell dich deinen lauernden Ängsten.
Betrachte sie als alchemistische Medizin.
Die Schatten der Vergangenheit
werfen Licht auf unausgesprochene Wahrheiten.
Schließe das Erinnerungsalbum der Vergangenheit.
Sammle alles, was du dafür brauchst. Leg ab, was dich hemmt.
Bring deine tiefste Sehnsucht dem Sternenhimmel dar.
Gib dich der zärtlichen Umarmung mit dir selbst hin.
Achte auf den stillsten Punkt.
Ruhe, wenn du der Ruhe bedarfst.
Befreie dich, breite deine Flügel aus.
Modelliere das Wertvollste in dir
wie eine Künstlerin ihre Skulptur.
Die Mystikerin in dir sehnt sich danach, geehrt zu werden!

BEREIT SEIN FÜR DEN WANDEL

Dein inneres Selbst
will auf die gleiche Weise gepflegt werden,
wie eine liebevolle Gärtnerin sich um
ihren Garten kümmert.
Pflanzen, Wässern, Jäten und Ernten.
Die Weisheit der Elemente umgibt dich.
Graben und glätten, umsetzen und aufrichten, auslesen,
verwerfen, auch durch Fehler lernen.
Und immer wieder frisch beginnen!
Deine Seele erwandert viele Dimensionen.
Du schimmernder Blitz!
Dein Herz spricht
von göttlicher Alchemie
aus unsterblicher, reinster Quelle.

Kapitel 4

Bereit sein für den Wandel

Im Flow mit der Schöpferkraft den eigenen Traum leben

DAS FLIESSENDE, SCHÖPFERISCHE SELBST ERWECKEN

Du bist von Natur aus kreativ, intuitiv und einzigartig! Jeder Tag in deinem Leben ist ein vitales, schöpferisches Experiment. Neun Monate im Mutterleib haben dir deinen Körper geschenkt, ihm Atem verliehen und dich bereit gemacht, deine Gaben mit der Welt zu teilen. Die vorgeburtliche Erschaffung im wässrigen Mutterleib ist in deinem zellulären Gedächtnis verankert.

Wir alle werden mit einer persönlichen Seelenvision geboren und sollen auch das Herz anderer Menschen berühren. Das ist unser Lebenssinn. Es gibt jedoch ein Risiko: Wir können in die Irre geführt werden, weil sich immer wieder neue Erfahrungen und Geschichten entspinnen, sodass wir den Kompass verlieren. Wir könnten sogar einen Teil unserer Seele aufgeben wollen. Und doch liegt es in der Natur des Lebens, dass alle Erfahrungen zu Schritten auf unserem Weg nach Hause werden. Es ist und bleibt eine unverkennbare, unverzichtbare Komponente unserer Lebensreise, stets den Zugang zu unserem schöpferischen Geist wiederherstellen zu können – kraft Intuition. Intuitive Kanäle freizulegen und offenzuhalten, ist absolute Priorität. Und da eine Unmenge unterschiedlichster Erfahrungen auf uns einstürmt, muss die intuitive Kraft trainiert werden, ganz so, wie wir einen Muskel trainieren würden.

Wohin auch immer dein Werdegang dich führt: Solange du im Flow mit deiner schöpferischen Energie bist, wirst du auch in der Fülle des Lebens sein. Du streifst alle Schichten der Projektion, des sogenannten Versagens und des vorschnellen Urteilens ab, die sich um deine Kreativität angelagert haben. Sei bereit zum Wandel! Zur Lösung von Blockaden! Von allem, was dich auf die Absicherung des Gewöhnlichen festlegen will. Es ist dein Geburtsrecht, dein Dasein aufzuwerten, es durch die Augen deiner Schöpferkraft zu sehen, deine Energiekanäle zu reinigen und deine Probleme nachhaltig zu lösen. Du bist sehr wohl fähig, eine völlig neue Perspektive zu entwickeln und dein Leben in Schönheit, Liebe, Hoffnung und Freiheit zu führen.

Wir alle wissen, wie schwer der Rucksack vergangener Erfahrungen lasten kann. Alle tragen wir daran. In deinen eigenen seelischen Rucksack könntest du Gedanken eingeschnürt haben wie: „Ich bin nicht gut genug“ oder „ich verliere wieder und wieder“. So etwas kann sich zu fixen Ideen entwickeln, es kann Karriere und Beziehungen untergraben – und bewirken, dass du nie wirklichen Frieden findest.

Dabei gibt es so viele Möglichkeiten, deine Schöpferkraft zu mobilisieren! Auch du bist mit einer natürlichen Wandlungsbegabung geboren. Hätte die Menschheit als Ganze sich sonst zu dem entwickeln können, was sie ist? Das Lied der göttlichen Schöpferkraft erklingt auf so vielen Instrumenten, wie es Menschen gibt, und nicht nur via Pinsel und Palette oder beim Musizieren. Auch dann nämlich, wenn du einem Menschen zuhörst und Mut zusprichst. Oder durch das Rauschen der Bäume und immer dann, wenn die Natur dich ruft. Zudem, wenn du offen und frei deine Wahrheit aussprichst. Natürlich auch in der Intimität des Sex, wenn du den Wunsch loslässt, dich nur auf deine eigenen Bedürfnisse zu fokussieren, sodass du die Energie der Partnerschaft spüren und in den ekstatischen Tanz gemeinsamer Gefühle kommst. Bei all dem scheint die Zeit stillzustehen, weil du in Resonanz mit der Transzendenz bist. Sobald die Schöpferkraft frei durch uns fließen kann, spüren wir die Quelle, die uns erhält und mit allem umgibt, was uns lieb und wert ist.

Was ist der erste Schritt, um in den Flow zu kommen? Er liegt darin, den Intellekt weich werden und den Körper als natürlichen Rezeptor wirken zu lassen. Sobald unser Organismus die Kraft der Natur spürt, erhöht sich die Schwingungsfrequenz. Die Weite des Himmels wird fühlbar, das entgrenzt auch den Blick nach innen und erweitert die Perspektive auf das Leben als Ganzes. Im Sonnengeflecht spürst du die Wärme deines inneren Feuers. Das Wässrige in dir bringt dich in Fluss und wäscht weg, was endlich gehen muss. Und die Verwurzelung in deiner Erde umarmt und nährt dich. Da geht dir das Herz auf, du tauchst tiefer und tiefer in den gegenwärtigen Moment ein!

Um nachhaltigen inneren Wandel in Gang zu setzen, beginnen wir am besten damit, unsere Sicht auf den Alltag zu ändern. Nichts ist banal, alles der Achtsamkeit wert. Alles kann zur einzigartigen, heiligen Erfahrung werden. Deine morgendlichen Tagebuchseiten werden zum Gedicht, jede Mahlzeit nimmt die Form eines wunderschönen Kunstwerks an, mit deinen Lieben sprichst du auf mitfühlende Weise. Deine Waldwanderung wird zu einer Möglichkeit, sich mit der kreativen Quelle der Elemente zu verbinden: dem Licht in den Bäumen, dem Klang des Vogelflugs, dem Plätschern eines Bachs. Selbst der Weg zur Arbeit wird zu einem Vehikel für kreatives Denken. Lass einfach dein gewohntes Gedankenprogramm los – verbinde dich mit deinen fünf Sinnen!

Inneres Leben ist das wahrhaft kreative Leben. In jenen kostbaren Momenten, da wir wirklich präsent sind, wird die Energie flüssig, die Kanäle der Intuition öffnen sich, das rhythmische Pulsieren der Quelle der Schöpfung wird fühlbar. Jetzt weilst du an einem inneren Ort, wo das Heilige die Seele umhüllt. Es kann jederzeit geschehen. Was also macht dann jeden einzelnen Moment so kostbar? Es ist seine Vergänglichkeit. Denn sie macht ihn einzigartig. Frieden, Stille, Verbundenheit, Wahrheit und Güte: Sie sind es, was uns lebendig werden lässt! Und DAS BIST DU, es ist deine Seele, die dich einlädt, mit der Kraft des Göttlichen zu tanzen. Ihr Flüstern ist auch an den lautesten Orten verständlich, und sie leitet dich sogar in der dunkelsten Nacht. Gemeinsam halten dich die weiblichen und die männlichen Energien von Mond und Sonne in kosmischer

Liebe umschlungen. Nie wieder wirst du deinen Wert infrage stellen. Du bist befreit von den Schlacken der Vergangenheit und den Schrecken der Zukunft und bereit, den Tempel deines schöpferischen Genies zu schmücken!

ELEMENT WASSER: FLUSS, WANDEL, ENTWICKLUNG

Jeden Tag entwickeln wir uns weiter. Stets sind wir in der Veränderung. Schon die zyklische Selbst-Erneuerung des Atems zeigt, dass wir jederzeit loslassen und in Fluss kommen können. Einatmen ist innere Ausdehnung, um die äußere Welt in sich aufzunehmen, Ausatmen ein Zusammenziehen innerer Kraft, um sich im äußeren Leben auszudrücken. Gewahrsein des Atems führt uns auf den Grund verkörperten Lebens, das im Wasser begann und im zyklischen Fließen der Lebenskraft sich ständig erneuert.

Der Atem lehrt uns, die vollkommene Schönheit in den Kreisläufen der Natur zu sehen, und Ehrfurcht vor dem universellen Gesetz des ewigen Wandels: Geburt, Wachstum, Sterben, Transformation und Erneuerung.

Fließfähigkeit ist die Eigenschaft des Wassers und verleiht ihm seine Fähigkeit zur Reinigung und Heilung. Seine alchemistischen Qualitäten nähren die Emotionen und steuern die unwillkürlich arbeitenden körperlichen Systeme, das Unterbewusstsein und das körperlich gebundene Energiefeld. Während Feuer die Transformation anregt, Luft uns die Perspektive bietet und Erde die Verankerung, ermöglicht das wässrige Element Beweglichkeit und Wandlungsbegabung.

Indem du die Mystikerin in dir umarmst und die Botschaft, die das Wasser ihr bringt, willkommen heißt, öffnen sich die Geist-Körper-Kanäle. Du vermagst am Fließen der Lebenskraft teilzunehmen. Wie zu jedem anderen Element, so ist auch deine Beziehung zum Wasser heilig. Sie sollte weder als selbstverständlich angesehen noch für egoistische Zwecke missbraucht werden. Mach dir bewusst, dass auch deine Worte und Handlungen und sogar deine Emotionen und Gedanken Wellenbewegungen erzeugen, die weit in die Welt hinausgetragen werden.

Im heidnischen Jahreskreis regiert das Element Wasser den Westen und gehört zur Herbst-Tagundnachtgleiche, wenn sich das Tor für die dunkleren Tage des Winters öffnet. Eine Zeit, in der wir feiern können, was wir ernten, und loslassen, was in uns und um uns herum zu sterben bereit ist. Der Zyklus von Leben, Tod und Wiedergeburt schenkt uns die einzig wahre Befreiung und Erneuerung, und jede Transformation der Natur erinnert uns daran, sich mit der Alchemie des Wandels in Einklang zu bringen und irgendwann unsere Ernte einzufahren.

In Richtung Westen, dem Ort der untergehenden Sonne, finden wir Rat beim fließenden Wasser, in der epischen Schönheit des Himmels und angesichts der üppigen Fülle der Pflanzenwelt. Wasser symbolisiert die Quelle unserer emotionalen, kreativen und intuitiven Fähigkeit. Seine Kraft fördert die Makellosigkeit unserer Worte, Gedanken und Handlungen und unterstützt uns dabei, alle Gefühle fließen und im Leben nichts unversucht zu lassen. Durch tägliche Akte des Mutes, der radikalen Akzeptanz, des Loslassens und des Fleißes können wir sowohl unsere angestammten wie unsere erworbenen Ängste transformieren, um Scham und Schuldgefühle, Selbstvorwürfe und Minderwertigkeitsgefühle abzulegen.

Indem du deine Wandlungsarbeit machst, arbeitest du an dem Leben, das deine Bestimmung ist. Dein Seelenweg wartet auf dich! Vertraue deinen inneren Quellen! Nähre dich täglich und beständig mit erleuchteter, fließender Energie!

HERZENSBILDUNG

Herzensbildung bedeutet zu verstehen, wie du mit der *fühlbaren* Information des gegenwärtigen Moments arbeiten kannst. Dies ist der Schlüssel, um das ganze Leben als Entwicklung statt als Stillstand oder gar Rückschritt zu (er)leben. Um überlebte emotionale Muster zu transformieren, gehst du zunächst tief in die Klärung von drei Dimensionen innerhalb der Emotion, an der du gerade arbeitest:

1 ***Bewusstheit:*** Was sind die Reaktionen, gewohnheitsmäßigen Gedankenmuster und Körperempfindungen innerhalb der Emotion?

2 *Geschichte:* Woher kommt dieses Gefühl? Aus Familiengeschichte, Gesellschaft, Lebenserfahrung oder Gegenwart?

3 *Wirkung:* Wie wirkt dieses Gefühl auf dich – jetzt?

Indem du nicht über deine Gefühle urteilst, sondern sie rückhaltlos anerkennst, kannst du mit ihnen fließen. Erinnere dich daran, dass Gefühle wie Wasser sind: Sie verwandeln sich – wenn die Temperatur stimmt, also die Zeit reif ist.

Der untere Bereich des Rumpfes – bei Frauen vor allem die Gebärmutter – bietet den organischen Behälter für Emotionen und Kreativität: für alle tiefen Wünsche, für Leidenschaft, für die Fähigkeit, die Fülle des Lebens zu genießen und eine gesunde Beziehung zur Sexualität zu entwickeln. Dieses bedeutende Energiezentrum erstreckt sich vom Nabel abwärts über den Unterbauch, den unteren Rücken und das Becken bis hin zum Kreuzbein, einschließlich der Fortpflanzungsorgane. An diesem inneren Ort kannst du deine Gefühle und emotionalen Verhaltensmuster aufspüren. Auch deren Auslöser! Mit innerem Sinn – „Bauchgefühl" – erkennst du, was gut ist, weil es wahrhaftig ist, und was jetzt die richtige Handlung ist, weil sie zum Guten führt. Dies ist die Geburtsstunde deiner bewusst-intuitiven Natur!

Spürst du, wie wichtig es ist, sich mit dem Element Wasser in Einklang zu bringen? Mit der ihm innewohnenden Weisheit, die auch deiner Natur innewohnt? Dein unterer Bauchraum und sein Behälter mit wässriger Energie stehen in ständiger Verbindung mit der schwankenden Anziehungskraft des Mondzyklus. Indem du dich auf die weiblichen Energien der lunaren Zyklen ausrichtest, kannst du sehr tief in dich gehen, um diese Energien zu fühlen, zu empfangen und so zu integrieren, dass sie deiner Entwicklung dienen. Du wirst zu einem Kanal, durch den du tiefste Gefühle ausdrücken kannst, statt sie zu unterdrücken. Du nährst dein Leben mit einer Süße, die dich lebendig und vollständig macht und dich mit allen Dimensionen deiner selbst verbindet.

Es ist uns nicht gegeben, äußere Kräfte zu kontrollieren – sehr wohl aber können wir mit dem eigenen Energiefeld, mit unseren Gefühlen und Worten arbeiten, um Souveränität zu gewinnen. Wie kultivierst du deine natürliche Wandlungsbegabung? Es beginnt damit, das Herz zu öffnen. Dann reinigst du dein Energiefeld und befreist dich von der Neigung, lieber defensiv zu bleiben, statt expansiv und konstruktiv zugleich zu sein. Du „entlernst" alte Muster und stattest dich allmählich mit gleichermaßen kraftvollen wie sensiblen Reaktionsmustern aus. Du wirst überrascht sein, wenn du entdeckst, dass du oft nur die emotionalen Zustände anderer gespiegelt hast. Nun musst du es nicht mehr! Eine wache und bewusste Person muss nichts persönlich nehmen – sie kann blitzschnell loslassen. Doch dafür brauchst du Übung, also vergib dir selbst, wenn du zunächst nicht das Beste aus dir herausholen kannst. Befreie dich von der Angst, die falsche Entscheidung zu treffen! Lass sozialen Druck los! Du willst dich nicht anpassen, um zu gefallen, sondern nährst dein Selbst durch Energieflussarbeit, wie die Mutter ihr neugeborenes Kind.

DER EWIGE KREISLAUF: GEBURT – TOD – WIEDERGEBURT

Was ist die einzig wirkliche Konstante, die wir kennen? Der Wandel! Im Zyklus des Sonnenjahres vollzieht sich ein vollständiger Wandel im Ökosystem unseres Planeten und füttert damit auch das kosmische Netz des Lebens. Die Lebenszyklen von Pflanzen, Tieren, Elementen und Menschen zu achten und zu verstehen, verschafft dir die Perspektive, um die größten und die kleinsten Zusammenhänge zu verstehen – und die Bedeutung der Erneuerung und Befreiung deiner selbst zu erfassen. Denn du selbst bist ein Teil der heiligen Alchemie der Natur. Wenn du dich mit ihren Gesetzen in Einklang bringst, verbindest du dich mit dem allgegenwärtigen Zyklus von Werden, Vergehen und erneutem Werden und synchronisierst dich mit dem natürlichen Rhythmus, der Höherentwicklung hervorbringt. Das sind wahrhaft große Zusammenhänge! Doch verschaffen sie auch ein tieferes Verständnis deines persönlichen Lebens.

Nehmen wir die Metamorphose eines Schmetterlings. Das Weibchen legt seine Eier auf einer Pflanze ab. Aus dem Ei wird eine Raupe, die sich in eine Puppe verwandelt, woraus der erwachsene Schmetterling schlüpft. Jede Phase braucht Zeit, hat ein bestimmtes Ziel und wenn dieses erreicht werden soll, erfordert sie auch die Selbstbehauptung in einer Umwelt, die nicht nur Geborgenheit, sondern auch Gefahren mit sich bringt. Für den vollständigen Ablauf gibt es ein Drehbuch, eine fließende Entwicklung in vorgezeichneter Richtung nach einem bestimmten Rhythmus und – im alchemistischen Sinn – eine energetische Kadenz, der zu folgen ist, bis der Schmetterling fertig ist.

Und wir selbst? Wir sind besonders: Als Menschen können wir wählen. Niemand hindert uns sogar daran, ausschließlich mit dem Verstand das Drehbuch unseres Lebens umschreiben zu wollen. Doch dann werden wir auf Widerstand stoßen. Erst wenn wir die Regie unserer inneren Natur überlassen, wird uns das Steuer in die Hand gelegt, um jede Phase unserer Lebensreise in klarer Absicht, mit Leichtigkeit, Anmut und Widerstandsfähigkeit zu durchlaufen.

Um diese Erkenntnis in die Praxis umzusetzen, können wir von der Pflanzenwelt lernen. Ziehen wir deshalb die vorgezeichneten Entwicklungsschritte rückwärts nach, anhand einer prächtig blühenden Sonnenblume. Inmitten der Blütenblätter befinden sich unzählige Samen. Auf natürliche Weise werden sie auf die Erde fallen, sobald der Sommer in den Herbst übergeht. Die einen werden im nächsten Jahr genau dort neue Sonnenblumen hervorbringen, andere von Eichhörnchen als Nahrung für den Winter vergraben oder von Vögeln aufgepickt, manche davon auch wieder fallen gelassen. Egal wo ein Samenkorn überlebt, es verbringt den Winter schlafend – geduldig und still, seine Lebenskraft in der Schale bewahrend. Wenn der Frühling kommt, erhält es Energie durch die Wärme der Sonne und Wasser durch den Frühlingsregen. Die perfekte Alchemie von Feuer/Sonne zu Erde/Boden und von Wasser/Regen zu Luft/Sauerstoff bringt den Samen dazu, Wurzeln zu schlagen. Ein Sprössling wird durch die Erdkruste brechen, um wiederum zur prächtigen Blume heranzuwachsen. Die blühende Sonnenblume wird erneut zur Heimat für Bestäuber – Bienen und Schmetterlinge. Der Kreislauf von Geburt, Leben, Tod und Wiedergeburt hört nie auf und fängt nie an, er ist immerwährend.

In dem Maße, wie du Fortschritte dabei machst, dich im Flow-Zustand auf deine eigene evolutionäre Reise einzustimmen, steigerst du deine Fähigkeit, die Momente des göttlichen Timings zu erkennen und das richtige Handeln zu wählen. Erfassen zu können, wann du dich im Flow-Zustand befindest und wann nicht, wird die Frucht deiner inneren Arbeit sein. Mehr noch: Als bewusst praktizierende Mystikerin *erweckst du selbst* die Energie des Fließzustands, weil du die Ganzheit von Körper, Geist und Seele ins Gleichgewicht bringst. Staunend und ehrfürchtig wirst du den Prozess von Leben, Tod und Wiedergeburt in dein Verstehen aufnehmen. Und indem du selbst beweglich wie Wasser wirst und in der Fließrichtung des Lebens mitströmst, wirst du im Einklang mit anderen Menschen handeln können, die sich ebenfalls inspiriert fühlen, positive Beiträge zum globalen Erwachen zu leisten.

Sieh das Element Wasser als deine Lehrerin. Betrachte es in jeder Phase seines elementaren Zyklus: wie es nährt, pflegt, hydratisiert und seine Form wandelt. Frage dich: „Wie nährt mich diese Erfahrung? Wie nähre ich mich selbst heute?" In allen Phasen deines Lebenszyklus ist dies eine sehr wesentliche Übung. Denn ohne Wasser trocknet dein Flussbett aus! Und wenn du genug Wasser hast, aber unvorsichtig damit umgehst, wird dein Fluss verschmutzt und giftig. Doch wenn du dein emotionales Selbst als Tor zu deinem spirituellen Selbst öffnest, kommt etwas in Fluss und du bewegst dich in Richtung einer kreativen, hingebungsvollen und mystisch bereicherten Existenz. Gut, es wird immer Klippen geben, die den Fluss unterbrechen wollen. Doch wirst du sie mit der gleichermaßen sanften wie unwiderstehlichen Kraft des Wassers abschleifen und deine persönlichen Aufgaben lösen können. Ja, es ist wahr: Du kannst nicht immer kontrollieren, welche Energien auf dich einstürmen und was dir widerfährt. Aber du kannst wählen, wie du darauf reagierst.

DIE KRAFT DES LOSLASSENS – ZU FLIESSEN VERSTEHEN

Sobald wir loslassen, schaffen wir Raum für neue Perspektiven. Das Element Wasser weist den Weg: Indem wir „flüssig" werden, lockern wir den Griff unbewusster Muster. Sanft und unwiderstehlich zugleich – wie strömendes Wasser – lösen wir

Festes und Starres und gewinnen überraschende Einsichten, die den Wandel in Fluss bringen. Endlich hat es ein Ende damit, sich den Weg durchs Leben erzwingen zu wollen!

Wir sind stärker im Loslassen als im Festhalten.
Loslassen wird zu unserer Stärke.
Es öffnet das Tor für intuitive Botschaften
und die positive Energie von Veränderung, Erneuerung und Freiheit.

Loszulassen heißt, dem Alltag nicht mehr zu widerstehen, sondern sich darauf einzustimmen. So säst du gute und wahrhaftige Absichten in dein Inneres, verbreitest sie in deiner Mitwelt und sogar in das, was größer ist als wir alle.

Es funktioniert eben nicht, wenn wir immer nur an dem festhalten, was bekannt und bequem ist! Dann bleiben wir an den Kanten der Stufen zum persönlichen Wachstum hängen, statt den Fuß fest aufzusetzen und uns höher hinauf zu bewegen. Dann werden Energiekanäle blockiert, und die Gefühle geraten in Disbalance. Der Verstand allein übernimmt die Kontrolle, sodass hemmende Glaubenssätze sich weiter in der Gedankenwelt verankern. Bereits auferlegte Narrative werden verewigt, und irgendwann wird auch dein Körper eine niedrigere Schwingungsenergie annehmen.

Warum kommt das dann so? Weil wir zu unseren Gedanken werden – und unsere Gedanken werden zu uns! Gedankenenergie geht ins Körperliche, bettet sich in jede Zelle ein – und wir merken es nicht einmal. Gedanken niedriger Schwingung blockieren das „Wasser" in uns! Die Energie entwickelt sich nicht weiter, die psychische Entwicklung stagniert. Es kann sein, dass wir dann zu falscher Bescheidenheit neigen, nicht mehr weiterwollen und träge werden – und schließlich Schuldgefühle entwickeln, weil wir nicht genug täten oder nicht genug seien. Vielleicht ergreift uns rätselhafte Verwirrung. Oder wir werden wütend und danach unmotiviert, ja deprimiert. Auch negative Entwicklung folgt Zyklen.

Aber jeder Zyklus ist auch ein Schritt auf der Reise. Und wie schärfen wir unser Auge dafür, in welchem Zyklus wir uns gerade befinden? Indem wir den Blick für die Zyklen in der Natur schulen. Dadurch fassen wir auch unseren jeweiligen Zyklus besser ins Auge und reagieren bewusster auf das Feedback unserer Energiekanäle – körperlich, emotional, intellektuell und spirituell. Wir schieben nichts mehr beiseite, sondern stellen uns, weil wir *anerkennen, was ist.* Indem wir anerkennen, dass wir feststecken und uns erlauben, uns auch so zu fühlen, ehren wir unser wahres Selbst. Die Ehrung unserer Unfertigkeit wird zum Weg der Transformation und Heilung – dank Mitgefühl und Liebe zu uns selbst! Und jetzt erfahren wir Unterstützung: Wir werden geführt, um zu lernen und uns selbst zu unterrichten, wie wir den jeweiligen Prozess gestalten können.

Indem du mit den lichten und den dunklen Stellen in dir tanzt, statt dich entweder nur fortreißen oder davon lähmen zu lassen, findest du aus jeder Sackgasse. Dann kommt auch der innere Kritiker endlich zur Ruhe. Aber alles zu seiner Zeit! Die Energie, sie *wird* strömen, und jede Lektion *wird* gelernt werden. Du wirst deiner Intuition mit einer sanften Intimität zuhören, mit einer Wachheit, die es dir ermöglicht, zu säen, zu wachsen, zu blühen … und zu vergehen, bis zum nächsten Zyklus. So machst du dich zum Teil einer Höherentwicklung, die größer ist als du selbst.

Denke an das uralte Gleichnis von der Lotosblume: Wurzelnd in dunkler, schlammiger, aber fruchtbarer Erde, erblüht sie unter den Strahlen der Sonne zur schönsten Blüte. Im Schoß des flüssig-fruchtbaren, Leben spendenden Wassers werden auch wir dank der Sonne des Bewusstseins aus dem Trüben unbewusster Existenz aufsteigen. Selbst in den dunkelsten Nächten werden wir ruhen können und unsere Reise vom Ausdehnen zum Zusammenziehen, vom Aufblühen zum Vergehen, vom Licht zum Dunkel umarmen. Der Zyklus ist unendlich, gewaltig, geheimnisvoll und kosmisch. Indem du mit dieser energetischen Alchemie lebst, bewusst und tagtäglich, wandelt sich alles für dich: deine Beziehung zu dir selbst, zu deinen Freunden, deiner Familie und zu der Gemeinschaft, in die du gehörst. Und du trägst zur spirituellen Erhebung dieses Planeten bei.

BEGRÜSSE DEN WANDEL: ERHÖHE DEINE INNERE ALCHEMIE

Innerer Wandel triggert die ganze Bandbreite der Gefühle: von Widerstand, Verurteilung, Aufregung und Angst, über Freude, Hoffnung und Verbundenheit, bis hin zur transzendenten Erfahrung. Du blühst auf, und gleichzeitig ist es herausfordernd. Wo immer du stehst, es wird dich auch die Energien der Natur und anderer Menschen besser spüren lassen. Erst beides – die Bewusstheit fürs Eigene und fürs Andere – lässt dich deine Einzigartigkeit voll und ganz zur Geltung bringen. Das ist das Geheimnis der Authentizität. So holst du dir Freiheit und Fülle in dein Leben.

Die Möglichkeit zum Wandel, zur persönlichen Evolution, ist das größte Geschenk an uns Menschen. Sie bringt auch eine Verpflichtung mit sich: dass wir ständig entweder Ja oder Nein sagen müssen. Wenn du an einen gewohnheitsmäßigen Widerstand in dir spürst, frage dich: „Wird mich diese Veränderung nähren?"

Beginne mit kleinen Veränderungen, um zu trainieren, widerstandsfähiger gegenüber größeren Veränderungen zu werden. Im Kleinen zu lernen, loszulassen und mit der Energie zu fließen, ist eine gute Übung, um auch den großen Herausforderungen des Lebens konstruktiv zu begegnen.

Denn jeder Wandel bringt Dualität und somit Spannungen mit sich. Gegensätze stellen dich vor Entscheidungen. Nur Bewusstheit bringt dann Klarheit und Einigkeit. Wenn du nächstes Mal an einem Scheideweg stehst, frage dich: „Gibt es einen verborgenen Schatz in meinem eigenen Selbst, der mit dieser Veränderung verbunden sein könnte? Welche vertiefte Erkenntnis hilft mir, diesen Schatz zu heben?" Bei hartnäckigem Widerstand, ob äußerlich oder innerlich, fühlst du dich womöglich erschöpft und uninspiriert. Mach dir jetzt bewusst, dass dein Energiefeld momentan in niedrigerer Schwingung pulsiert. Es gibt dir Kraft, wenn du dich mit dieser Situation so verbindest, wie Wasser sich bewegt: fließend, klar, stark in der Sanftheit und wunderbar beweglich im Loslassen der bisherigen Fließrichtung, wenn erforderlich. Das sind die Gaben des Elements Wasser für dich!

Mit jeder mystischen Erfahrung begibst du dich ins Reich der Göttin der lebensbejahenden Gewässer. Zu ihr baue eine Beziehung auf, zu ihrer göttlichen Weiblichkeit reinster Prägung, die mehr als alles andere nährt, pflegt, tröstet, hält, besänftigt und heilt. Sie ist so großartig wie das Leben selbst! Sie ist der Ozean, der See, der Fluss, der Strom, der Regen und der Wasserfall – ihre Gegenwart wohnt in allem Wasser. Denn Wasser ist Leben. Du selbst hast deine neunmonatige Schöpfungsreise im Wasser des Leibs deiner Mutter begonnen. Nun ruft dich die Wassergöttin nach Hause! Ihre Kraft nährt dich auf tiefster Seelenebene. Sie heilt durch innere Berührung – etwa, weil du schon in der Betrachtung eines winzigen Regentropfens die Perspektive wechseln und dein Bewusstsein weiten kannst. Und sie lehrt dich, genauso viel zu empfangen, wie du gibst.

Als Lehrerin des Fließens und Werdens leitet die Göttin dich auch an, die Prägung des Getrenntseins und des Gefühls, allein in der Welt zu sein, zu überwinden. Von ihrem wässrigen Schoß umhüllt, wirst du vom Heiligen gehalten. Dein Ego wird weicher, du kehrst zur Quelle deiner inneren Alchemie zurück. So kommen deine Emotionen wieder ins Gleichgewicht, dein Geist wird sich neu ausrichten und deine natürliche Weisheit zum Vorschein kommen. Hörst du den Ruf, das Flüstern, das Rühren der tiefblauen ozeanischen Lebenskraft in dir?

Kannst du auch wach bleiben, um die Inspiration aufzufangen, selbst wenn deine Intuition nach vorn strömt wie ein reißender Fluss? Kannst du weich genug sogar dafür sein? Kannst du es zulassen, dass dein Ego strudelt, sich löst, um die Richtung zu ändern wie die Strömung im Ozean? Kannst du fließend zwischen den Zuständen von Form und Formlosigkeit wechseln? Kannst du die Energie um dich herum ebenso wahrnehmen und dich auf sie einstimmen, wie du auf deine eigenen Gefühle achtest? Dies sind Fragen, denen du begegnen wirst.

Achte auf jede Erfahrung, ob groß oder klein. Alle sind Teile deiner Reise. Ein einziger Regentropfen kann tiefste Botschaften vermitteln und deinen Energiekörper auf eine Weise wandeln, die du nie für möglich gehalten hättest. Sei wie Wasser; bleibe flüssig in allen Reichen, durch alle Dimensionen hindurch ...

Ein Gebet zu Ehren des Wassers

Ich öffne mich dem Element Wasser als meiner heiligen Lehrerin
des Wandels, der Kreativität und der Erneuerung.
Ich begrüße die untergehende Sonne im Westen und ehre die Läuterung,
die durch die Dunkelheit der Nacht kommt.
Während ich ruhe und mich erneuere, erwarte ich die Boten,
die göttlichen Zeitpläne ebenso wie das Unvorhersehbare. Alle Symbole
und Synchronizitäten in meinem Energiefeld sind meine Seelenmedizin.
Meine salzigen Tränen strömen aus mir heraus und fließen zurück in
die Geistige Welt. Ich vertraue darauf, dass all dies am großen Fluss
des Lebens teilhat. Gestern, heute und morgen
ist ein weiterer Tag der Veränderung und des Aufschwungs für mich.
Ich fließe mit meinem sich entwickelnden Geist-Körper-Tempel,
während ich unerschütterlich zu meiner Selbstbestimmung stehe
und das Beste aus mir mache. Ich gestatte meinem Energiekörper,
sich so geschmeidig neu auszurichten, wie fließendes Wasser es tut.

INNERE BALANCE DURCH AUSGEWOGENE EMOTIONEN

Die eigenen Gefühle zu verstehen und im Zaum halten zu können, um sie zu transformieren, dürfte das größte Geschenk sein, das wir uns selbst in diesem Leben machen können. Um beim „Verstehen" zu beginnen, lohnt ein Blick auf die Herkunft des Fremdworts „Emotion", das im Deutschen meist wortgleich benutzt wird wie „Gefühl": Es stammt von dem lateinischen zusammengesetzten Verb *ex movere* ab, und das bedeutet wörtlich „herausbewegen". Im Englischen gibt es das Tätigkeitswort *to emote*, und das beschreibt die Vorgänge im Gefühlsleben besser als deutsch „Gefühle *haben*", weil wir dabei immer sowohl Energie wie Information aus dem Unbewussten ins Bewusstseinsfeld transportieren. Sobald wir dieses Zusammenhangs gewahr werden – dass Gefühle *Bewegung und Veränderung* in Körper und Geist bringen –, können wir spontanen Emotionen besser nachspüren, um sie auch zu verstehen. Ja, wir dürfen jede innere Bewegung als heilenden Balsam begrüßen, der Verdrängtes bewusst machen will, um stagnierender Energie und chronischem Stress zu begegnen.

Es gehört zu unserer seelischen Berufung, durch emotionale Höhen und Tiefen zu gehen: durch vollkommene Glückseligkeit und tiefe Trauer; in bedingungsloser Liebe und in Wut, vielleicht gar vermischt mit Hass; durch spontane Freuden und in Angst, möglicherweise bis hin zu chronischer Depression. Wie spontan sich emotionale Energie bewegt und ausdrückt, lässt sich gut an Kindern beobachten. Sie zeigen ihre Gefühle noch offen, spielen sie spontan aus und wechseln sie rasch. Das ist (noch) ein Zeichen psychischer Gesundheit – ungesund wird es erst, wenn wir Gefühle unterdrücken oder auf andere projizieren. Jenes energetische Fließen, das unser Innenleben so ungemein lebendig macht, geht dann verloren, und wir werden anfällig für alle möglichen Krankheiten.

Es ist wahrhaft ermächtigend und lebensverändernd, zu lernen, wie wir mit emotionaler Energie arbeiten können, um sie in ein Schwingungsfeld von im Herzen empfundenem Verständnis zu wandeln – hin zur radikalen Akzeptanz unserer selbst und anderer. Sich der eigenen emotionalen Bewegtheit gewahr zu werden, ist somit die allererste Voraussetzung, um zerstörerische Gefühle loslassen zu können: von Scham und Schuld bis zum Bedürfnis, recht zu behalten.

Indem wir ernsthaft an unseren eigenen Gefühlen arbeiten, werden wir zum Werkzeug universeller Liebe. Es dient nicht nur dem Wohl der eigenen Seele, sondern auch dem Wohl der Mitwelt. Wir leisten diese Arbeit nicht, um unsere Gefühle zu beherrschen, sondern um sie zu integrieren, indem wir sie in klarer Absicht entweder formen oder loslassen. Indem wir nicht immer nur gewinnen wollen, bereiten wir auch den Boden dafür, unsere eigene Wahrheit auszusprechen, ohne andere zu verwirren. Es fühlt sich an wie ein Aufwachen zur Realität – und das ist es auch. Indem wir unsere spontanen Regungen sieben, verarbeiten, verwalten und codieren, werden wir im Endeffekt unser eigener Therapeut.

Betrachten wir etwas genauer die Regung eines Gefühls von Schuld. Energetisch ist diese Emotion mit dem Unterleib verbunden. Wenn Schuldgefühle die Oberhand gewinnen, geht dort sozusagen das Licht aus. Das „Bauchgefühl“, normalerweise dein intuitiver Wegweiser, ist auf Tauchstation, weil das energetische Zentrum im Unterleib von negativen

Emotionen überschwemmt wird. (Vergleichbares geschieht, wenn starke Aufladungen von Energien der Angst, Scham, Furcht oder Trauer in deren eigenen Zentren die Oberhand gewinnen.)

Um in dieser Verfassung unsere intuitiven Fähigkeiten wiederherzustellen, muss Schattenarbeit geleistet werden. Angenommen, du bist derzeit in einer unpassenden und deshalb ungesunden Beziehung. Das ruft normalerweise Schuldgefühle hervor. Du weißt, dass du die andere Person verletzt hast, du meinst, sie enttäuscht zu haben, und verzagst, weil du nicht in der Lage bist, euer Getrenntsein zu reparieren. Solche Schuldgefühle sind schwerwiegend und greifen auf dein inneres System über. Du beginnst dich zu verschließen und vor deinen Gefühlen zu verstecken. Auch in anderen Bereichen deines Lebens blühst du weniger auf und beginnst womöglich noch, dich selbst falsch zu therapieren: mit Ablenkung und Verdrängung, vielleicht gar mit Drogen oder Alkohol. So verlierst du dich in Vermeidung, Abhängigkeit und weiteren toxischen Gewohnheitsmustern. Dein Körper-Geist-Seele-Schiff schwankt und ist in Gefahr, von niedrig schwingenden Energien gekapert zu werden!

Spätestens jetzt solltest du dir bewusst machen, dass du diese missliche Situation unbewusst selbst nährst. Du hast immer die Chance, deine Gefühle zu wandeln und deinen Weg zu ändern! Verbinde dich mit deinen Emotionen, lass sie zu, statt sie zu verdrängen. Übe dich darin, mit ihnen zu arbeiten, anstatt dich davon beherrschen zu lassen. Sei authentisch! Nähre nicht das, was dich blockiert, sondern das, was du liebst und wofür du stehst.

Von mystischer Seite her betrachtet, arbeitest du auf diese Weise daran, in dein wirkliches Zuhause zu kommen, in deine unverwechselbare Essenz. Die Signatur deiner Einzigartigkeit ist der Garant deines Rechts, selbst ein erfülltes und seelenvolles, ein freudvolles und leidenschaftliches Leben zu führen. Das nenne ich unser „emotionales Intelligenzgeschenk“: die Fähigkeit, sich nicht von schwierigen emotionalen Inhalten immer nur unbewusst triggern zu lassen, sondern ihrer gewahr zu werden, ihren eigentlichen Inhalt zu erkennen und sie mittig zu integrieren.

Das innere Falkenauge der Mystikerin ist göttlich scharf – also hebe den Blick und geh mit leichtem, klarem und freiem Gefühl nach vorn.

Körper-Seele-Geist-Tracking: Den Gefühlen nachspüren, sie wandeln und integrieren

Im Folgenden findest du eine Wegleitung zur Unterstützung deines Wohlbefindens, sobald du dich in einem emotional getriggerten Zustand befindest. Beginne damit, ein Bild zu finden, das deine vollständige Emotion repräsentiert, zum Beispiel einen Strudel, einen Energieball oder einen Korb, der deine energetische Kapazität in all ihren Dimensionen enthält: die Höhen und die Tiefen, das Gute und das Hässliche.

Wenn eine schwer lastende Energiewelle im Anflug ist oder schon durch dich hindurchrollt – Gefühle des Mangels, des Ungenügens, der Angst, des Ärgers, der Eifersucht oder des abwertenden Vergleichs –, dann betrachte das als reines Gebrauchsmaterial: Du kannst es verändern, veredeln und wandeln, um Nützliches und Wertvolles daraus zu ziehen:

1 ***Erkenne die Energie in der Emotion an.*** Sieh die Energie als das, was sie ist, erkenne ihre Präsenz an, stimme dich darauf ein, wie sie sich in deinem Körper anfühlt und wo sie sich befindet. Erkenne auch an, dass du ein Recht darauf hast, dich genau so zu fühlen. Erinnere dich daran, dass du in der Lage bist, dein eigenes Energiefeld zu bewegen. Halte in dem erweiterten Raum inne, den dir diese Anerkennung verschafft, und atme dreimal tief durch.

2 ***Verankere dich in deiner persönlichen Affirmation.*** Rufe deine Essenz, dein eigentliches Wesen hervor und injiziere eine wahrheitsgemäße Affirmation über dich selbst, zum Beispiel: „Ich bin ein guter Mensch. Ich kann schwierige Zeiten ertragen. Ich habe die Fähigkeit, mich selbst bedingungslos zu lieben." (Es ist sehr wichtig, deine ganz persönliche Affirmation zu finden. Sie kann sich ändern und weiterentwickeln, aber halte sie stets bereit.)

3 ***Trenne energetische Bindungen und Anhaftungen – und lass sie los.*** Visualisiere, wie du „hinter" die Energie der Emotion

kommst, um sie anders zu sehen als bisher. Du kannst dir auch vorstellen, wie du sie in einem Korb birgst oder als Energieball mit den Händen umschließt. Ohne dich jetzt triggern zu lassen, stell dir vor, wie du deine Anhaftungen löst. Du kannst zum Beispiel mit einer Schere die energetischen Schnüre durchschneiden, die dich mit der Situation verbinden.

4 ***Sieh die Emotion als das, was sie ist,*** und lass sie einfach von dir abprallen – ohne sie sofort in Ordnung bringen zu wollen. Loslassen ist ein Prozess, und jeder Prozess will seinen eigenen Gesetzen folgen.

5 ***Dankbarkeit und Erlaubnis.*** Während du voll und ganz anerkennst, wie du sich fühlst, sage dir selbst ausdrücklich, dass du dir selbst die Erlaubnis gibst, diesen emotionalen Zustand als eine Gelegenheit zu sehen, deine innere Arbeit zu tun. Zum Beispiel: „Ich habe ein Recht darauf, mich so zu fühlen. Danke für diese Gelegenheit, das Loslassen zu üben. Ich bin ein Gefäß des Verbundenseins, der Liebe und der Wahrheit."

6 ***Wandle die Energie.*** Löse sie aus deinem Energiefeld, indem du dir vorstellst, wie sich ein schwerer Klumpen Energie von dir löst. Lass ihn einfach aus dem Körper ausströmen; erlebe, wie er sich wandelt – und als Anker der Liebe, Wahrheit und Verbundenheit in dich zurückkehrt.

7 ***Bewege deinen Körper als einen Energiekanal.*** Finde einen Weg, deinen Körper aktiv zu bewegen, um die Energie zu klären. Erinnere dich daran, dass die Grundbedeutung von Emotion „hinausgehen" ist. Zeige dich offen für die Perspektive, die du erhältst, während du deinen Körper bewegst. Dein Körper ist ein Kanal der Energie!

8 ***Finde Trost in der Natur*** oder in einem meditativen Raum. Inspiration und Trost erhältst du bei Bäumen, Pflanzen, Blumen, dem Himmel, den Gewässern, der Wärme der Sonne, dem Tierreich und den Elementarwesen. Indem du dein inneres Auge schärfst, um die Schönheit der Natur zu sehen, nimmst du diese Schönheit auch innerlich auf, und deine emotionale Energie wandelt sich.

9 ***Vergebung.*** Emotionale Trigger in Form von Schuldgefühlen loszulassen, befreit dich von toxischer Energie, die dich sonst mit solcher Kraft ergreifen kann, dass du den Ruf der eigenen Seele überhörst. Die Zeit ist reif, dass du dir selbst vergibst,

auch damit du anderen vergeben kannst, und bitte darum, dass sie dir ebenso vergeben werden.

10 ***Sage deine Wahrheit.*** Es kann erforderlich sein, damit zu warten, bis die Zeit reif ist. Manchmal musst du deine Wahrheit allerdings sofort aussprechen, in anderen Fällen solltest du dich zurückhalten, es den Energien erlauben, sich zu beruhigen, damit du später aus einer Position heraus sprechen kannst, ohne weiteren Schaden herbeizuführen. Die Arbeit mit dem Ego, mit dem eigenen Stolz, der Angst und der Verletzlichkeit wird dich unterstützen, um zu erkennen, was gesagt werden muss und wann.

11 ***Kreativ sein.*** Tanke Vitalität durch kreative Tätigkeit, die nach außen fließt. Schreibe Tagebuch, ziehe eine Orakelkarte, rufe einen Freund/eine Freundin an, treibe Sport, koche und gärtnere, nimm ein Bad, lies Gedichte, bastle, collagiere … mach Liebe! Vertraue auf deinen Prozess. Dich kreativen Tätigkeiten zuzuwenden, wird dich mit deinem eigenen Energiefeld verbinden.

DEINE UNVERWECHSELBARE ESSENZ, DIE SIGNATUR DEINER EINZIGARTIGKEIT

Was hilft dir dabei, dich auch dann in deinem authentischen Selbst zu verankern, wenn du die Niederungen des Alltags durchwaten musst? Du schaffst es durch schöpferische Geist-Körper-Praktiken, die dich innerlich in Fluss bringen und mit deiner Essenz verbinden. So verbindest du dich mit dem Innersten in dir und mit deiner stärksten Kraft, um deinen Körper-Geist-Zustand verändern zu können. Das ist und bleibt eine lebenslange Aufgabe! Doch wie sonst könntest du lernen, wirklich du selbst zu sein, wenn nicht dadurch, dass du den Ruf deiner wahren Natur erhörst? Nur wenn du in deiner Mitte weilst, wirst du mit der Zeit geerdeter und beständiger. Es ist ein besonderes, unverwechselbares Gefühl ... doch hast du es erst einmal kennengelernt, vergisst du es nie wieder! Du denkst nicht mehr nur daran, du *verkörperst* es.

Es sind besonders stille Momente, die jenes innere Fließen hervorbringen, die das Bewusstsein weiten. Lass sie zum selbstverständlichen Teil deines Alltags werden – als regelmäßiges Ritual, das einen Rhythmus erzeugt, um dich auch sonst fließend, weit und stabil zu machen. Sobald die Inspiration sprudelt, atme tief in den Moment hinein. Spüre die Schwingung der Welle, richte dich komplett darauf aus: Höre, sieh, rieche und empfinde sie. Jetzt alle Ablenkung loszulassen, führt deine Aufmerksamkeit näher und näher an deine unverwechselbare Essenz heran. Es wird die Brücke geschlagen zwischen dem Unbewussten und dem erwachten Selbst. Deine authentische Seelenaufgabe tritt hervor – du kannst damit spielen, experimentieren, darauf aufbauen und immer mehr zum Ausdruck bringen, was mystisch, kreativ, intuitiv und zutiefst weiblich in dir ist.

Lausche dem Lied deines einzigartigen Selbst in der stillen Kraft deines inneren Tempels. Nimm die Einladung zum Tanz an! Werde intim mit deinem inneren Sinnesfeld. Lerne seine energetischen Qualitäten zu erfahren, spüre ihnen nach und erkenne sie an. Dann spürst du auch die Resonanz – stell sie nicht länger infrage. Das, genau das ist das Göttlich-Weibliche. Wenn es durchkommt, erinnert es dich an deine Fähigkeit, die Berufung deiner Seele und deine kühnsten Träume zu leben.

Ob die Intuition sanft und behutsam kommt oder dich mitreißt und förmlich überwältigt – heiße ihr Fließen jedes Mal willkommen, um lebendiger und wacher zu werden. Nichts ist so aufregend-geheimnisvoll und kosmisch-andersweltlich, wie mit dem Göttlich-Weiblichen zu verschmelzen! Erlaube dir das Gespräch mit den unsichtbaren Reichen, öffne dich, um dich von ihrem Wissen, ihrer Weisheit, ihrer stillen und doch so mächtigen Kraft tragen und leiten zu lassen.

Ist es nicht längst an der Zeit, deine verzwickten traumatischen Narrative geradezuziehen? Dein volles Potenzial als bewusstes menschliches Wesen zu leben? Jetzt ist *deine* Zeit, dir und nur dir geschenkt, um auf dem Weg der Heilung voranzugehen. Um deine spirituelle Existenz zu erneuern, um die Erfüllung der Bedürfnisse von Mutter Erde zu unterstützen und die aggressive Herrschaft des Patriarchats abzubauen. Nimm die Einladung an, dich an dem Bewusstseinswandel zu beteiligen, der jetzt die Welt ergreift! Es geht um grundlegenden Wandel, darum, dem Spiel von Macht und Kontrolle endlich ein Ende zu setzen: *um die Erweckung der Kraft weiblicher Mystik*. Deren Quelle ist die Kraft der großen Mutter Erde. Dein matriarchalischer Code ruft dich auf, deine persönliche Evolution voranzubringen und am Wandel des kollektiven Bewusstseins mitzuwirken: zur Hüterin des Lichts und zur Heilerin zu werden, die Wohlbefinden, Wahrheit, Schönheit, Güte und Mitgefühl in die Welt bringt. Selbst zu einer Kraft zu werden, womit gerechnet werden muss!

Finde diese Matrix in dir selbst. Folge dem Ruf der modernen Mystikerin und des spirituellen Erwachens!

EINLADUNG AUS ALLTAG UND TRAUMZEIT

Sich dem inneren Rufen nicht zu widersetzen oder es einfach nur wegzuschieben, eröffnet eine wunderbare Gelegenheit: eine Beziehung zu jener Kraft aufzubauen, die unendlich größer ist als wir selbst. Nenn es das Göttliche, die Geistige Welt, die Engelreiche oder das Reich der Ahnen – worauf es einzig ankommt, ist, sich mit der Energie zu verbinden, die uns dorthin führt. Wer sich der inneren Führung anvertraut, erhält auch Hilfe aus der Anderswelt – in welcher Form auch immer sie kommen mag.

Schau auf! Alles, wirklich alles kann dir Unterstützung, Weisheit und Energie schenken. Sei es der Fremde, den du im Supermarkt triffst. Sei es die Greifvogelmutter, die in dem Moment auffliegt, wo du in Gedanken über ein Problem versackst. Sei es, wie sich das Wasser leichthin kräuselt, wenn du festen Halt suchst. Sei es, wie dir die Wärme der Sonne bis ins Mark der Knochen dringt, wenn du dich lau und schlapp fühlst. Sei es die weise Alte, die dich im Traum besucht. Erkenne die Zeichen! Nimm sie dir zu Herzen! Nimm die Einladung an, um eine achtsame, von der Seele getragene Sichtweise zu mobilisieren. Es wird dich in Fluss bringen, um offen und empfänglich für die Energie des Sehens zu werden. In jedem Moment kannst du dein inneres Auge schulen, um dich von der exquisiten Schönheit der natürlichen Welt berühren zu lassen, um am Fluss des Lebens teilzuhaben und in lebendiger Beziehung mit der spirituellen Energie zu stehen.

Dies ist deine eigene Reise – und sie ist wahrhaft einzigartig! Es sind die Ereignisse *deines* Lebens, die dich spirituell wachsen lassen, weil der Schleier sich *für dich* lichten muss. Wo *du* in einen außergewöhnlichen Moment eintrittst und eine besondere Präsenz spürst. Wo *du* eines dieser Zeichen erhältst, das *dir* den Weg zeigt, den es einzuschlagen gilt. Ganz egal, was du siehst, hörst oder fühlst, wenn es *deine Erfahrung* ist, die dich erhebt, dann könnte es ein Moment sein, an den du dich immer wieder erinnern wirst. Was, wie und wann es zu dir kommt, wird ein Rätsel bleiben. Deshalb verzichte darauf, es durch ein erwünschtes Ergebnis vorab definieren zu wollen. Nimm es einfach nur hin, sobald es fließt. Dann fließt es auch als Quelle reiner Energie in deinen Geist. Und du beginnst intuitiv, das „Warum" hinter dem Flüstern deiner Seele aufzudecken. Du beginnst die Einladung anzunehmen, nach vorn zu gehen, nach innen, nach außen und nach überallhin.

Gerade durch unsere Träume kanalisiert das Element Wasser Heilenergie. Schenk deiner Traumzeit Aufmerksamkeit, um bereit zu sein, auch ihre Botschaften zu empfangen! Damit umarmst du deine natürliche Intuition. Ob als leises Flüstern oder tiefe Selbsterfahrung: Alles, was zur Traumwelt gehört, mindert den Drang, kontrollieren zu wollen. Es bringt uns ins Zuhören und Aufnehmen und stärkt das Vertrauen ins Außergewöhnliche und Ungewohnte.

Schreibe deine Träume auf. Dann kannst du sie auch besser erinnern. Und mit der Erinnerung kommt das Verstehen. Unser Unterbewusstsein nutzt das Verweilen in der Traumzeit, um sich zu entwirren, um sich in seiner eigenen Sprache frei und ungehemmt auszudrücken und damit die Brücke zum Bewusstsein zu schlagen. Es ist, wie wenn eine Kompassnadel zuckt, damit die Seele Tiefe, Perspektive und Einsicht gewinnt. Beginne deine Traumarbeit mit Träumen, die kraftvolle und dauerhafte Erfahrungen enthalten. Jene speziellen Träume, die dich sogar womöglich in tiefer Nacht wecken und in staunender Ehrfurcht hinterlassen. Lege ein Traumtagebuch neben dein Bett, und sobald du erwachst, schreib auf, woran du dich erinnern kannst. Wenn du darüber nachdenkst, nimm nichts wörtlich! Suche hinter die Botschaft zu kommen: Was soll mir vermittelt werden? Wie bezieht es sich auf mein gegenwärtiges Leben? Geh nicht mit dem Intellekt heran, sondern erlaube deinem kreativen, fließenden, wässrigen Selbst, mitzufließen und zu dir zu sprechen.

Bevor du zu Bett gehst, kannst du deine geistige Führung oder dein höheres Selbst um Unterstützung bitten, um negative, giftige oder erschöpfende Energien loszuwerden. Auch kannst du darum bitten, Zeichen, Symbole und Botschaften zu erhalten. Natürlich auch darum, gut zu ruhen, damit du am kommenden Tag gedeihen und aufblühen kannst. Gibt es einen tiefen Wunsch, den du hast, oder ein Gebet, das du sprechen willst? Versetze dich in jenen weit offenen inneren Raum, den du durch deine Andachtsübungen geschaffen hast. Und vergiss nie: Es ist wichtig, dass du dich von der Bindung an das gewünschte Ergebnis löst! Bleib fließend und körperzentriert, lass den Verstand los und öffne dich für unterstützende Einsichten aus den unsichtbaren, spirituellen Reichen.

EINS WERDEN MIT DER GEISTIGEN WELT DURCH DAS GEBET

Willst du die Geistige Welt um Rat ersuchen? Dann wähle einen stillen Ort, um deine Gebete zu sprechen. Mach deinen Altar anziehend für die innere Führung, sodass sie dich in die Sphäre des Heiligen mitnimmt. Entzünde jeden Tag deine Kerze und geh an jenen inneren Ort, wo die Medizin der Selbstheilung zu Hause ist. Sprich deine Bitten laut aus! Lass sie als tief gefühlte Empfindung durchkommen. Schalte mentales Geplauder weg und öffne dich für Erscheinungen jeder Art: Bilder, Symbole, Klänge und Worte – was immer auftauchen will. Gib allem die Erlaubnis, dass es durchkommt.

Dies ist eine tiefgreifende und äußerst intime Praxis.

Fühlt es sich zuerst vielleicht unangenehm an? Ist es noch ungewohnt für dich, scheinbar nur zu dir selbst zu sprechen? Sobald du deinem Körper erlaubst, zum Empfangskanal zu werden, beginnt auch an der Oberfläche des Bewusstseins das Loslassen von emotionalen Bindungen und Anhaftungen. Jetzt gehst du tiefer und tiefer, bis zum Erwachen des Seelenausdrucks. Die Intuition öffnet ihre Tür, und das Gespräch zwischen dir und allen unterstützenden Energien in dir und um dich herum beginnt.

Jedes Abwerfen einer toxischen Schicht – eines Produkts unbewusster sozialer Konditionierung – schärft die feineren

Sinne. Wir lernen, nach innen zu hören, *wirklich* zuzuhören. Wir filtern die Wahrnehmung unserer authentischen energetischen Alchemie und charakteristischen Essenz aus dem üblichen mentalen Grundrauschen heraus. Unfehlbar erkennen wir, was gut und richtig für uns ist, wann wir loslassen und wann wir weitermachen sollten. Du wirst feststellen: Dies ist eine unverwechselbare Erfahrung. Sie gewährt die ungemein befriedigende Sicherheit, dass dein Perspektivwechsel und die nun eingeschlagene Richtung gut gewählt sind. Das ist es, was ich unter radikaler Umkehr verstehe. Das ist es auch, was uns mit allem verbunden hält: mit der menschlichen Gemeinschaft, mit dem Pflanzen- und Tierreich, mit den Leben spendenden Gewässern um uns herum – und mit uns selbst.

Auch die Gewohnheit, zu viel zu arbeiten, zu viel zu konsumieren – und sich deshalb womöglich unwürdig zu fühlen –, beginnt automatisch von uns abzugleiten. Dieser Prozess ist so natürlich und selbstverständlich, wie eine Schlange sich häutet. Wir kehren in den wässrigen Seinszustand zurück und können unsere fließenden, kreativen und intuitiven Geschenke mit der Welt teilen.

WENIGER ABLENKUNG, MEHR SPIRITUELLE VERBINDUNG

Wer äußere Ablenkungen reduziert, reduziert auch das tägliche Drama. Ein Leben in extremen Hochs und Tiefs ist abgekoppeltes Leben, weil es konzentrierte Ablenkung ist. Ablenkung ist Vermeidung von Leben und staut emotionale Energie. Sie führt in Burn-out, Verwirrung, Angst und Depression. So jemand lebt im ständigen Kampf-oder-Flucht-Modus.

Sobald die Emotionen die Regierung übernehmen oder das ständige Gedankenwälzen, verschließt sich das Tor zur Intuition. Welche Zeichen das Leben auch immer an die Wand malen mag, sie werden dann nicht gelesen, weil das Bauchgefühl abhandengekommen ist. Und ist es nicht so: Die Menschheit scheint sich immer mehr vom Bauchgefühl abkoppeln zu wollen. Deshalb ist deine individuelle Praxis der Achtsamkeit besonders wichtig! Als Mensch solltest du intuitiv sein, das wäre deine Natur, denn die Urinstinkte unserer Art sind im Zellgedächtnis codiert.

Durch Technologie und Massenkonsum haben wir weitgehend die Fähigkeit verloren, nach innen zu hören und die Stimme der Intuition zu vernehmen. Annehmlichkeiten des Alltags ersetzen zunehmend die Verbindung zu Mutter Natur. Wir spüren unseren Bauch nicht mehr, also spüren wir auch den Planeten nicht mehr. Wie sollten wir dann noch sehen, was uns leitet und erkennen lässt, was gut und was nicht gut ist, was wir wirklich wollen und was nicht, was wir brauchen oder lieber weglassen sollten und was wir uns wünschen sollten, weil es uns wirklich nützt? Nur wenn wir still werden und uns in der Wahrnehmung des gegenwärtigen Augenblicks üben, beginnen wir zu erkennen, was wir wirklich wollen und brauchen und wie wir es erlangen können.

Intuition ist Einsicht, die spontan und ohne bewusstes Nachdenken erfolgt. Sie ist eine Form unbewusster Intelligenz, kann wie ein Energieblitz durch den Körper rasen oder als kaum vernehmliches Flüstern gerade noch so durchkommen. Sie kann die Form einer konkreten Botschaft, eines Musters, von Formen, Energielinien oder sogar eines direkten Aufrufs zum Handeln annehmen. Wenn wir zur Ruhe kommen und weniger äußere Ablenkungen und mentales Grundrauschen uns stören, beginnen wir diese spezielle Ebene von Energie zu spüren. Ja, unser Verstand ist kompliziert und unser Ego ist komplex. Und der Prozess des inneren Zuhörens erfordert Geduld, Engagement und Vertrauen.

Wenn du daran arbeitest, deine Emotionen so zu nutzen, dass sie einen Beitrag zu deinem Leben leisten, statt dir Energie zu stehlen, dann wirst du auch auf stärkere Energien zugreifen können. Du wirst effektiver darin, dein Leben im Einklang mit jenen Zielen, Werten und Träumen zu führen, die dich zu dir selbst geleiten. Du wirst deine Lebenserfahrung und dein Wissen nutzen, um die Ressourcen und Gaben anzuzapfen, mit denen du geboren wurdest.

Ein intuitives Leben zu führen, erfordert Übung. Betrachte deine Intuition als einen Muskel, der trainiert werden muss, und dein emotionales Steuerhaus als einen heiligen Tempel. Er muss regelmäßig gereinigt, aufgeräumt, sortiert, organisiert und geschmückt werden. Komm in dir selbst nach Hause, werde still und benenne, was wirklich in dir vorgeht, so schmerzhaft es manchmal auch sein mag. Dann wirst du dich auch von der Last befreien, die dich nach unten drückt und davon abhält, deine Träume zu leben.

TRÄUME DEIN LEBEN IN DIE ZUKUNFT

Um genau das zu tun – das eigene Leben zu er-träumen –, braucht es ernsthafte Arbeit, ein Verständnis für das „Warum" hinter dem eigenen Lebenstraum und ein unerschütterliches Engagement, um Zweifel und Ängste zu beseitigen. Solange es Unwahrheiten, Zweifel und verworrene Motive gibt, so lange wird sich der Weg nicht zeigen. Wenn du dir deine Vision aber stets vor Augen hältst und ihr treu bleibst, wirst du dich auch mit dem energetischen Feld dieses Weges verbinden und ihn erfolgreich beschreiten können.

Lass alle Zweifel und die Angst vor Versagen los! Nimm an, was du bist und wo du stehst. Fließe mit dem Prozess. Vertraue jedem Schritt, auch wenn du Fehler machst. Und du wirst sie machen. Stell dir immer das *ganze* Bild vor: wie du leben wirst, gänzlich erfüllt. Verschmilz mit der Energie deiner Visualisierungen – und lass deine Anhaftung an das erwünschte Ergebnis los. Tanze mit dem Geist, der alles zum Leben erweckt. Er hat seine besondere Art, auf deinen Ruf zu antworten. Befrage den Kern deines Innersten, was jenseits materieller Manifestationen die Kernessenz ist, die du in dein Leben rufst. Finde die Quelle des Schwingungsfeldes deines Traums, und verbinde dich so tief damit, dass du ihre Matrix in dich aufnimmst.

Gut, das Endergebnis wird selten in allen Einzelheiten so aussehen, wie du es dir ausgemalt hast. Und doch war es wichtig, sich alles haarklein vorzustellen, eben um die Energie zu wecken, die dich in den nächsten Zyklus führen konnte. Im Nachhinein wirst du zurückblicken und verstehen, dass ein göttliches Timing so oder so auf deiner Seite war und du unterstützt wurdest, um dorthin zu gelangen, wo du jetzt bist. Die konkrete Reise und der Prozess der Manifestation sind letztlich austauschbar. Und bedenke: Es gibt wirklich keine Fehler, denn jeder Schritt bringt uns weiter. Jedes Mal, wenn wir straucheln, in die Irre geführt werden und in negative, toxische Muster zurückfallen, haben wir doch immer noch die Möglichkeit, die

Einladung anzunehmen, auf den Weg zurückzukehren. Der Prozess hört nie auf und beginnt immer wieder neu ...

So sehr wir uns auch wünschen mögen, dass die Dinge linear und geradlinig verlaufen – das Leben bleibt doch zyklisch und geheimnisvoll. Mit dieser Einstellung zu tanzen, öffnet augenblicklich unsere Kanäle, und wir vernehmen eine spirituelle Erkennungsmelodie. Unser schöpferisches Genie erwacht zum Leben, wir kommen in Fluss und vertrauen unserem inneren Wissen so tief, dass wir uns von allen Begrenzungen der Vergangenheit, der Gegenwart und der Zukunft befreien. So heilen wir nicht nur uns selbst, sondern inspirieren auch andere dazu, dasselbe zu tun.

Folge dem Wunsch, aber lass deine Bindung an das Ergebnis los.

Verbinde dich mit deinen Lebensträumen, verstehe ihr „Warum".
Lass deine Anhaftung los, wie du deinen Traum verwirklichen willst,
und wie es dann aussehen wird.
Sieh dich selbst, wie du den Traum bereits verwirklicht hast.
So verbindest du dich mit der Quelle des Schwingungsfeldes des Traums.

Visualisiere die Wunscherfüllung in Einzelheiten.

Sprich, spüre und sieh es in Echtzeit – jetzt!
Es ist bereits geschehen, du kannst dich mit dieser Ebene verbinden.
Wo bist du ... wer ist da ... was geschieht ... wie fühlt es sich an ...
welche Farben, Formen, Muster siehst du?
Dieser Prozess enthält einen energetischen Schlüssel
und eine Schwingungskapazität,
die dich bei der Verwirklichung deiner tiefsten Seelenwünsche unterstützt.

Du bist bereits dort!

Rituale, um Kreativität, Flow und Intuition zu erwecken

Wir verbinden uns mit dem Element Wasser, um der Intuition ein neues „Flussbett" zu graben und unsere Kreativität zu erwecken. Wir nutzen Atemübungen, körperliche Bewegung und geführte Meditation: rituelle Werkzeuge, die Zugang zur Weisheit unserer Träume, zur Kraft des Gebets und zu tiefgreifendem Wandel verschaffen.

1. Atemtechniken für Flow und Kreativität

Strömungsatem

1 Setz dich auf einen bequemen Stuhl oder im Schneidersitz auf den Boden.

2 Lege beide Hände aufs Nabelzentrum und entspanne den ganzen Körper. Atme dreimal tief durch die Nase ein und durch den Mund aus.

3 Stell dir beim Einatmen vor, dass dein Atem wie ein strömender Fluss direkt in den Bereich des Nabels fließt. Verlangsame ihn dann und verteile ihn über das gesamte Becken und den unteren Rückenbereich.

4 Visualisiere beim Ausatmen, wie heiliges Wasser deine Wirbelsäule hinauf zum Herzen und bis ins Gehirn fließt. Das gereinigte Wasser in deinem Atem verschmilzt nun mit dem zentralen Energiekanal deiner Wirbelsäule und informiert Herz und Geist, in der universellen Lebenskraft mitzufließen und mit ihr zu verschmelzen.

5 Mach dies zwei bis drei Minuten lang; atme Wasser ein, das durch Becken und Nabelbereich wirbelt, und Wasser aus, das aus dir heraus und um dich herum strömt.

6 Achte auf die Farbe des Wassers. Setze deine Absicht darauf, dass dies ein sehr tief nährender Atem ist, ein kraftvoller Strom in deinem fließenden, intuitiven Selbst.

Drei-Wellen-Atem

1 Nimm auf einem bequemen Stuhl Platz, lege die Hände auf den unteren Bauchbereich und entspanne dich vollständig. Setze deine Absicht darauf, eine fließende, transformative und gleichzeitig ruhige Erfahrung mit dem Atem zu machen. Verbinde dich mit dem Element Wasser – wie es das Körperinnere nährt, hydratisiert und reinigt.
2 Während des ersten Drittels der Einatmung liegen die Hände auf dem unteren Bauchbereich. Im zweiten Drittel bewegst du sie zum Rippenbogen und im letzten Drittel auf die obere Brust.
3 Beim Ausatmen machst du es umgekehrt, du bewegst die Hände von oben nach unten.
4 Wiederhole dies zwei bis drei Minuten lang oder bis du das Gefühl hast, dass du dich mit einem fließenden, dreiteiligen Einatmen und einem fließenden, dreiteiligen Ausatmen verbunden hast. Je mehr du übst, desto leichter wird es. Sobald du den Rhythmus gefunden hast, denke daran, dass sich dein hinterer Körper genauso ausdehnt und zusammenzieht wie der vordere.

Flüssiger-Nektar-Atem

1 Nimm auf einem bequemen Stuhl Platz.
2 Beginne, dich auf deinen Atem einzustimmen und setze die Absicht darauf, überschüssige Gedankenketten loszulassen und dich mit deiner intuitiven, kreativen Energie zu verbinden.
3 Lege die Hände auf die Ohren, atme tief ein, schließe den Mund, atme durch die Nase aus und summe laut. Erzeuge den Summton vom Nabelzentrum aus und lass ihn die Wirbelsäule hinauf zur Mitte der Stirn wandern.
4 Mach dies sechs bis zwölf Mal. Entspanne dabei alle Gesichtsmuskeln. Öffne dich für alles, was du sinnlich erfährst (Lichtspuren, feine innere Hörbarkeiten – jede Art von Momentaufnahme). Dies ist ein mächtiges Werkzeug zur Erweckung der Intuition. Stell dir im Kern deiner Essenz flüssigen Nektar vor – als Boten der Intuition.

Wasser-zu-Energie-Atem

1 Nimm auf einem bequemen Stuhl Platz oder setz dich im Schneidersitz auf den Boden.

2 Richte deine Absicht darauf, eine Veränderung zu bewirken: Heiße den Flow willkommen und lasse unausgewogene, stagnierende oder übermäßige mentale Aktivität los.
3 Verschränke die Finger hinter dem Nacken. Beim Ausatmen runde die Wirbelsäule und bring das Kinn zur Brust. Beim Einatmen verlängerst du die Wirbelsäule, während du den Brustkorb hebst und nach oben schaust.
4 Übe zwei bis drei Minuten lang. Sobald du im Flow bist, entspanne Schultern und Wirbelsäule. Richte die Aufmerksamkeit auf dein Becken und stell es dir als eine Schale mit Wasser vor, die in der Wirbelsäule eine strömende Bewegung nach oben hin auslöst.

Der Wellen-Effekt

1 Nimm auf einem bequemen Stuhl Platz oder setz dich im Schneidersitz auf den Boden. Mach die Schultern locker und entspanne den unteren Bauchbereich vollständig.
2 Lege die Hände auf die Knie.
3 Stell dir warmes, bewegtes Wasser in der Schale deines Beckens vor.
4 Visualisiere kreisende Bewegungen von der Basis der Wirbelsäule aus, etwa so, als ob du im Sitzen Hüftkreisen oder Bauchtanz machen wolltest.
5 Stell dir konkret vor, wie die Schale sich hin und her bewegt, damit das Wasser Welle für Welle die Wirbelsäule hinauf schwappt, bis diese sich durch und durch benetzt und frei anfühlt. Die Wellenenergie kann den ganzen Weg hinauf, über den Nacken bis ins Gehirn wandern.
6 Bewege die Energie nun auf dieselbe Weise in die entgegengesetzte Richtung, für ebenso lange Zeit.
7 Die Wellenbewegung will sinnlich, frei, kreativ, fließend und anregend für die Seele sein!
8 Wenn du fertig bist, kehre zu deinem stillen inneren Ort zurück und beobachte das alchemistische Schwingungsfeld in deinem Körper. Nimm alle Empfindungen an und lausche dem Flüstern der Intuition.

2. Gestaute Energie befreien

Teil I
Erleuchtungs-Meditation

1 Schließ die Augen und komm an deinen inneren Ort der Stille. Beginne, dich auf deinen Atem einzustimmen und verlangsame ihn auf sechs beim Einatmen und sechs beim Ausatmen.

2 Visualisiere entweder ein Gewässer vor dir oder übe draußen an einem Gewässer, oder lege die Hände in eine Schale mit Wasser auf deinem Altar.

3 Während du den Atem verlangsamst, beginne die Wirbelsäule sanft nach vorn und hinten und dann zur Seite hin zu schwingen. Führe dieses Entspannungsmuster zwei bis drei Minuten lang fort. Entspanne Nacken und Kiefer und erlaube auch deinem unteren Bauchbereich, sich vollständig zu entspannen.

4 Visualisiere den Sonnenuntergang am westlichen Himmel und empfange seine prächtigen Farben im Körperinneren. Heiße nun die Dunkelheit der Nacht willkommen und stell dir vor, wie du deinen Schatten, deinen Ängsten und allem Unbekannten ganz ohne Angst begegnest und es sogar umarmst. Lass vollständig los – sei gewiss: Du wirst von deiner inneren Führung gehalten und gefördert. Heiße ihre Unterstützung in deinem heiligen Kreis der Heilung willkommen. Nimm alle Geschenke und Erkenntnisse an, die sie für dich bereithält: Worte, Mantras, positive Affirmationen, Symbole, auch die Weisheit von Tieren oder Ahnen.

5 Visualisiere heilendes Wasser vor dir und segne dich selbst damit. Befreie dich von allem, was dich begrenzt und aufhält – nur für diesen Moment: tief sitzende negative Selbsturteile, Abgeschlagenheit, Stimmungsschwankungen und Burn-out. Lege alle anerzogenen Rollen ab, alle damit verbundenen Verantwortlichkeiten – du kannst es, in diesem Moment!

6 Wie fühlt es sich an, frei zu sein? Heiße die Energie der Freiheit in den Gewässern deines Beckens willkommen. Dies ist dein Geburtsrecht, dies ist die Berufung deiner Seele.

7 Lausche deiner inneren Führung: Hält sie eine ermächtigende Affirmation für dich bereit? Was empfiehlt sie dir? Gibt es

einen direkten Aufruf zum Handeln? Erhöre den Ruf deiner innersten, einzigartigen Essenz!

8 Bring dein Bewusstsein zurück in den Körper, kehre in den Raum zurück, in dem du dich befindest. Nimm Stift und Tagebuch für Teil 2 zur Hand.

Teil 2
Entdecke die Signatur deiner innersten Essenz

Schreibe anhand der Visualisierung, die du gerade abgeschlossen hast, auf, wer du im Kern bist. Was macht dich einzigartig? Welches sind deine besten Gaben? Schreibe Worte der Ermutigung auf, die dir helfen, in Freiheit, kreativ und aus emotionaler Intelligenz heraus mit innerer Ausstrahlung zu leben.

Beziehe dabei ein, was du während der Visualisierung losgelassen und was du eingeladen hast – auch sehr Persönliches und Intimes.

Ein Beispiel für eine positive Affirmation, die dich dabei unterstützt:

Ich bin ein Kanal für Wahrheit, Ausstrahlung und Kreativität.
Ich lasse aktiv alle Gedanken, Worte und Handlungen los,
die aus einem Ort der Negativität kommen.
Ich bin im Flow: sanft und stark zugleich.
Jeden Tag verpflichte ich mich zu meinen heiligen Praktiken,
die mich innerlich ausrichten,
mein Bewusstsein erwecken
und mich in meiner liebenden Präsenz erden.

Immer wenn du diese Übung wiederholst, wirst du deine Träume und Ziele tiefer verstehen, kannst sie besser visualisieren und effektiver verwirklichen.

3. Innere Läuterung zur Erweckung der Intuition

1 Entzünde eine Kerze.
2 Errichte einen Altar, um Flow, Kreativität und Intuition einzuladen. Zum Beispiel einen Wasseraltar, indem du eine Schale mit Wasser füllst und passende Gegenstände hineingibst. Dafür gibt es keine festen Regeln. Es können ätherische Öle, Gewürze, Blütenblätter, Treibholz, Seegras oder eine schwimmende Kerze sein – alles, wovon du das Gefühl hast, dass es die Flow-Energie herbeiruft. Hast du Lust auf eine bestimmte Musik?
3 Halte Tagebuch und Stift bereit.
4 Fasse eine klare Absicht. Denk daran, dass ein wirkungsvolles Ritual eine bewusste Intention erfordert. Zum Beispiel:

Ich begebe mich in den Fluss meines Lebens.
Ich lasse das Gefühl los, festgefahren zu sein.
Ich begrüße alle Unterstützung, sowohl von der physischen als auch von der spirituellen Ebene her,
um in meinen zielgerichteten intuitiven Fluss zu kommen.
Ich bin ein Ozean der Veränderung. Ich bin Fließen,
das Wissen in meinem Bauch, worin sich die Intuition erhebt.
Ich ehre meinen Prozess, vertraue auf das göttliche Timing
und bete um Führung fürs richtige Handeln im Hier und Jetzt.
An meine geistige Führung: Ich bin hier.
Ich bin bereit, Botschaften und Zeichen zu empfangen. Ich bin willens, zuzuhören und aktiv zu werden, wenn die Zeit reif ist.

5 Beginne dich auf einen langsameren Atem einzustellen und einen Rhythmus zu finden, der sich nährend anfühlt, indem du beim Einatmen und dann beim Ausatmen viermal bis sechs zählst.
6 Heiße die heilenden Qualitäten des Wassers willkommen: erweichend, loslassend, fließend, nährend, pflegend. Visualisiere Wasser vor dir, hinter dir und in dir.
7 Erlaube dem Element Wasser, dich zu beruhigen, und lass die Atemluft tief und flüssig einströmen. Nimm selbst die wässrigen Eigenschaften dieses Atemstroms an. Stell dir vor, wie die

Energie durch deine Adern fließt, alle Organe mit verjüngender Energie umspült und deinen Unterbauch sowie die Wirbelsäule mit den reinen, säubernden Eigenschaften des Wassers erfüllt. Nimm sie in dein Herz auf, lass sie in deinen Hals und schließlich ins Gehirn strömen. Siehst du dich schweben, umgeben und gehalten von dieser warmen, reinen, klaren Wässrigkeit? Spürst du, wie dein ganzer Rücken ihre Weichheit annimmt? Stell dir nun vor, dass dein ganzer Körper vollständig von flüssigem Wasser getragen wird.

8 Was bist du bereit, jetzt ins Wasser zu entlassen? Was hält dich noch zurück? Fühlt sich irgendetwas festgefahren an? Halten dich Scham, Schuldgefühle, Frustration oder Angst vor Veränderungen davon ab, deine Träume zu verwirklichen?

9 Spüre, wie alte Energien und Stressoren aus deinem Körper entlassen werden. Gib ihnen die Erlaubnis, aus dir heraus ins Wasser zu gehen. Sie sind bereit, losgelassen zu werden! Du fühlst dich leichter, ruhiger, dein Geist wird befreit von einschränkenden Narrativen.

10 Öffne dich für eine Einladung der Weisheit: für ein Symbol, ein Zeichen, ein Mantra, Farben, bedeutungsvolle Gegenstände, einen Boten, deine Vorfahren, jedwede Führung aus der Geistigen Welt. Nimm es als ein Geschenk für dich ganz persönlich. Heiße willkommen, was immer durchkommt, und erlaube dir, die Wegweisung für deine Reise zu empfangen.

11 Schließe dein Ritual ab, indem du dir selbst und den anwesenden helfenden Energien dankst. Nimm dir eine Minute Zeit in Stille. Empfange Nahrung durch deinen Prozess und sei dankbar für alle empfangenen Botschaften. Schreibe deine Erfahrung ins Tagebuch.

4. Heiliges Bad

1 Lass dir ein Bad ein und gib Bittersalz und ätherische Öle hinein (vier Tropfen Lavendel wirken beruhigend). Du kannst auch Rosenblüten, Zedernholz, Lavendel oder Rosmarin verwenden und Kristalle ins Badewasser legen. Entzünde eine Kerze. Musik kann helfen, dass du zur Ruhe kommst und dich mit deinem Energiekörper verbindest.

2 Leg deine Absicht fest. Gibt es eine Frage, die dich gerade beschäftigt?

3 Gibt es etwas, das du freigeben möchtest?

4 Hast du eine Einladung der Geistigen Welt erhalten, ihre Unterstützung zu empfangen?

5 Stell dir vor, wie du dich in einen Zustand des Fließens, der Kreativität, der tiefen Erneuerung und der Entspannung begibst, und wie jede Faser deines Körpers wieder gekräftigt wird. Stell dir auch vor, dass die Mitte deines Gehirns weiträumig und mit Licht erfüllt wird.

6 Tauche mehrmals vollständig unter Wasser, mit der Absicht, alle Stressoren, alle Trigger von Negativität, Zweifel und Stimmungsschwankungen loszulassen. Stell dir vor, dass deren Energie aus deinem Körper, deinem Geist und deinem Herzen entlassen wird. Mach so viele Tauchgänge wie nötig, bis du das Gefühl hast, dass alles, was dir nicht dient, ins Wasser gegangen ist.

7 Entspanne deinen Körper. Verbinde dich mit einem ruhigen Atem. Heiße das Göttlich-Weibliche in deiner inneren Welt willkommen, jene Energie, die dich nährt, ohne irgendwelche Bedingungen zu stellen. Lass dein eigenes Energiefeld mit dem Göttlich-Weiblichen verschmelzen.

8 Visualisiere nun deinen Körper als eine Leitung für erleuchtete Quellenergie, die rein, positiv und voller Weisheit ist. Du selbst verschmilzt jetzt mit diesem Energiefeld und wirst von ihm umgeben. Du hast es „eingekörpert" und spiegelst selbst unendliche Güte, unsagbare Schönheit und unerschütterliche Wahrheit. All das will in dir lebendig werden und sich durch dich ausdrücken!

9 Rufe hervor, was du gegenwärtig in dein Leben einladen willst. Wünschst du dir Hilfe? Verständnis? Hegst du eine Vision, die verwirklicht werden soll? Hast du eine Frage zu deinem Weg? Fang an, darüber zu sprechen, wie wenn du dich deiner besten Freundin unterhältst. Sprich laut und deutlich mit dem Göttlich-Weiblichen! Teile alles mit, was du loslassen willst. Bete darum, dass dich die Wahrheit erfüllt und sich durch dich entfaltet. Lass die Geistige Welt wissen, dass du bereit bist, gefördert zu werden, bereit dazu, ihren Ruf zu erhören. Lass die göttliche Weiblichkeit wissen, dass du sie ebenfalls unterstützen und dich – beispielsweise – für sauberes und gesundes Wasser auf dem Planeten einsetzen willst. Bleibe mit ihr im Gespräch, während du deine Träume und Visionen nach vorn rufst.

10 Erhöre, was deine Vision Wirklichkeit werden lassen wird. Genüge deiner Rechenschaftspflicht, wasche dein Ego rein, nimm den Kern und das Herz der Vision an und verstehe das „Warum" dessen, worum du bittest. Es ist wichtig für deine innere Reinigung und die Verwirklichung deiner Vision.

11 Zum Abschluss deines Wasserrituals danke deiner Führung für alle Botschaften, die dir unter die Arme greifen. Danke auch deinem höheren Selbst dafür, dass du dich für den spirituellen Weg entschieden hast, und segne die heiligen, Leben spendenden Gewässer um dich herum für alle Lehren, die sie dir erteilen.

5. Wassersegen

Wasser reinigt meine Lebenskraft und erneuert meinen Energiekörper, damit ich loslassen und vergeben kann, wenn es nötig ist, und mit allem tanze, was das Leben bringt.

1 Suche dir ein Gewässer, mit dem du kommunizieren kannst. Oder fülle eine große Schüssel mit Wasser und setz dich davor.

2 Erstelle ein Naturbündel: Sammle Steine, Stöcke, Pflanzen, Blumen, Blätter und/oder Ähnliches und bündle es so, dass es für dich spiegelt, was du loslassen willst. Sitz dann damit bei deinem Wasser. Wenn es ein natürliches Gewässer ist, lausche den Klängen nach, die es macht. In jedem Fall kannst du seine Qualität der fließenden Hingabe umarmen. Finde Sanftheit in deiner eigenen Stärke und Stärke in deiner Sanftheit. Gib dir die Erlaubnis, Schicht um Schicht jedwede Energie in dir abzutragen, die sich müde und verbraucht anfühlt: alte, überkommene Narrative, emotionales Hin und Her, Ängste, Sorgen, Stressoren – auch die negative Energie, die du von anderen Menschen übernommen hast. Bitte um Förderung seitens deiner geistigen Führung und alles, was du als göttlich empfindest.

3 Berge das Bündel in deinen Händen, während du in einen tiefen, ruhigen Atem gehst. Erlaube dem Bündel, symbolisch für dein Loslassen zu stehen. Dann übergib es dem Wasser, und tauche deine Hände ins Wasser. Stell, wenn möglich, auch die Füße hinein und übergib ihm, wenn du willst, sogar den ganzen Körper. Erlaube deiner Körperlichkeit, zum Kanal für Fluss, Reinigung, Kreativität und Veränderung zu werden. Gib dich völlig hin und lass zu, dass Leitbilder, Worte der Weisheit, Mantras oder Symbole durchkommen. Sprich ein Gebet für alle Lebewesen im Wasser und für den Geist des Wassers, auf dass alles im Nass gesund bleibe und in Harmonie miteinander existiere. Sprich auch ein Mantra, ein Gebet oder eine positive Affirmation, während du im Wasser bist, und erlaube deiner Erfahrung, dich gründlich zu reinigen und ein Spiegelbild deines höchsten Selbst zu sein. Zum Beispiel:

Ich bin im Flow. Mein Körper ist fließende Veränderung,
mein Geist offen wie der Ozean, mein Herz ein Kanal
des Aufstiegs zum Göttlichen. Ich lasse meinen Wunsch los,
möglichst jeden Aspekt meines Lebens zu kontrollieren.
Ich bin sanft in meiner Stärke und stark in meiner Sanftheit.

6. Flow und Kreativität durch Bewegungsmeditation

Begib dich in einen Raum, wo du dich völlig sicher fühlst. Achte bei dieser Übung deine eigenen Grenzen: Verwende eine Augenbinde, wenn du es als hilfreich empfindest. Du kannst dich zu Musik oder in Stille bewegen.

1. Knie nieder, mit den Händen auf dem Boden, die Schultern über den Händen, die Hüften über den Knien.
2. Wiege dich von einer Seite zur anderen, nicke mit dem Kopf, um Spannungen zu lösen, und verbinde dich mit deinem Atem, um die Energiekanäle im Körper zu befreien.
3. Katze/Kuh-Stellung: Beim Ausatmen rundest du die Wirbelsäule, ziehst das Kinn zur Brust. Beim Einatmen kippst du das Becken, schaust nach oben und spannst die Bauchmuskeln. Mach die Übung zwölfmal oder öfter, falls gewünscht.
4. Hüftkreisen: Stell die Füße etwas weiter als hüftbreit auseinan-

der. Entspanne den ganzen Körper und lass die Hüften kreisen. Nutze jede Art von Bewegung, die Becken und Unterleib befreit. Lass es sinnlich, weich, fließend und feminin sein.

5 Improvisiere mit dieser Bewegung fünf bis zehn Minuten. Lass jeden Wunsch los, zu kontrollieren, wie es aussieht. Folge dem fließenden Rhythmus deines Tanzes. Sei sinnlich. Werde wild! Drücke mit deiner Bewegung Klänge aus, lass deinen Körper zum Kanal werden. Lass dich total fallen!

6 Beende deine Bewegung mit einer stillen Meditation oder leg dich einfach hin, um zu ruhen und dich zu erden.

7 Beobachte: Was fühlst du jetzt?

7. Gebet für Flow, Kreativität, inneren Wandel und Aktivierung der Intuition

Ich weiß, dass ich ein Tropfen im unendlichen Fließen bin,
das in allen Dingen lebt und zum Höheren strebt. Ich lasse alles
Festhalten an vorgefassten Meinungen los. Lasse es einfach gehen,
werde weich und erkenne, dass ich wie Wasser bin.
Das Lied der sich windenden Flüsse ruft mich zu sich. Zuhause
bin ich in meiner tiefsten Tiefe, an meiner glatten und an meiner
bewegten Oberfläche, im breiten Strom und in plätschernden
Bächen. Ich weiß, dass der Wandel die einzige Konstante ist.
Also erlaube ich mir, darauf zu vertrauen, dass morgen alles anders
sein kann. Ich nehme die Einladung an, so mächtig und kreativ zu
sein wie der große Mutterozean selbst – manchmal heftig,
manchmal still und ewig in Bewegung. Ich nehme mein komplexes
Ökosystem aufgewühlter Gefühle und tastender Gedanken an
und bin eine großzügige Gastgeberin meiner inneren Erfahrung.
Dieses heilige Körpergefäß weiß, wie durch die Welt zu navigieren
ist, durch alle Zyklen und Rhythmen, bei Ebbe und bei Flut,
getragen vom unergründlichen Geheimnis und großen Unbekannten
des Lebens. Die Geburten, die Tode und die Zyklen fließen fort
und fort. Niemals endend,
beginne auch ich wieder und wieder von Neuem.

*Heute grabe ich meine lauernden Schatten aus,
meine schuldverstrickten Muster, meine Selbstzweifel und meinen
Widerstand gegen Veränderungen. Ich lege meinen Wunsch nieder,
alles zu kontrollieren. Wenn Gefühle mich zu verschlingen drohen
und in die Tiefe eines Meeres reißen wollen, wo ich die Wahrheit
nicht mehr zu sehen, zu hören, zu riechen, zu fühlen oder zu
schmecken meine, dann verdränge ich sie aber nicht mehr!
Ich werde zur Zeugin all meiner Gefühle, ich erkenne an, woher und
warum sie kommen. Ich vergebe mir selbst und erteile mir die
Erlaubnis, nach vorn zu gehen. Ich lade all meine Gefühle an meinen
heiligen Tisch ein. In meinem fließenden Prozess sind all meine
Träume frei – ich verfeinere, poliere und forme sie. Dabei bleibe
ich wach und präsent, um den intuitiven Blitzen zu folgen,
die mich durchströmen.
Ich bin bereit zuzuhören, still zu sein und mich hinzugeben,
um das Elixier meines inneren Wissens zu empfangen. Wenn die
Zeit reif ist, aktiviere ich meine freien, unzähmbaren, kreativen
und weisen inneren Regungen und teile sie mit der Welt, ohne
irgendetwas zu bereuen. Und ich blicke niemals zurück!*

8. Tagebuch-Anregungen

- Was nährt dich derzeit auf seelischer Ebene?
- Was lässt deinen Mut schwanken? Was in emotionale Disbalance sinken? Wer ist daran beteiligt? Was sind dafür die Bedingungen und Auslöser? Benenne die Emotionen, die jetzt auftauchen. Was kannst du tun, um die Ungleichgewichte zu bereinigen?
- Wie stellst du dich auf Veränderungen ein? Nenne ein Beispiel für eine Situation in deinem Leben, die dir zur Lektion für eine notwendige Veränderung gereichte. Wie bist du damit fertiggeworden? Was hast du daraus gelernt? Veränderungen können unangenehm sein und das Gefühl erzeugen, die Kontrolle zu verlieren. Wie kannst du deine Perspektive weiten, um jetzt positive Veränderungen zu bewirken?
- Wie gelingt es dir, Süße und Vergnügen in dein Leben einzulassen?

- Wie ist dein Verhältnis zu Schuld? Hattest du als Kind oder junger Erwachsener Schuldgefühle und wenn ja, wie haben sie sich auf dich ausgewirkt? Fühlst du dich immer noch schuldig?
- Was erzeugt und inspiriert Flow und Kreativität in deinem Leben? Kannst du einmal pro Woche einen Termin mit dir selbst vereinbaren, um kreativen Flow zuzulassen?
- Welche Schritte unternimmst du derzeit, um deinen Mut zu aktivieren und dich mit deiner persönlichen Wahrheit in Einklang zu bringen? In deinen Beziehungen? Im Beruf? Im Privatleben? Schreibe die Worte „Mutige Handlungen, um persönlichen Fluss und Freiheit zu entfachen" in die Mitte einer Tagebuchseite. Kreise sie ein und schreibe Beispiele für deinen Mut drum herum. Dazu gehören auch Taten, die du anstrebst.
- In welcher Phase des Zyklus von Leben, Tod und Wiedergeburt befindest du dich? Kannst du die Erkenntnis auf ein bestimmtes Projekt anwenden und dich in kreativen Fluss bringen lassen?
- Wo bist du noch starr, stur und davon überzeugt, dass etwas unbedingt auf bestimmte Art und Weise laufen sollte? Kannst du dich dafür öffnen, „fließender" zu werden?

Ich bin ein Gefäß der Veränderung.
Wasser fließt durch mich wie ein großer Strom.

Ich bin die süße Balance von Fluss und Stille,
von Aktivierung und Ruhe.

Sobald ich meinen festen Griff lockere,
heiße ich Geheimnis, göttliches Timing und spirituelle
Erfahrungen willkommen.

Mein kreativer Flow zeigt mir, wie ich mit Licht und
Schatten tanzen kann.

ERDMEDIZIN

Starkes Rückgrat, heißes Herz, verwurzelte Präsenz,
höherstrebender Geist.
Verankere die Signatur deines Wesens im kosmischen Netz.
Dann dienst du deiner eigenen Evolution
und auch der aller Wesen.

Kapitel 5
Erdmedizin
Sich erden und festigen. Fülle erzeugen.

HEIMKEHREN, ERINNERN UND ERNEUERN: SICH AUSRICHTEN AUF DIE ALCHEMIE DER ERDE

Die exquisite Schönheit der Erde, ihre Intelligenz, ihre Rhythmen und Zyklen erinnern uns, woher wir kommen, wohin wir gehen und wie wir an das Ziel gelangen. Bei Mutter Erde Rat zu suchen, zu ihr zu beten und sie zu ehren, lässt uns ihre majestätische, unerschütterliche Kraft und Fülle spüren. Im innersten Kern des Planeten schlägt ihr Herz – sie ist ein uraltes Lebewesen, und so, wie sie in deinen Vorfahren lebte, ist sie nun auch in dir. Als Hüterin der Weisheit weiß sie, wie bedrohtes Gleichgewicht wiederhergestellt, wie geheilt wird und wie Angst zu überwinden ist. Unsere Lebensmutter ist so sanft wie vehement und erneuert sich immer wieder selbst. Ihre Nabelschnur führt die Energie der Quelle allen Lebens in deine Mitte – du bist das Kind von Mutter Erde.

Es gibt keine Trennung zwischen dir und der Erde! Deshalb bist du berufen, selbst zum Erdengel und zur Erdbewahrerin zu werden und Fürsprache für den Planeten zu ergreifen. Wandle selbst so behutsam über den weichen Bauch von Mutter Erde, als wäre es der Mutterleib deiner eigenen Kinder. Pflanze deine Wurzeln tief in ihren Bauch. Sich die Welt mystischer Erfahrung zu erschließen, beginnt mit der Erfahrung der Alchemie der Erde, in absichtsvoller täglicher Ritualpraxis in Respekt vor Mutter Erde. Scheue dich nicht, in Ehrfurcht auf die Knie zu fallen vor ihren Wundern. Immer wenn irdische Schönheit dir den Atem raubt und dein Herz einen Schlag aussetzt, nimmst du einen Tropfen vom Nektar der Quelle des Lebens in dich auf.

Mit allen Sinnen die Schönheit der Natur aufzunehmen, jeden Tag, zu jeder Stunde, öffnet den Blick für das Geschenk der Gegenwart. Es erhebt das Bewusstsein aus den Niederungen des Alltags und verschmilzt innere und äußere Wahrnehmung zu einem nährenden Klima für den Fortgang persönlicher Evolution. So, wie das Wunder des Lebens auf der Erde entstand, kannst auch du ein Teil der Magie und des Wunders werden, das immer wieder Entwicklung und Wandel hervorbringt. Vor Milliarden von Jahren fiel auf unseren Planeten kosmischer Staub, mit den Keimen des Lebens in sich, und gab den Impuls zur Evolution, von der Mikrobe bis zur menschlichen Spezies. Dies ist die Perspektive, die wir einnehmen wollen, um unser Bewusstsein dafür zu schärfen, mit der Erde und unserem eigenen Körper innigst verbunden zu sein.

Sei wie Mutter Erde. Ertaste die Stärke in deiner Weichheit
und die Weichheit in deiner Stärke. Vertraue auf den Zyklus
von Werden und Vergehen – und auch auf die Pausen dazwischen.
Auch sie sind reichhaltig, stark und fruchtbringend.

Für jeden Baum ist das Wurzelreich entscheidend für seine Existenz. Es absorbiert Wasser und Mineralien aus dem Boden, aber wenn es in seiner Arbeit gestört wird, geht die Verankerung des Baums im nährenden Bett verloren. Er speichert nicht mehr genügend Vitalität für den Winter, sodass sich im Frühling das Blattwerk nicht wie gewünscht ausbildet. Heute wissen wir, dass Bäume über ihr Wurzelsystem miteinander kommunizieren können! Absterbende Bäume senden Nährstoffe an ihre Nachbarn – sogar an andere Arten. Ein einzigartiges, komplexes Lebensnetz arbeitet im Mutterboden. Auch Insekten, Pilze und viele andere Lebensformen gehören dazu – als Träger einer Gemeinschaft des Werdens und Gedeihens planetaren Lebens.

Es ist höchste Zeit, dass die Menschheit den Schwerpunkt ihres kollektiven Bewusstseins verlagert – weg von Konkurrenzstreben und Massenkonsum, hin zu planetarischem Bewusstsein. Wir müssen endlich (wieder) lernen, unsere Position im Netz des Lebens aus maßvoller Perspektive zu sehen und unsere Umwelt als *Mitwelt* zu betrachten und zu achten. Jeder einzelne Baum kann zu einem Botschafter des neuen Bewusstseins werden. Jeder Garten, jede Blume inspiriert uns, dass auch unser eigenes Leben durch *Erdung*, durch innere Harmonie im Einssein mit der Weisheit der Natur, gesichert und immer wieder neu justiert werden muss.

Ziehen wir also unser eigenes Leben gerade, indem wir uns auf Mutter Erde ausrichten, statt uns in Dramen und Kämpfen zu verfangen! Erinnern wir uns, wie klein die Kraft des Menschen doch ist, verglichen mit jener weit, weit größeren Kraft, auf die wir uns immer stützen und von der wir jederzeit Energie erhalten! Zuallererst heißt es die zarte, verletzliche Seite der Natur wieder zu achten und ihren unverfälschten, unschuldigen Reichtum auch in uns selbst zu erkennen. Denn auch wir sind mit derselben, ebenso empfindsam-empfänglichen wie kraftvoll-dynamischen Qualität begabt, die einerseits bewirkt, dass Bäume miteinander kommunizieren und ihren leidenden Nachbarn helfen, und andererseits durch Erdbeben, Lawinen und Waldbrände weitreichende Disruptionen erzeugt werden. Wahren wir die Ehrfurcht vor der Natur! Und bewahren wir den Funken der Seelenpflege in uns selbst – nicht nur um unserer selbst willen, sondern auch für unsere Lebensmutter, die Erde!

Wir müssen mit ihr sprechen, mit ihr und für sie beten und auch unsere Kinder lehren, einen tragfähigen Boden für allseitiges, liebevolles Miteinander zu bereiten. Die Saftlinien der Erde sind wie unsere eigenen Blutlinien, die wir von unseren Vorfahren ererbten. Vielfalt und Verbundenheit sind unser aller Lebenssaft! Jeder Baum und jeder Mensch hat eine eigene Geschichte und singt sein eigenes Lied. Das Netz des Lebens auf diese Weise zu sehen, öffnet auch die Pforten zu den unsichtbaren Welten und lässt deren Botschaften erhören. Dann spüren wir auch unsere Vorfahren, ja, wir können mit ihnen sprechen, eine Beziehung zu ihnen aufbauen, sie umarmen, ihnen Gedichte vorlesen und in Ehrfurcht lauschen, wenn sie uns ihren Rat erteilen. Dies ist die Perspektive, die wir einnehmen wollen, um aus bloßer Existenz hin zum wahren Leben zu gelangen.

Ein jedes Samenkorn muss von Nährstoffen und Wasser, aber auch durch Gemeinschaft und Liebe genährt werden, um starke Wurzeln zu schlagen. Auch ein erwachendes Bewusstsein braucht liebevolle, friedliche Momente – gerade heutzutage, damit die Komplexität des modernen Lebens nicht zum Chaos wird. Resilienz ist Widerstandsfähigkeit in Verbundenheit: Wir entwickeln sie, indem wir Herausforderungen annehmen, statt sie beiseitezuschieben. Selbst im Angesicht von Schwierigkeiten können wir stark und weich, verletzlich und unerschütterlich zugleich sein. So weitet sich der Blickwinkel, und wir erkennen immer feinere und komplexere Strukturen im Netz des Lebens. In Demut verneigen wir uns vor der Erde, wir fallen auf die Knie und beten um Güte, Schönheit und Kraft: auch für unsere Familien und für die Gemeinschaft, in der wir leben, damit alle durch Liebe lernen, den Wandel zu fördern, von dem wir wissen, dass er für die Heilung von Menschheit und Planet notwendig ist. Stets geht es um beides: eine beständige, tägliche Praxis der Selbstfürsorge zu kultivieren – und zur Erde heimzukehren als Bewahrerinnen ihrer Medizin und des Wohls aller Wesen.

Indem wir die Geschenke von Mutter Erde annehmen, säen wir unsere Visionssamen tief in unsere innere Erde, sodass sie aufgehen und erblühen können. Wir kultivieren unsere Authentizität, statt nur nach Produktivität und Ergebnissen zu streben und damit gegen die Gesetze und Zyklen der planetarischen Evolution zu verstoßen. Wir leben und gedeihen gesegnet mit Liebe, statt ausgebrannt zu enden.

Die moderne Mystikerin tritt aus der Blindheit des rein intellektuellen Strebergeistes heraus und lässt sich auf die vielfältigen Synergien ein, die aus Verwurzelung, Erdung und Sensibilität erwachsen. So verbindet sie sich mit der kosmischen Kraft, die nachhaltigen Wandel erwirkt.

DU ALS ERDBEWAHRERIN: VON INNEN HER DAS NETZ DES LEBENS SCHÜTZEN

Unsere große Lebensmutter erwartet, dass wir alle Sinne für ihre exquisite Schönheit öffnen und ihre reichen Gaben erwidern. Sie beruft uns, ihre Herzintelligenz mit der unseren in Einklang zu bringen, um für ihr Wohl Fürsprache zu ergreifen und Verantwortung zu übernehmen. Wir dürfen nicht länger Raubbau an der Natur treiben, sondern müssen uns an der Nachhaltigkeit orientieren. Unsere Große Mutter ist mehr als großzügig gewesen, hat uns seit Anbeginn der Zeit bedingungslos gegeben und gegeben. Inzwischen aber haben wir sie so weit getrieben, dass sie mit Naturkatastrophen reagiert, weil sie Verschmutzung und Zerstörung nicht länger tolerieren kann.

Die Klimakrise lässt die Zukunft der Menschheit in düsteren Farben erscheinen. Wir müssen uns endlich unserer Verantwortung gegenüber der Nachwelt bewusstwerden. Hören wir auf die Jugend, die überall auf der Welt nach Veränderung ruft! Tun wir es für unsere Kinder und Enkelkinder, für alle Generationen nach uns, damit auch sie die exquisite Schönheit dieser Lebenswelt erleben dürfen.

Das Element Erde ist unendlich reichhaltig, nährend, zuverlässig, wohltätig und stark – aber auch verletzlich. Die irdische Welt ist der Ort, an dem wir existenziell Wurzeln schlagen, um uns geistig zu erheben – und darüber hinaus auch unsere persönlichen Wünsche zu manifestieren. Um ein starkes Bewusstsein für diesen Erdungsprozess zu bilden, hilft die Kraft der Visualisierung: Stell dir nur einmal dein eigenes Wurzelsystem vor, wie es vom Nabel ausgeht und über Steißbein, Beine und Füße bis in die Erde hinabreicht: Das allein verschafft schon ein inneres Gewahrsein für Erdung und Verankerung.

Nehmen wir als praktisches Beispiel den Instinkt „Kampf oder Flucht", als naturgegebenen Überlebens- und Schutzinstinkt, wenn wir Angst bekommen. Dein Herz beginnt zu pumpen, die Handflächen schwitzen, der Atem wird kürzer und der Verstand beginnt zu rasen, spinnt womöglich einen Gedanken nach dem anderen, um eine Strategie zu entwickeln, wie du dich aus der Situation befreien kannst. Ob du nun wegrennst, dich verstecken oder kämpfen willst, in jedem Fall geht es für dich jetzt darum, die Gefahr so rasch und so gründlich wie möglich auszuräumen.

Das Tückische daran ist, dass unser inneres System den Unterschied zwischen wirklicher und nur gefühlter Gefahr nicht erkennt. Wir könnten zum Beispiel den Kommentar eines Kollegen, der hilfreich sein sollte, als Gefahr empfinden, sodass er sich wie ein Angriff anfühlt. Also gehen wir in Verteidigungshaltung und panzern uns. Da wir aber irgendwie doch spüren, dass dies keine angemessene Haltung ist, werden wir in Verwirrung gestürzt, und statt angemessen zu reagieren, kreisen die Gedanken wahl- und ziellos. Wir „verlieren unsere Wurzeln“ – und damit den Kontakt zur Realität. Aber: Wenn wir jetzt willentlich in den Prozess innerer Erdung eintreten könnten, würden wir erkennen, dass eine nur *gefühlte* Gefahr unsere mentale Klarheit beeinträchtigt. Mit der Folge, dass wir erkennen, jetzt nichts „persönlich“ nehmen zu müssen. Und siehe da – sofort fallen Drama und Stress von uns ab, weil wir nicht mehr getriggert werden.

Alles, was deine Trigger beseitigt und dich in eine Haltung des Nicht-Urteilens und der Bereitschaft zur neutralen Untersuchung versetzt, führt dich zu einem besseren Verständnis deiner selbst und der anderen. Um jene wirbelnden, passiven bis wehrlosen Reaktionen, die zu Angst, Wut, Trauer oder Scham führen, in Festigkeit und Widerstandsfähigkeit umzulenken, sind tägliche Erdungstechniken der beste Weg. Sie sorgen für nährende Selbstfürsorge, weil wir unsere Wurzeln nach unten spüren und uns daran erinnern, dass wir so ressourcenreich und reichhaltig sind wie die Erde selbst. Jeden Tag ein Stück weit mehr verbinden wir uns mit dem ruhigen Pulsschlag unseres zeitlosen Selbst.

Dieser Prozess ist gelebte Weisheit! Indem wir uns dafür öffnen, die Anziehungskraft der Erde zu spüren, verankern wir uns, schärfen all unsere Sinne und stimmen uns auf die Rhythmen unseres Körpers ein. Wir entwickeln eine Beziehung zwischen der Energie der Erde und unseren eigenen Energien. Wir lösen uns aus der Trennung zu unserer Mitwelt und öffnen uns für ein Gespräch nicht nur mit unserem Körper, sondern auch mit der Erde. Wenn wir dies regelmäßig praktizieren, beginnen wir, unser Leben durch die Augen der Liebe, der Vergebung und des Mitgefühls zu betrachten.

Im heidnischen Jahreskreis wird das Erdelement mit der Nordrichtung in Verbindung gebracht und die Wintersonnenwende geehrt: die längste Nacht und der kürzeste Tag des Jahres. Diese Ehrung leitet dich in Einkehr, Stille, seelenvolle Dunkelheit und ruhevolles Rasten. An friedvollem innerem Ort erneuern sich deine Traumsamen. Denn bei jeder Tagundnachtgleiche findet eine Transformation statt. Sobald wir uns dieser entscheidenden Übergänge im großen Leben der Erde bewusst werden, können wir auch unser kleines Leben mit den kosmischen Kräften in Einklang bringen. Die Arbeit an uns selbst vertieft sich. Endlich verstehen wir, wie sehr Stress, Furcht, Angst oder Trauer die Seele ergriffen und unseren Alltag gelenkt haben. So kannst du dein gesamtes Wesen weiterentwickeln!

Halte inne, um die Wendepunkte im Rad des Jahres zu ehren. Zieh dich dann zurück, um an einem bedeutsamen Zeitpunkt des Jahreslaufs durch achtsame Präsenz die unmittelbar wirkenden kosmischen Energien einzukörpern. Sicher: Jeder Tag, den wir auf diesem Planeten leben, ist eine Gelegenheit, zu wachsen, zu fühlen und das große Mysterium zu spüren, das in der natürlichen Welt lebt. Anlässlich der entscheidenden Momente im Drehen des Großen Rades wach zu werden, bringt unser eigenes Lebensrad jedoch umso kraftvoller Schwung. Vermehrt kommen wir in Resonanz mit Ebenen des Bewusstseins, die sich gerade jetzt öffnen. Am Horizont erkennen wir eine neue Reise, ein aufregendes Abenteuer. Ein prickelndes Körpergefühl ruft uns, und intuitiv gewinnen wir Klarheit darüber, in welche Richtung zu gehen, welche Entscheidung zu treffen ist und worauf wir uns konzentrieren müssen, um unser Leben sinnerfüllt zu leben.

Das Gespräch zwischen dir und den Rhythmen der Erde ist Prozess und Reise zugleich. Alles beginnt mit dem Gespräch, das du mit deinem eigenen Körper führst. Wirst du beginnen, deinen Körper und die Erde jeden Tag auf Erden zu begrüßen?

Guten Morgen, mein Körper, mein Tempel!
Möge ich dich heute mit Mitgefühl behandeln. Mutter Erde!

Möge ich mit sanftem Schritt und bewusst wandeln
auf deinem fruchtbaren Bauch. Möge ich mich daran erinnern,
deine Fürsprecherin zu sein und deine Verbündete, wenn ich wähle,
was ich konsumieren will und welchen Lebensstil ich pflege.
Möge ich deine Gärten auf eine Weise pflegen,
die für uns beide nährend und förderlich ist.
Möge ich heute ein Erdengel sein, der mit einer nährenden Liebe
zu sich selbst und zu seiner Gemeinschaft lebt und dadurch deine
Großzügigkeit erwidert. Möge ich meine Kinder und meine Gemeinschaft
lehren, dasselbe zu tun. Möge ich durch den schützenden Wald,
die offenen Ebenen und die fruchtbaren Gärten gehen,
um deine ganze Fülle zu empfangen
und mit einer strahlenden Lebenskraft selbst allen etwas zu geben.

Wer ein Gespräch mit der Erde beginnt und sich ein Bild von ihrer Persönlichkeit macht, erfühlt ihre spirituelle Natur. Sprich mit der Erde! Und höre ihr zu. Der Geist von Mutter Erde zeigt dir, wie wir zu ihr und für sie beten können. Dies wird die Kirche der spirituell Suchenden der Zukunft sein!

Als kleines Kind verspürte ich den unwiderstehlichen Drang, der Erde nahezustehen. Tief im Inneren wusste ich bereits, dass dies ein Ausdruck meiner persönlichen Spiritualität sein würde. Auch die Mondgöttin rief nach mir. Ihre Rhythmen und die Rhythmen der Erde zogen mich in Bann. Unter dem Licht Lunas und auf den Heiligtümern der Erde spielte und betete ich, baute ich Nester und Höhlen für die Tiere, suchte ich Rat und Trost bei der Natur. In die Erde als Hüterin des Lebens und Trägerin von Wissen und Weisheit pflanzte ich meine Traumsamen. Einige von ihnen wurden Wirklichkeit, andere kehrten zur Erde zurück, um sie zu nähren.

Was wäre, wenn wir jeden Tag beten würden – aber nicht nur für uns selbst, sondern auch für Mutter Erde? Auch für die ersten ihrer menschlichen Bewohner, für die Ureinwohner aller Länder, die einheimischen Weisheitsbewahrer – für die gesamte irdische Schöpfung, von den Steinen, Pflanzen und Einzellern über die Insekten und Krabbeltiere, bis hin zu den Säugern einschließlich unserer Vorfahren, die uns immer noch leiten, auch wenn uns das nicht bewusst sein sollte? Dann verschöbe sich unsere Perspektive ganz von selbst, der Tanz des Alltäglichen würde weicher und fließender, und wir öffneten uns für Dimensionen, von denen wir jetzt nicht einmal wissen, dass sie existieren. Vielleicht begegnen wir dann auch irdischen Engeln. Boten aus der Geistigen Welt klopfen zu den ungewöhnlichsten Zeiten an, also sei aufmerksam!

Vielleicht erwacht dein Bewusstsein zur hinreißenden Schönheit des Sonnenaufgangs oder zum betörenden Duft eines Rosengartens. Wo immer du die Quelle natürlicher Freude und Schönheit findest, trittst du in ein neues Energiefeld ein. Auch wenn es unsichtbar ist, kannst du es doch in dich aufnehmen. Mit Hingabe und einem festen und gleichzeitig sensiblen Geist-Herz-Feld kannst du darauf vertrauen, dass dein spirituelles Wesen auch in dieser physischen Welt erwachen wird. Magie, Mysterien und unvergessliche, die Seele berührende Erfahrungen gibt es auf dem Planeten Erde im Überfluss. Wir müssen nur fühlsam genug werden, um die Erd-Geist-Energie zu spüren. Sie waltet überall.

ARBEITEN MIT DER ANGST ALS KATALYSATOR FÜR INNEREN WANDEL

Auch unser persönliches Leben verläuft in Zyklen: Wieder und wieder durchlaufen wir einen Entwicklungskreislauf, mit Neubeginn und Abschluss, Momenten des Innehaltens und des Übergangs. Liebe wird gefunden, Herzen werden gebrochen, spontane Momente der Erleuchtung erlebt, schrittweise Erkenntnis erfahren – und nicht zuletzt kommen Ängste immer wieder hoch. Deshalb ist es wichtig, jenem Teil unseres Denkens auf die Spur zu kommen, der in Angst gründet, sodass er nicht die Herrschaft über unser ganzes Leben gewinnt. Wenn das gelingt, verlagert sich unsere Perspektive wie von selbst in die Richtung, wo Wahrheit ist. Unserem Gewahrsein wachsen Flügel, die Schleier der Illusion lüften sich, wächst die urwüchsige Kraft der Erde in uns und erweckt visionäre Kraft zum Leben. Ja, dieser Prozess rüttelt und schüttelt uns auch – weil er in dem Moment einsetzt, da wir beginnen, unsere Ängste zu benennen. Das wäre auch für dich der erste Schritt zu einem Leben in Authentizität, Gegenwartsbewusstsein, Klarheit und Charakterstärke. Du tauchst ein in dein Wesen, deine wahre

Natur und verstehst, dass es nicht hilft, weglaufen zu wollen. Und dass du dich nicht länger bewachen oder verstecken musst!

Wie gelingt uns das? Indem wir die Angst zunächst nur beobachten, wenn sie emporsteigt. Um dann mit ihr zu arbeiten: Atme tief in dich hinein. Mach dir nichts draus, wie andere dich jetzt sehen, oder wie du meinst, dass sie dich sehen könnten. Lenke die Energie der Angst auf die Chance, die jetzt an deine Tür klopft! Diese Chance gibt es, denn unsere Angst fordert Selbsterforschung ein und die Bereitschaft, sich zu ändern. Schau deiner Angst tief in die Augen – gib ihr einen Namen! Öffne dich, um sie zu zerlegen, zu entschlüsseln, zu verstehen und in Mitgefühl zu verwandeln. So kommt Entwicklung in Gang. Du bist der Kanal, die Mystikerin, die Kriegerin! Bleibe offen für alles, was das Leben bringt. Suche die Berggipfel und die Täler – fliege hoch, tauche tief, tanze wild, stürze und steh wieder auf! Widme dich beherzt deinen persönlichen Zielen. Deine Visionen sind stärker als die Angst!

Schon nur bewusst wahrzunehmen, wann die Angst die Oberhand gewinnt, ist ein wichtiger Schritt auf dem Weg zu Freiheit, Liebe und Freude. Frage dich: „Wo zeige ich mich verletzlich?“ – „Wie reagiere ich auf Angst?“ Versuche, die Hintergründe zu verstehen, auch die Nebenschauplätze – alles, was dich aus der Bahn wirft, ob es gedankliche Verbindungen, Hintergrundgeschichten oder unerwünschte Erfahrungen sind, die dir nicht dienlich erscheinen.

Beobachte, wohin jetzt deine Körperempfindung geht und wohin dein Geist läuft. Auch, wie du sprichst, worauf du hörst und was du konsumierst: Alles ist Wegweisung auf der Spurenlese nach deiner Angst. Als Jägerin deiner inneren Disharmonie kümmerst du dich um alle abgespaltenen, verdrängten Teile deiner selbst, damit sie sich wieder sicher fühlen und heimkehren können. Da geht es um dein inneres Kind und seine Wunden, da geht es um innere Narben durch Enttäuschung und Scham, die du erlebt hast und die deine Lebensqualität immer noch schmälern.

Ein guter Ansatz für diese Art innerer Arbeit ist, dass du es dir auch eingestehst, wenn du einmal nicht geerdet bist. Führe dann ein Gespräch mit deinem Selbst: „Hier bin ich wieder, ich sehe dich, ich fühle dich, ich kenne dich.“ Damit ehrst du deinen authentischen Prozess, auch wenn er sich gerade nicht besonders angenehm anfühlt. Du erkennst an, dass du dich in einem umnebelten Bewusstseinszustand befindest – und dass es in Ordnung ist. Damit trägst du zum Abbau der Blockierung durch jede Art von Angst bei. Solche Anerkennung – im Moment des Angstempfindens – fördert jene Erweichung, die deine Psyche jetzt braucht, damit du innehalten, atmen und dich erden kannst. Du musst nicht beweisen, dass du gegen die Angst „gewinnst". Die weise Kriegerin will nicht jede Schlacht gewinnen, zunächst will sie erkennen, warum sie auch verlieren kann, um dann – mit der Wahrheit im Köcher – durch eine klare, geerdete Vision und erweiterte Perspektive letztlich siegreich zu werden.

Wir alle neigen dazu, im Gefühl drohender Überwältigung in Verteidigungshaltung zu gehen. Wir legen unsere Rüstung an und machen uns kampfbereit. Oder wir schalten auf Rückzug und treten beiseite. Schmerz ist unangenehm, unsere Instinkte befehlen uns, ihn zu meiden. Doch wollen wir unsere Empfindungen nicht betäuben, sondern uns ihnen zuwenden. Wir sind nicht mehr bereit, von gewohnheitsmäßigen Mustern vereinnahmt zu werden. Wir wollen unsere Chance auf persönliches Wachstum nicht verpassen.

Findest du dich also wieder einmal in den trüben Abgründen emotionaler Überforderung, dann fang doch ein Gespräch mit deinem Körper an: „Hier bin ich wieder, ich fühle mein Herz pulsieren, ich fühle die Angst in meinen Eingeweiden, ich bin aufgewühlt und weiß, dass mein Verstand verwirrt ist." Sage sehr deutlich: „Unklarheit hat von mir Besitz ergriffen." Damit gibst du dem Körper die Erlaubnis, sich zu entspannen, und dein Verstand öffnet sich für die neue Perspektive. Du wirst zur Zeugin deiner unklaren Gedanken und Empfindungen. Genau das ist der Schlüssel zum Öffnen der nächsten Tür.

Hier bin ich, du schöner Körper. Hier bin ich, du überschießender, unbegrenzter Geist. Danke für diese Gelegenheit zu wachsen, mich zu entwickeln und die Pfade zu verschließen, die mir einst vielleicht dienten, nun aber nicht mehr. Denn ich erweitere meinen Blickwinkel und bin offen dafür, ab jetzt neue Wege zu gehen.

ICH NEHME MEIN RECHT ZURÜCK, IM HIER UND JETZT ZU SEIN!

Nimmst du gelegentlich (oft?) die Perspektive des verletzten inneren Kindes ein? Dann wirst du die weitherzig gewährten Geschenke von Mutter Natur, die sie sehr wohl auch für dich bereithält, nur zögerlich annehmen können. Unabsichtlich lebst du an einem Ort des Mangels, der Angst und der Verknappung. Nicht zuletzt auch im emotionalen und spirituellen Bereich. Dann ist es endlich an der Zeit, dein Recht zurückzufordern – dein Geburtsrecht auf ein Leben in der beglückenden Fülle irdischer Existenz. Höre auf Mutter Erde, lass dich von ihr zur inneren Arbeit inspirieren, damit du präsent, wach und aktiv wirst und deine Träume verwirklichst! Sie selbst wird dich führen, sodass Selbstheilung dein Weg wird. Dank innerer Verwurzelung und Erhebung deiner spirituellen Essenz wirst du die Kraft schöpfen, um auch noch zum positiven Wandel beizutragen, den unser Planet und künftige Generationen so bitter benötigen.

In so viele Menschen wurde der Glaube eingepflanzt, dass sie kein Recht auf schöne Dinge haben – selbst dann, wenn sie nicht in Armut aufgewachsen sind. Missbrauch und Gewalt nehmen heute viele Formen an. Weitverbreitet ist es, den Kindern einzureden, sie müssten sich als Erwachsene ausschließlich darum kümmern, den Alltag zu meistern und im Überlebenskampf erfolgreich zu sein. Diese verengte Sicht auf das Leben verführt sie dazu, zu glauben, dass sie Fülle und Erfolg gar nicht verdient hätten. In der Folge geben viele Menschen die wichtigste Form der Selbstfürsorge auf: darauf zu bestehen, auch *innerlich* erfüllt zu leben. Dann bleibt es dabei, dass unbewusste familiäre Muster das Leben beeinträchtigen, alte Wunden das Leben bestimmen und das innere Kind nicht geheilt wird.

Die Heilung familiär bedingter, angestammter Wunden ist unerlässlich – nicht nur, um selbst von entsprechenden Belastungen frei zu werden, sondern auch, um in der Partnerschaft niemand damit zu belasten. Und nicht zuletzt, um die eigenen Kinder davor zu verschonen. Immer geht es zunächst darum, Klarheit in die Sache zu bringen. Wo und wann ertappen wir uns, Muster zu wiederholen, die uns blockieren, „Fülle" zu erzeugen? Das können wir mit einer sehr einfachen Frage auf den Punkt bringen: „Wo begnüge ich mich damit, mit einem halb leeren Glas zu leben?" Es gibt zahllose Ausweichmöglichkeiten, um das eigene Potenzial nicht voll auszuschöpfen: zum Beispiel im Sarkasmus gegenüber anderen, denen es gelingt, ihre Träume zu leben; oder als Workaholic, süchtig nach Stress und Produktivität – immer dann jedenfalls, wenn du dich „wertlos" fühlst.

Nimm es in deine Selbstwahrnehmung auf, wann du akute Entscheidungsschwierigkeiten hast: Dein Nervensystem schaltet dann um auf Hochtouren, die Überlebensinstinkte werden vogelwild, weil sie ins Überfunktionieren getrieben werden. Sobald du

- dich ängstigst, weil du dich bedroht fühlst,
- dich beweisen oder verteidigen zu müssen meinst,
- aufschneidest oder sogar zu einer (Not-)Lüge zu greifen erwägst,
- dann geh die folgenden Schritte durch:

Selbsterforschung zur Heilung des inneren Kindes

1. Denke daran, frei zu atmen. Erkenne die Emotionen an, die dich belasten, und visualisiere ihre Wurzeln, wie sie von der Basis der Wirbelsäule hinunter in die Erde reichen. Halte die Absicht fest, deinem inneren Kind mit Heilung und Mitgefühl zu begegnen.
2. Mach dich locker, werde körperlich weicher, das beruhigt auch dein Inneres. Nimm die Energie in Körper und Geist wahr – ihr Fließen und/oder ihre Stockungen. Erinnere dich daran, dass du das Recht hast, deine Gefühle bewusst zu fühlen.
3. Erinnere dich an die Situation, die dein Selbstgefühl „gestaucht" hat. Versetze dich, wenn nötig, bis in die Kindheit zurück, um die aus diesem Erleben erwachsenen Bewältigungsmechanismen zu erkennen. Öffne dich dafür, eine neue Perspektive zu gewinnen und aktiv einzunehmen.
4. Stell dir vor, dass dein erwachsenes Ich dein kindliches/jugendliches Ich, das damals drangsaliert wurde, liebevoll in den Arm nimmt. Lass es wissen, dass es jetzt sicher ist und dass es nichts

mehr zu beweisen oder zu fürchten gibt. Verschmilz die aufkommenden Empfindungen und Gefühle auf mitfühlende und heilende Weise.

5 Erkenne den Heilungsprozess an, der nun in dir stattfindet. Erinnere, dass du geerdet, weich, weitherzig und stark bist, wie Mutter Erde selbst. Rufe eine Affirmation auf, die dich in deiner Erdung und deinem ganzen Potenzial unterstützt: in deinem unveräußerlichen Recht, groß zu träumen und zu bekommen, was du willst.

6 Vergib dir selbst, damit du auch anderen vergeben kannst, wenn die Zeit reif ist.

7 Rufe deine Dankbarkeit hervor und lass dich auf eine nährende Aktivität ein, um die Erfahrung zu besiegeln: zum Beispiel einen Spaziergang in der Natur, ein warmes Bad, ein wohltuendes Essen, ein Gespräch mit einem Freund oder Tagebuch zu schreiben.

Jede innere Heilung trägt eine energetische Schwingung mit sich. Wichtig ist, dass wir ihr lauschen, sie empfinden und anerkennen. Damit schaffen wir Resonanz zwischen der Schwingung und uns selbst. Wir müssen gar nicht wissen, woher sie kommt. Sie kann von unseren Vorfahren stammen oder karmisch bedingt sein. Es kann die Essenz sein, mit der wir geboren wurden, kann ein Geschenk zur persönlichen Befreiung sein und sogar für die Evolution unserer Mitwelt. Die Welt, in der wir aufgewachsen sind, ist nicht mehr die Welt, in der wir jetzt leben! Indem wir zu den förderlichen Rhythmen, Mustern und Ereignissen, die hier und jetzt stattfinden, in Resonanz gehen, entwickeln wir uns weiter.

Andersherum betrachtet: Solange wir aus Sturheit, Stolz, Egoismus und Angst heraus die eigene Veränderung verweigern, so lange nähren wir auch noch selbst jene überholten Paradigmen, die zu Gewalt, Unterdrückung, Rassismus, Sexismus und Patriarchat geführt haben. Solange wir uns auf das beschränken, was andere von uns erwarten, so lange nähren wir weiterhin Unwahrheit und Illusion. Unser Körper nimmt diese Verweigerung im Muskelgedächtnis an, und letztlich finden wir uns als Opfer wieder. Dann kehren wir die schweren Zeiten lieber unter den Teppich und stapfen weiter als verwundete

Kriegerin in die Schlacht. Mit gepanzertem Herzen, trübem Geist und ungeerdetem Körper vergessen wir, wer wir sind, und leben ein Leben, das nicht für uns bestimmt ist.

Willst du am Ende deines Lebens zurückblicken können und wissen, dass du ein Leben gelebt hast, das deinem Herzen und deiner Seelenmission treu war? Dann lass dich inspirieren, die Arbeit aufzunehmen, sei authentisch und begegne deinen Herausforderungen mit Tapferkeit und Anmut. Fordere dein Recht ein, *hier zu sein – so, wie du bist*: demütig und mutig wie eine Kriegerin und mit der Liebe und dem Mitgefühl eines Erdengels.

Gelingt es dir, dich davon zu befreien, in vorgefasste Paradigmen passen zu wollen, dann findest du auch deine eigenen Wurzeln wieder. Du nimmst dein Recht zurück, die Mission deiner Seele zu leben. Auch Perfektionismus kann eine Sucht sein, die uns von unserer persönlichen Entwicklung abhält! Es bedarf einer inneren Revolution, um den Perfektionisten zu bekämpfen, der uns vor unserem ungebändigten, kreativen, intelligenten und ausdrucksstarken Selbst zurückhält. Wenn wir uns aus Angst vor Fehlern kleinmachen, können unsere Wurzeln nicht tiefer gehen und sich ausbreiten. Wenn unser innerer Kritiker zu laut wird und uns mit emotionaler und mentaler Gewalt niederschlägt, dann hören wir auf zu wachsen. Wir verschließen mehr Türen, als wir öffnen. Unsere Fähigkeit zu unterscheiden, was echt und was falsch ist, geht verloren. Die Angst hat uns dann so fest im Griff, dass wir uns noch selbst immer wieder davon überzeugen, wir seien nicht gut genug. Dass wir besser dran seien, mit angezogener Handbremse zu leben, etwa in einer sterbenslangweiligen Karriere. Oder besser dran, in einer missbräuchlichen Beziehung zu bleiben, statt die Herausforderung anzunehmen, erst einmal allein zu sein. In solchen Fällen hätten wir uns darauf programmiert, der Angst mehr zu vertrauen als dem Wunsch nach Liebe. Die Arbeit der modernen Mystikerin besteht darin, das menschliche Herz zu befreien und den Verstand nur seine Pflicht tun zu lassen!

Erforsche also selbst, wie du dich für genau das entscheiden kannst, was du dir ersehnst. Lerne deinen persönlichen Lern-Rhythmus kennen. Überfordere dich nicht. Du wirst lernen, wann es ein Ja, wann ein Nein, vielleicht auch ein „Ich weiß nicht“ geben muss. Erkenne den großen Prozess an, statt dich kleinen Entscheidungen so lange zu widersetzen, bis die Chance zur Veränderung vorbei ist. Angst ist auch Energie, und wenn wir beginnen, uns selbst zu vertrauen, wird sie uns helfen zu schaffen, was wir uns vornehmen. Wir sind komplexe Wesen in einem Ökosystem von immenser Komplexität. Wenn wir uns auf die Kraft der Systeme, Zyklen und Rhythmen der Erde ausrichten, entdecken wir ein inneres Wissen, das von unseren Instinkten gespeist wird. Unsere geerdete Natur nährt dieses innere Wissen wie eine weise Älteste ihren ganzen Stamm.

Es sind einfache, universelle Wahrheiten, die unser Leben regieren. Sie handeln von Frieden, Gleichgewicht, Liebe, Trauer, Freude, Stärke, Gnade und Mitgefühl. Wir vermischen sie mit unserem Wesen, verankern sie in unserem Zellgedächtnis. So verschmilzt unsere innerste Essenz mit der Lebenskraft aller Ebenen irdischen Lebens. Der Ruf unserer Seele erklingt und inspiriert uns, die Samen unserer Vision tief in die Erde zu pflanzen. Unsere intuitive Natur wird lebendig. Unsere psychischen Kanäle öffnen sich. Wir beginnen, Botschaften zu empfangen und entscheiden uns dafür, sie konkret umzusetzen. Auf spiraligem Weg – nach oben und nach innen – kehren wir zur Quelle zurück, weil unser innerer Kompass uns leitet.

VERWURZELT SEIN, UM AUFZUSTEIGEN: UNSER KÖRPER ALS MYSTISCHER KANAL

Loslassen ist wirksamer als Festhalten.
Loslassen wird zu Kraft, führt zur göttlichen Gnade
und in unsere wahre, vereinte Natur.
Loslassen macht weicher, erweitert unser Bewusstsein
und belebt unsere Fähigkeit,
mit beiden Beinen auf der Erde zu stehen,
während wir mit dem Göttlichen sprechen.

Unser Körper ist unser geliebter Tempel. Er bewirkt das Schlagen in unseren Herzkammern und bewirkt die Bestimmung unserer Seele. Er ist das Gefäß, um die Komplexität unseres Geistes zu erfassen, bringt unsere ererbten Anlagen, unsere Sinne und Gefühle zum Ausdruck und manifestiert unsere individuellen Erfahrungen. Die Verflechtung der Energien im menschlichen Organismus lässt unseren Körper wie ein gut gestimmtes Instrument auf jeder Ebene des Schwingungsspektrums musizieren. Dann können wir unser vollständiges Potenzial verwirklichen.

Verwurzelung in der Alchemie der Erde ist energetische Kunst. Sie lenkt das Körperbewusstsein durch die Wirbelsäule nach oben, erweckt das Herz und nährt den Geist. Sich in dieser „inneren Körperkunst“ zu üben, beginnt durch Selbst-Akzeptanz: indem wir unseren Körper in seiner spirituellen Bedeutung anerkennen, ihn spüren und lieben. Umarmen wir unseren gottgegebenen und göttlichen Körper mit unerschütterlicher Kraft und Mitgefühl, schließen wir Frieden mit ihm! Sonst kappen wir die energetischen Liebesbande zu Schönheit, Güte, Stärke und Wahrheit. Es ist unser Geburtsrecht, Liebesarbeit im Tempel des Körpers zu tun. Er soll ein reiner Kanal und das geheiligte Gefäß sein, um Lebenserfahrungen auf allen Ebenen unseres Daseins zu empfangen und unterzubringen.

Schon grundlegendste Daseinsverrichtungen lassen uns eine Fülle von Körper-Geist-Herz-Schwingungen erfahren: Wir jagen und sammeln, wir organisieren und agieren, wir fürchten und ermutigen uns, wir vergessen und erinnern. Wir werden mit den Gebeinen und dem Blut unserer Vorfahren geboren. Wir kommen in unseren Familienkreis mit einer individuellen karmischen Energie, die wir selbst sichten und sortieren müssen. Wir haben unsere Lektionen zu lernen, unsere Gaben zu teilen und unsere Berufung zu leben.

Wir sind aus der Alchemie von Stern und Schlamm entstanden.
Der Sternenstaub in uns lässt uns aufsteigen.
Die Schlammnatur in uns wahrt unsere Demut.
Der demütige Geist erhebt sich. Tanzen wir bewusst mit den
dunklen und hellen Kräften, denen wir jeden Tag begegnen!

Überlebensinstinkte sind nützlich, aber sollten uns nicht dazu verführen, die Lebensangst überhandnehmen zu lassen. Gewiss: Von Natur aus erleben wir Angst, Stress und Unruhe. Dazu kommen die Fesseln von Rassismus, Sexismus, Gewalt und Patriarchat. All das verschwört sich, um das Gefühl von

Verbundenheit, Ruhe und Sicherheit zunichtezumachen. Seit je haben Menschen mit farbiger Haut und indigene Völker unter Diskriminierung zu leiden gehabt. Mittlerweile erlauben sie sich, ihre Rechte und kulturelle Identität zu reklamieren. Sie wollen den gesellschaftlichen Wandel. Sie wollen Sicherheit und Gleichberechtigung. Als weiße Frau und Nachfahrin schottischer, irischer und englischer Siedler auf dem gestohlenen Land der amerikanischen Ureinwohner sehe ich selbst es als essenziellen Teil meiner Arbeit, meinen eigenen unbewussten Rassismus zu erforschen und zu überwinden. Auch erkenne ich es als meine persönliche Verantwortung, meine eigenen Kinder über systemische Gewalt aufzuklären und ihr Engagement für die Gleichberechtigung aller Menschen zu wecken. Meine Rolle als Mutter, Partnerin, Lehrerin, Freundin und Tochter beruft mich dazu, weil ich mich den Rhythmen der Erde verbunden fühle.

Auch du kannst geerdet bleiben, durch tägliche Achtsamkeitspraktiken dein sensitives Instrument fein gestimmt halten und bereit sein, zu empfangen und zu geben und dich für den weltweiten Wandel einsetzen. Es nützt nichts, in Schuldgefühlen zu schwelgen und noch die eigenen Vorfahren zu hassen, weil sie Krieg und Gewalt über andere Menschen gebracht haben. Frieden mit sich selbst zu schließen, bedeutet auch, mit der Geschichte der eigenen Gemeinschaft Frieden zu schließen – nicht, um alles Mögliche zu akzeptieren, sondern um sich für die Wahrheit zu öffnen, dass es nun endlich anders werden muss und kann. Dann wirst du dich sowohl mit Widerstandskraft als auch Mitgefühl engagieren. Genau das ist die Arbeit, die uns die Erde lehrt: anzuerkennen, was ist, zuzuhören, zu lernen, zu vergeben, zu lieben und selbst immer weiter zu wachsen. Wenn wir unseren Kindern beibringen, wie sie bewusst und mit tiefer Ehrfurcht vor Mutter Erde stehen können, dann schaffen wir auch den Raum für dauerhaften Wandel auf diesem Planeten und für all seine Bewohner.

Solange aber unsere Wurzeln von der Erde und auch von unserer Ahnenreihe getrennt bleiben, werden wir uns verloren fühlen, in Unkenntnis unserer wahren Bestimmung, deprimiert, ängstlich und defensiv bleiben. Wir werden anfällig dafür, unser Leben im Halbschlaf zu leben, weil die natürlichen Reaktionskanäle des Körpers verstopft sind. Wir erhören nicht die Signale unserer Intuition, weil die Signalleitungen durchtrennt, die Empfängersignale gestört und die Energieflüsse durchschnitten sind. So achte darauf, dich nicht selbst aufzugeben! Zieh dich nicht zurück, stoß deine Seele nicht ab!

Und wieder beginnt es mit den einfachsten Dingen: Iss nicht zu viel oder zu wenig, beschuldige und verurteile niemand, leiste innere Arbeit an Hass und Furcht. Verbirg deine Geheimnisse nicht, sondern sprich deine Wahrheit aus, wenn es an der Zeit ist. Betäube dich nicht mit Alkohol und Drogen. Denn warum tun Menschen diese Dinge? Damit sie nicht spüren, was wirklich da ist! Und was ist *wirklich* da? Die Alchemisten nannten es *Gold*: Wahrheit und Wachstum von innen her. Das ist auch die Medizin der heutigen Zeit, die Signatur der modernen Mystikerin, der Segen heutiger Erdengel. Es ist der direkte Draht zu unserer Intuition und zur Erweiterung unserer Fähigkeit, uns selbst wirklich zu lieben – bedingungslos. Achte auf die göttlichen Boten, die Omen, die numinosen Ereignisse. Sie kommen aus sehr gutem Grund in unser Leben. Öffne dich, erhöre ihren Ruf!

QUELL DEINER LEBENSKRAFT: DIE ARBEIT MIT MINERALIEN UND PFLANZEN

Alles, was im Netz des Lebens geborgen wird, enthält das exquisite Prana – die Lebenskraft unseres Planeten – und kann als Quell von Heilung und Einsicht dienen. Es kommt nur auf die Perspektive an: Indem du der Erde mit Ehrfurcht begegnest, machst du dich bereit, ihre Lehren anzunehmen. Kann es eine bessere Lebenslehrerin geben als unsere Mutter Erde selbst?

Vergänglichkeit ist ein unabänderliches Merkmal der Existenz. Sogar an den so unerschütterlich wirkenden Steinen sehen wir das. Auch ihr Leben kennt seine Stürme: Erdhitze lässt sie schmelzen und Luft verwittern. Die höchsten Berge sind aus Verwerfungen der Erdkruste entstanden. Selbst Mineralien und Steine sind verkörperte Geschichte und sprechen von ihr. Wenn du ein Fossil findest, in dessen Mitte ein perfekter Stern eingebettet ist, wie könntest du da nicht neugierig werden und sein Geheimnis lüften wollen? Nicht zufällig sammeln Kinder so gern Steine. Sie fühlen noch das Besondere in ihnen, halten sie in Händen, bis sie sich warm anfühlen, und pusten ihre Wünsche hinein. Kinder spüren das Wunder und den Zauber des Universums in einem einzigen Stein! Erlebst auch du auf der Reise durchs Erwachsensein das Wunderbare? Versuche es! Puste deine Gebete in Steine, so viel und so oft du willst. Sprich inbrünstig mit ihnen, und du wirst erfahren, dass sie dir antworten.

Ob auf einem Spaziergang in der Natur oder im Mineralienshop: Wenn du nur still wirst und hinspürst, wirst du deinen ganz besonderen Stein finden. Einen, der sich nährend und unterstützend für dich anfühlt. Oder dir ein Zeichen gibt, sei es symbolisch oder indem du eine körperliche Resonanz spürst. Das gilt auch für Pflanzen. Ihr Duft und ihre Farbe haben Heilkraft. Finde deine Seelenpflanze! Du wirst dich spontan zu ihr hingezogen fühlen. Alles, was die Erde uns schenkt, birgt etwas Energetisches, ist ein Teil der planetarischen Alchemie, die auch dich erdet und kräftigt. Dein Spürsinn ist dein Fenster zur Arbeit mit Steinen und Pflanzen, zu allem, was leibt und lebt und dich auf Seelenebene nährt. Es kann an besondere Erinnerungen rühren – blitzartig die Pforten der Wahrnehmung öffnen oder als leises Flüstern vernehmlich werden. Egal, ob du dich zur Gartenarbeit hingezogen fühlst, ob du Heilkräuter, Blumen oder Steine sammelst: Durch jedes Fundstück nimmst du heilige Erdobjekte an dich. Lege sie auf deinen Altar, um die Macht der Elementarkräfte zu ehren.

Gerade an den schwierigsten Tagen unterstützt uns die Mineral- und Pflanzenwelt. Immer umgibt sie uns mit irdischer Schönheit. Wir müssen uns nur dafür öffnen, und schon können wir damit arbeiten. Erdzentrierte Arbeit bringt auch den inneren Kritiker zum Schweigen. Sie schenkt ein inneres Wissen, das stärker ist als die Angst vor dem Unbekannten, weil es Gegenseitigkeit und Verbundenheit spüren lässt. Einssein mit den planetaren Gaben weckt den Sinn dafür, dass wir alle immer so viel empfangen, wie wir geben, und so viel geben, wie wir empfangen.

Die Blume blüht, damit die Honigbiene sie bestäuben und beide ihre Medizin dem ganzen Garten schenken können. Es ist dieses Einssein von allem, das auch deine Nahrung auf der

Erde wachsen lässt, es ist das, was uns erhält. Der Erdengel in dir wird erwachen, um die Liebe und das Mitgefühl zu teilen, die alles zum Besten wandelt. Es sind die einfachen und universellen Wahrheiten, die dich in Einklang mit einer starken und friedlichen Lebenskraft kommen lassen. Wie die Honigbiene, so lauschst auch du dem Ruf deiner ureigenen Essenz, um deinen Nektar zu sammeln und ihn mit der Welt zu teilen. Wie sie, sammeln, sieben und schenken auch du und deine Mitwelt eine Medizin, die tief im Inneren der Erde wurzelt und etwas ausstrahlt, das alles aufblühen lässt.

So heilst du mit Steinen und Kristallen

Seit Urzeiten arbeiten Menschen mit Mineralien zur Klärung und Transformation von Energie und für das Wohlbefinden von Körper, Geist und Seele. Alles ist Energie: Vom Stoff der Kleidung, die du anhast, über das Metall des Fahrrads, auf dem du sitzt, und auch du selbst bist bis in die letzten Haarspitzen Energie, selbst wenn du deren Schwingungen weder sehen noch hören kannst. Heilkristalle und Heilsteine sind wie Magneten. Sie können Energie abstoßen oder anziehen.

Wenn du beispielsweise einen Heilkristall in der Hand hältst und ihn über deinen Körper bewegst, reagiert der jeweilige Bereich mit einer Energieverschiebung, die du vielleicht sofort spürst, vielleicht aber auch nicht. In jedem Fall wird ein Impuls ausgelöst, der in Übereinstimmung mit der Heilwirkung des Kristalls die Körperschwingung anhebt. Beides – Mineralien und Körper – enthält Siliziumdioxid. Schon deshalb sind wir von Natur aus empfänglich für die Schwingungen der Heilkraft von Mineralien. Die energetische Interaktion mit Steinen und Kristallen erzeugt eine Ladung, die körperlich und/oder mental einwirkt und negative Energie beseitigen kann.

Wenn du müde und gestresst bist, wenn deine Emotionen im Ungleichgewicht sind, dann kannst du mit Kristallen – auch mit rohen Steinen – arbeiten, die man auf der Oberfläche oder im Bauch der Erde findet. Wenn du sie käuflich erwirbst, empfehle ich dir, ethisch einwandfrei abgebaute Exemplare zu kaufen. Wenn du sie selbst sammelst, hole die Erlaubnis der Erde ein. Steine sind Energieleitungen! Sie kanalisieren die speziellen

Eigenschaften der Erdgeschichte, die sie in sich tragen, durch Induktion ihrer besonderen Frequenz auf dich selbst. Es ist so, wie wenn du eine Lichtquelle einschaltest, die an die Steckdose angeschlossen ist. Denn auch wenn ein Heilkristall auf deinen Körper gelegt wird, fließt Energie. Die Vorteile, die sich daraus ergeben, entsprechen den energetischen Eigenschaften des Minerals. Es wirkt eine Art Magnetismus, und dadurch können unausgewogene Energien ausgeleitet werden.

Somit gibt es viele Möglichkeiten, Mineralien zu verwenden, um zu heilen, um sich mit höheren Schwingungsebenen zu verbinden und um wünschenswerte Veränderung jedweder Art zu bewirken. Du kannst sie in deinem Haus oder auf deinem Altar aufstellen, sie am Körper tragen, auf bestimmte Körperteile legen, sie während der Meditation in der Hand halten oder unter deinem Kopfkissen bergen, während du schläfst.

Da Steine und Kristalle Energie anziehen, aufnehmen und abgeben, ist es wichtig, sie sauber zu halten. Verwendest du sie speziell zum Ausleiten negativer Energie, solltest du sie danach immer reinigen. Weiche sie in gesalzenem Wasser ein oder spüle sie mit Meerwasser ab. Bei Vollmond kannst du sie in eine Schale mit diesem Wasser legen, um ihnen eine zusätzliche Energieladung zu verschaffen. Richte deine Absicht stets darauf, ihre heilenden Eigenschaften wieder ins Gleichgewicht zu bringen, damit sie ihre volle Kapazität wiedererlangen können.

Gerade in der heutigen Zeit können Steine und Kristalle höchst effektiv die Heilung von Körper und Seele unterstützen. Indem du deine besonderen Steine und Kristalle bewusst auswählst und ihre natürliche Heilkraft in deinem Leben willkommen heißt, wirst du ganz von selbst beginnen, deine Intuition anzuzapfen. Ebenso wie die Heilung mit Pflanzen, ist auch die Reise in die Heilung mit Mineralien ein aufregendes Abenteuer! Als Bewohner unserer so schnelllebigen, durchtechnisierten Welt haben wir alle einen immensen Bedarf, unsere eigene Frequenz auf die Frequenz der schönsten Geschenke von Mutter Erde anzuheben.

SCHRITT FÜR SCHRITT AUF DEM WEG ZU FREUDE UND SCHÖNHEIT

Der Gesang des Kolibris erweckt die Medizin der Blumen.

Heilende Rituale verleihen dem inneren Leben – deinem spirituellen Leben – eine Bedeutung, die sich nicht in Worte fassen lässt, aber klar und deutlich fühlbar ist: „bis in den Bauch", wie man so schön sagt. Vom Schwerpunkt in deiner Mitte reicht dein Bewusstsein tief hinunter in die Erde und hoch hinauf in himmlische Höhen. Du fühlst dich geerdet, während du aufsteigst, weil die Energie aller Elemente sich in dir vereinigt. Körper, Geist und Seele harmonisch abgestimmt, nimmst du eine pragmatische Haltung gegenüber dem Alltag ein – und erweiterst das Portfolio deiner Handlungsoptionen. Du wirfst deine Träume weit, weit ins Universum hinaus, und sie werden Wirklichkeit, weil du dich für Schönheit und Freude öffnest!

Schon morgens zündest du deine Kerzen an, begrüßest den Tag mit Ehrfurcht, heißest ihn als Wunder willkommen wie einst als Kind und visualisierst, wie du ihn verbringen wirst. So übst du dich in einer spirituellen Intimität, die verletzlich und stark zugleich ist. Das Geheimnis wechselseitiger Resonanz zwischen dem üblichen Alltag und deinem wahren Potenzial erschließt sich. Du kannst entscheiden, was, wie, wo und wann du etwas erschaffst! Du kannst wählen, mit wem du deine intimsten, heiligsten Momente teilen willst. Du stehst in seelenvoller Beziehung zur Natur. Immer wieder aufs Neue findest du heraus, was das Göttliche für dich bedeutet, weil es deine Seele anrührt und dir immer wieder den Mut schenkt, weiterzumachen. Und dich stets wieder erhebt, wenn du zu Asche zerfallen warst! Von meditativer Stille bis hin zu überwältigenden Offenbarungen – jeder dieser besonderen Momente, ob still oder aufrüttelnd, führt dich in deine ureigene Seelenkammer.

Frage dich: Wie kann ich bewusste Rituale in meinen Alltag einbauen? Genau dies wird jetzt zu deiner Absicht und zur bewussten Arbeit. Dann schaffst du es auch, dich nicht immer nur mit der Entwirrung leidiger Alltagsdramen zu befassen. Du findest Rat durch Nutzung deiner intuitiven Empfangskanäle. Endlich wirst du die Liebesmystikerin, die du sein willst – und eigentlich immer schon gewesen bist. Bete an, was die Geistige Welt dir an Potenzial in die irdische Existenz mitgegeben hat! Dann trittst du ins Feld deiner ureigenen Wahrheit und Heilung ein und inspirierst deine Mitwelt, das Gleiche zu tun!

So komm jetzt wieder zu etwas ganz, ganz Einfachem: einem schlichten, ehrlichen und aufbauenden Gespräch mit dir selbst, ob unter der Dusche oder während du deinen Morgenkaffee schlürfst. Vielleicht auch auf dem Weg zur Arbeit. Es könnte so lauten:

Lieber Verstand, ich sehe dich, ich höre dich, ich fühle dich.
Lass mich erkennen, was mein ist und was nicht. Erlaube mir,
hemmende Glaubenssätze abzulegen wie kostbare Reliquien,
um bereit zu werden zur Transformation in den nächsten Zyklus.
Ich will dich mit der Güte, Schönheit und Wahrheit nähren,
die überall um mich herum leben und wirken. Führe mich
in den heiligen Tempel, wo Verstand zu Geist wird,
damit ich mich genährt, geliebt und geheilt fühlen kann.

Immer wenn du offenen Herzens Rat und Hilfe in deinem inneren Tempel suchst, findet zwischen dir und dem Heiligen ein Gespräch mit offenem Ausgang statt. Wer mit sich selbst in Liebe spricht, in Ehrerbietung gegenüber dem inneren Prozess, kommt wahrhaft zu Leben: sei es durch Gebet, Meditation, Achtsamkeit, bewusste Bewegung, kreatives Tun oder Beziehungspflege. Öffne die Türen deines Tempels! Sorge für deine Seele, wie du für deinen Lieblingsmenschen sorgst! Lade Gäste ein – auch Tiere, Freunde, Kinder und Ahnen seien willkommen. Lass sie alle an deinem zeremoniellen Feuer Platz nehmen. Wärmt gemeinsam eure Herzen, sonnt euch in der göttlichen Gnade. Dies ist ein einfacher und doch so wesentlicher Schritt, um eine vorbestimmte Lebensaufgabe zur praktischen Lebenserfahrung zu machen und sich mit der Seelenaufgabe in Einklang zu bringen. Es ist das, was wirkliche, nachhaltige Freude und Schönheit ins Leben bringt!

Wenn wir unsere hingebungsvollen Praktiken ins tägliche Dasein flechten – und nicht nur dann, wenn wir uns in einer Krise befinden! –, werden wir wie zu einem Gefäß, das mystische Führung aufnimmt und in sich birgt. Unser Erfahrungsspektrum wird weit, fruchtbar und so reichhaltig, sodass Körper und Seele verschmelzen und unser Selbst einig und frei wird. Der dunkle Brunnen der Unruhe, der Müdigkeit, des Zweifels und der Angst, aus dem wir unbewusst schöpften – endlich fällt er trocken. Unsere weiblichen und männlichen Energien vermischen sich mit den Kräften von Licht und Dunkelheit. Eins fängt das andere auf in göttlicher Umarmung.

Einheitsbewusstsein fühlt sich fließend an wie Wasser, fruchtbar wie die Erde, strahlend wie heiße Glut, weit wie der blaue Himmel und kosmisch wie die ätherische Energie, die den Geist des Lebens in allem wirken lässt. So wie der Gesang des Kolibris die Medizin in den Blumen erweckt, so erlaubt es unsere innige Bereitschaft, unser Leben mit einer zielgerichteten, sinnvollen und bewussten Absicht zu führen. Tägliche Rituale binden uns an die Erde. Durch die Erde spüren wir, wie die Hingabe eines spirituellen Lebens auf jedem unserer Schritte Schönheit und Freude schafft. Und nicht nur unsere eigene persönliche Entwicklung wird inspiriert – sie erweckt auch in anderen den Wunsch, das Gleiche zu tun.

FÜHRUNG AUS DER GEISTIGEN WELT: VERBUNDENSEIN MIT DEN AHNEN

Mögen wir die Vergangenheit heilen und die Gegenwart –
zum Wohl der Kinder.
Mögen wir selbst gute Ahnen werden!
Was können wir tun, um unseren Nachfahren zu nützen?

Was gilt es zu vermeiden, weil es ihnen schaden würde?

Was sind wir tatsächlich bereit, jetzt für sie zu tun?

Manche glauben, dass wir Menschen uns von kosmischer Ebene her unsere Eltern selbst aussuchen. Andere, dass die Eltern uns erwählen, weil der Zeugungsakt ein zutiefst spiritueller Vorgang ist. Was immer du selbst glaubst: Auf der Seelenebene wurde ein heiliger Vertrag zwischen dir und deiner Herkunftsfamilie geschlossen. Auch wenn du nicht verstehst, *warum* du gerade in diese Familie hineingeboren wurdest, musst du doch verstehen lernen, *wozu*. Das ist schlicht und ergreifend ein Teil deiner Lebensaufgabe. Indem du deiner Intuition zu lauschen lernst, wirst du auch verstehen, weshalb du auf die Erde gekommen bist und in welcher heilenden Beziehung du zu deiner Herkunftsfamilie stehst.

Sich mit Familiengeschichte zu befassen, heißt, das alchemistische Gold der Ahnen zu schürfen. Deren persönliche Geschichte, die Traditionen, die sie gepflegt, der Glaube, den sie praktiziert haben, und ja, auch die Kriege, die sie führten, sowie die Plagen, die sie ertrugen – eben alle Meilensteine, auch die Traumata –, gehören dazu. Es ist hochwichtig, zu erforschen, wer unsere Vorfahren waren und zu beginnen, sie zu ehren, damit die karmische Verbindung mit ihnen geheilt werden kann.

Warum ist das so wertvoll? Weil Verbundenheit zu Mitgefühl und Vergebung führt und endlich Frieden schließen lässt. Krieg, Gewalt, Hass, Rassismus, Sexismus und Patriarchat gehören unleugbar zur Geschichte der menschlichen Gemeinschaft. Doch so manche aus heutiger Sicht fragwürdige Entscheidungen unserer Vorfahren beruhten schlicht auf Überlebenswillen, weil sie aus verdrängter oder bewusster Not getroffen wurden. Genau das gilt es zu verstehen – und zu verzeihen. Um es selbst besser zu machen! Unser heutiges Bewusstsein ist anders, wir können Lehren aus Fehlern der Vergangenheit ziehen und eine bessere Wahl treffen, indem wir mit Vorurteilen aufräumen, bis hin zu unbewusstem Rassismus. Indem wir unsere Gegenwart verbessern, heilen wir auch die Vergangenheit.

Die Welt, in der wir heute leben, ist anders als jene, in die unsere Vorfahren geboren wurden. Ja, sie ist sogar anders als die Welt, die wir selbst betraten. Um den Schmerz und die Ungerechtigkeit, die unsere Vorfahren ertragen mussten, auch den Schmerz und die Ungerechtigkeit, die sie anderen zufügten, zu heilen, kannst du das folgende Gebet in deine Morgenmeditation einflechten: „Ich stamme von Menschen ab, die im Grunde gut waren. Möge ich daran arbeiten, dass mein Herz und mein Geist verstehen, was es heißt, selbst ein guter Vorfahre zu sein.“ Heiße diese Affirmation bis ins Mark deiner Knochen willkommen! Erwärme dein Herz mit der Wärme der Sonne. Öffne dein Energiefeld, um mit deinen Ahnen zu kommunizieren und selbst ihre stärksten, liebevollsten und weisesten Eigenschaften weiterzutragen.

In dem Maß, wie sich das Bewusstsein unserer Zeit wandelt, um innerer und äußerer Freiheit Raum zu geben, berechtigen wir uns selbst dazu, auch um jene Ereignisse zu weinen, die unsere Vorfahren ertragen mussten: um ihre gebrochenen Herzen, um die Spuren ihrer Tränen, und ja, auch um die negative Energie, die sie verführte, das Land anderer rauben und seine Bewohner von der Erde tilgen zu wollen. In unseren Meditationen und Visualisierungen können wir mit ihnen sprechen. Sie kommen zu uns, vielleicht auch als ein starkes, unabweisbares Gefühl in schlafloser Nacht. Wie auch immer. Stets können wir sie dann ehren und liebevoll anerkennen, was sie uns Gutes getan haben. Vergebung ist das Brot, mit dem wir ihre hungrigen Geister erlösen. Und uns selbst. Auch wir erlösen uns damit von Schmerz und Trauma und lassen uns von Güte und Weisheit erfüllen.

Löse deinen Geist von den Widerhaken der Toxizität.
Füttere keine hungrigen Geister mehr.
Steige über die Wolken.
Spüre dem Entwicklungsversprechen nach,
mit dem du in deine Familie geboren wurdest.
Das sterngeküsste Netz des Lebens
erwartet irgendwann auch deine eigene Rückkehr.

Indem wir die lebensbejahenden Qualitäten unserer Vorfahren in unser eigenes Leben verweben – ihre Stärke, ihre Weisheit und ihren guten Charakter –, erkennen wir in voller Klarheit, welche toxischen Muster unsere Gesellschaft ablegen sollte: Sucht, Gier, Depressivität und Gewalt. Indem wir unsere Familiengeschichte als das benennen, was sie ist, bringen wir naturgemäß manche Unwahrheit ans Licht. Jede Aufdeckung verdrängter Wahrheiten stärkt deine Freiheit zu verantwortungsvoller Entscheidung.

Auch das ist Arbeit mit dem Element Erde, weil wir uns auf unsere tieferen Wurzeln besinnen. Wir ermächtigen uns, toxische Zyklen zu beenden, die unsere Familien seelisch vergiftet haben. Möglicherweise generationenlang! Und dann entscheiden wir uns dafür, unser eigenes Leben in Freiheit und Verantwortung zu leben.

Innere Arbeit mit und für die Ahnen lohnt sich also immer und für uns alle. Dank ihrer Unterstützung und Führung werden wir zu Trägern eines Wissens, das nur durch die Geistige Welt zu erlangen ist. Wir romantisieren nicht länger irgendwelche Illusionen, mit denen wir aufwuchsen, oder wähnen uns durch unsere Blase geschützt, sondern beginnen zu sehen, zu spüren und zu verstehen, wie wir selbst zum Kanal für den planetaren Wandel werden können.

Denn ist es nicht ein Privileg, in dieser Zeit zu leben? Unsere Vorfahren verfügten weder über die Erkenntnis noch über die Freiheit, die wir genießen dürfen. In unserem Teil der Welt muss niemand mehr dazu beitragen, angestammte Muster einer toxischen Mentalität zu verewigen. Niemand wird gezwungen, sich nach vorn zu drängen, zu dominieren und zu kontrollieren, immer noch mehr Geld zu verdienen und bedenkenlos zu konsumieren. Wer aber selbst noch die sozialen Konstrukte nährt, die wir doch verändern wollen, der tut das letztlich auch freiwillig und trägt zu niederen Schwingungsparadigmen bei.

Das globale Bewusstsein entwickelt sich weiter, wenn auch begleitet von Krisen. Wir haben die Wahl, zum Wandel zu erwachen! Viel Arbeit liegt noch vor uns – die Reise des Erkennens, Verarbeitens und Befreiens ist Seelenarbeit.

So öffne dein Körper-Herz-Geist-Feld, um nicht nur in der unsichtbaren Welt zu geben und zu empfangen, sondern auch in der sichtbaren, hiesigen. Öffne dein Bewusstsein für die Botschaft deiner Ahnen! Schließe Frieden mit ihrem Seelenweg. Dann wirst du deine Fähigkeit stärken, dich sowohl in dein Licht als auch in deinen Schatten zu verlieben – beide Seiten gehören zur Ganzheit, die du bist!

DAS GEHEIMNIS VON ARBEIT UND MÜHELOSIGKEIT

Zwischen der Anstrengung, die wir in unser Leben stecken, und der Leichtigkeit, die wir durch uns hindurchströmen lassen, existiert ein heiliger Raum für Kraft und Hingabe. Doch um ihre Wünsche zu erfüllen, verzichten viele heute nur zu leicht auf Anmut, Mühelosigkeit und innere Weitung. Anstrengung und Leichtigkeit sollten und können in symbiotischer

Beziehung stehen, um Nahrung für die Seele zu liefern, sodass wir in die Fülle unserer Gaben kommen. Lass dich auf die folgenden wichtigen Fragen ein: „Was nährt mich auf einer tieferen Seelenebene?“ und „Wie kann ich genau das in meinen Alltag einbetten?“

Zeit in der Natur zu verbringen, kann bei der Beantwortung helfen. Es ist ohnehin sehr wohltuend, und wir sollten öfter darauf zurückgreifen. Seien wir ehrlich: Wir könnten es öfter, als wir denken – auch ohne vorher immer Hindernisse ausräumen zu müssen. Was ist leichter für unsere eigene Natur, als die Weisheit der Natur in uns einströmen zu lassen? Sie hält tiefgründige Lektionen in Schöpfung und Manifestierung, in zyklischer Entwicklung und Wachstum, in Widerstandsfähigkeit und Einfallsreichtum bereit. Indem wir es zur lieben Gewohnheit machen, von der Natur berührt zu werden, weitet sich unser innerer Raum und die Intuition wird fruchtbar. Wenn du das nächste Mal mit Angst oder Herausforderungen konfrontiert wirst, denke nur an das winzige Pflänzchen, das sich aus der engen Felsspalte eines Berghangs schiebt und zu einem gesunden, starken Baum heranwächst. So können auch wir mit den Kräften von Anstrengung und Mühelosigkeit tanzen! Und wisse: Sobald wir zu sehr in die eine oder andere Richtung drängen, wird uns das Universum auf irgendeine Weise daran erinnern, dass es einen besseren Weg gibt: indem wir unsere Vision mit Sinn und Verstand ins Leben pflanzen und sie dort Wurzeln schlagen lassen, wo das Ziel selbst unter den schwierigsten Bedingungen erreichbar wird.

Immer ist es angebracht, mit der Angst zu arbeiten. Um sich für die Weite zu öffnen, statt an einer momentanen Enge zu leiden, erden wir uns und üben uns in Achtsamkeit. So verschaffst du dir die Möglichkeit, deinen Lebensweg mit Freude und Liebe zu gehen. Du lauschst der Natur und stimmst dich auf die Fülle der Erde ein, nimmst Inspiration und Kraft auf durch deine physischen, emotionalen, mentalen und geistigen Kanäle. Aufschluss und Rat erhältst du auch durch die alten mystischen Lehren, weil sie die tiefere menschliche Natur berühren. Durch all dies lernst du, befreiter zu leben, das Wunder des Universums zu empfinden und in die Tiefen deiner Ahnen- und Karmaheilung einzutauchen.

Das Flüstern des Rufs von Mutter Erde inspiriert uns Menschen, jeden Zyklus und jede Phase unseres Lebens rückhaltlos und liebevoll zu umarmen. Erlaube dir, dies auch zu *fühlen*, und du wirst vorurteilslos und ohne Angst vor dem Unbekannten nach draußen gehen können. Hingabe siegt über den inneren Kritiker. Du dringst durch bis zum Quell deiner wahren Sehnsucht und lässt deine Wünsche in die Welt hinausströmen, sodass die Bestimmung deiner Seele sich vor deinen Augen entfaltet.

Uns alle ruft die göttlich-weibliche Mystik: Die schöpferischen, nährenden Arme und der fruchtbare Bauch der Erde umhüllen uns und rufen die Erinnerung an unsere eigene Göttlichkeit wach. Mutter Erde wird uns an ihr weiches Herz drücken, und gerade dann, wenn es blutet. Sie wird unsere Gebete erhören und uns zeigen, dass sich die Dinge zu gegebener Zeit schon ändern werden. Kehre zurück zu dieser reinen Quelle der Fruchtbarkeit, tief in der Dunkelheit des reichen Bodens der Erde. Nimm diese Erfahrung in dein Herz auf, wenn sie zu dir kommt. Es wird dich zur Ruhe kommen lassen, damit du dich erholen und deine Träume proaktiv verwirklichen kannst. Deine Seele wird erblühen! Und das unterstützt auch die planetare Evolution. Du tust dies für deine Mutter, deine Großmutter, deine Urgroßmutter – und für Mutter Erde. Wie das Mondlicht wechselt auch dein femininer Zyklus alle 29,5 Tage vom Dunkel ins Strahlen. Das Göttlich-Weibliche erneuert sich beständig, es ist stark, geheimnisvoll und entwickelt sich immer weiter. Die innere Göttin lehrt uns, ihre Weisheit anzunehmen und nicht länger zu zweifeln, zu fürchten, gefallen zu wollen und sich unnötig zu sorgen.

Und unser göttliches Maskulinum? Wie die Sonne weiß auch es instinktiv, wie man absichtlich gibt, ohne eine Gegenleistung zu verlangen. Es brennt hell und inspiriert strahlendes Wachstum in uns und um uns herum. So rufen wir das Gute in unserem Vater, Großvater und Urgroßvater hervor. Wir öffnen unseren Herz-Geist-Körper als Kanal für das göttliche Maskulinum, das auch durch uns kommt. Die Stärke und Güte unserer männlichen Vorfahren lehrt uns, eigene Entschlusskraft und innere Stärke zu aktivieren. Trage dein Herz auf der Zunge, bring deine Hingabe zum Ausdruck, um die Welt positiv zu verändern! Inspiriert von der Sonne, arbeitest du mit der Kraft des Lichts, um deine Vision zu manifestieren und die Erde zu erhalten.

Lass dich also mit Kraft und Anmut zugleich auf alles ein, was dich beflügelt. Auch und gerade dann, wenn du Angst hast zu versagen. Kümmere dich um deine Träume, als wären sie Samen, die besonderer Fürsorge bedürfen, weil sie auf felsigem Gipfel gepflanzt werden. Deine Traumsamen in bewusster Absicht in deine innere Erde zu pflanzen, ist der erste Schritt zu ihrer Manifestation im täglichen Leben. Erhöre die Botschaften, die dabei zu dir kommen, indem du dich mit dem Gefühl verbindest, das du hast, wenn du deinen schönsten Traum träumst. Und wenn sich der innere Kritiker einmischt und den Traum zu sabotieren sucht, indem er ihn herabsetzt, dann verurteile dich nicht dafür. Beobachte es einfach und frage dich selbst: Was ist der Preis, wenn ich meinen Traum *nicht* verfolge?

Dies wird dein Heilungsprozess hin zu radikaler Selbstliebe! Zur Rückforderung deines Rechts, hier zu sein und die Träume, die du in die Welt bringst, auch tatsächlich zu leben. Halte dir kristallklar vor Augen, was dich nährt und was nicht. Und handle von diesem Punkt aus! Wir Menschen sind komplexe Wesen, und die Welt ist es umso mehr. Wende dich an die Natur, um Kraft zu schöpfen. Sie wird dich immer wieder nach Hause führen. Singe, bete, schreibe, tanze, begegne dem Künstler, der Mutter und dem Vater in dir. Führe mit allen ein intimes und offenes Gespräch, das dich zu einer tieferen Beziehung zu dir selbst und zur Erde führt. Schreibe Liebesbriefe an die Erde und lass durch dich hindurchströmen, was du in der Welt sehen und was du selbst sein möchtest.

Heute lasse ich mich auf den Tanz mit meiner Sanftheit und meiner Stärke ein. In deinem weichen Bauch wurzelnd, süße Mutter, beabsichtige ich, dir zu dienen und ein mächtiger Liebeskanal zu sein, um dein fein gesponnenes Netz des Lebens zu nähren. Zu wurzeln im Guten, in der Wahrheit und in der Schönheit, die du mir täglich vor Augen führst. Meine eigenen Gaben verkörpern sich, indem ich die reichen Gaben des Universums für alle Wesen erkenne und anerkenne und mit ihnen im Geiste der Verbundenheit und gegenseitiger Unterstützung sowie mit dir, heilige Mutter, und mit meinem innersten Selbst lebe.

Kommt zu mir in der Traumzeit, ihr guten Ahnen und geistigen Führer!
Erinnert mich daran, ein Erdengel
und Fürsprecher des Lebens zu sein! Wascht mich rein von meinem Mangel,
meinen Ängsten, meinen Sorgen! Erinnert mich
an meine Wahrheit, meine Bestimmung, meine Gaben!

Ich durchquere alle Ebenen durch die Zyklen
von Geburt-Tod-Wiedergeburt. Und wenn die Zeit reif ist, pflanze ich
die Samen der Vision, die meine persönliche Umkehr
und Weiterentwicklung ermöglichen.
Ich höre zu! Ich bin wach!

Kommt und unterstützt mich, ihr Führer, ihr Ahnen,
ihr tierischen, mineralischen und pflanzlichen Boten.
Erinnert mich an euer Vermächtnis. Inspiriert mich,
die Berufung meiner Seele mit Freude, Leichtigkeit,
Anmut und unwiderstehlicher Kraft zu erschließen –
so wild und harmonisch wie du selbst, du heilige Mutter Natur,
du gesegnete Erde.

Zeichen, Symbole, Klänge, Gerüche, Geschmäcker, Berührungen:
Ich verschmelze mit euren Liedern. Sich verwurzeln und sich erheben
im fein gesponnenen Geflecht der Alchemie des Lebens.
Ich bin bei dir, liebe Mutter, ich bin bei dir.

Rituale für Erdung und Fülle

Wir vertiefen unsere Beziehung zu Mutter Erde durch Erdungspraktiken, tägliche Dankbarkeitsübung und geführte Visualisierung. Wir wandeln Angst in Fülle, verbinden uns mit den Ahnen, um Führung zu erhalten, und erkennen den Geist der Erde als universellen Heilbalsam.

1. Tägliche Dankbarkeitsübung

Praxis

Am besten gleich am Morgen.

1. Zünde eine Kerze an und sitze in Stille. Stimme dich auf den Atem ein, ehre den Körper als deinen Tempel und rufe drei Dankbarkeiten auf.
2. Übe dich in konkreter Vorstellung, wie du durch diesen Tag gehen willst.
3. Rufe ein persönliches Symbol, ein Wort der Kraft, ein Element oder etwas Inspirierendes auf, das dich durch den Tag trägt. Zum Beispiel:

„Ich bin so geerdet wie ein Urwaldbaum.
Meine Wurzeln sind tief und fest, meine Krone schrankenlos weit.
Heute entscheide ich mich dafür, mich wieder mit der Liebe,
der Freude und der Freiheit zu verbinden,
die mein Geburtsrecht sind."

2. Zirkulärer Atem: Den Körper für die Erdung erwecken

1. Suche dir einen bequemen Platz auf dem Boden oder auf einem Stuhl.
2. Fasse die Absicht, Freude zu entfachen, dich tief zu erden und komplett loszulassen.
3. Atme sechs- bis zwölfmal tief durch die Nase ein und seufze durch den Mund aus. Stimme dich auf den Körper als einen Kanal von Anmut und Leichtigkeit ein. Lass alles los.
4. Atme zwei Minuten lang die Essenz der Freude in dein Nabelzentrum ein. Atme aus, um deine Wurzeln in der Erde zu verankern.
5. Stell dir vor, wie die Energie der Freude, der Schönheit, der Anmut und des Mitgefühls deine Seele beim Einatmen erfüllt,

und beim Ausatmen, dass du im Kern deines Wesens genährt und verjüngt wirst.

6 Richte dein Bewusstsein auf die vier Ecken des Zimmers aus oder, wenn du draußen bist, auf die vier Himmelsrichtungen. Stell dir diese Richtungen als Säulen von geerdeter Ausstrahlung und Vitalität vor. Gib dieser Energie eine Farbe.

7 Heiße diese farbenfrohe Energie in deinem Bewusstsein willkommen und stell dir vor, wie du durch jede Säule strahlende Lebenskraft in deine Wirbelsäule ziehst. Lass zu, dass die Kraft sich in und zwischen die Wirbel einwebt und dort aufgenommen wird. Erlaube dieser reinen Energie, zur Erde zu fließen, um sie zu heilen. Dann erlaube, dass sie in dein Herz, in deinen Verstand und bis zu den Sternen hin aufsteigt, um dich mit den geistigen Reichen zu verbinden.

8 Visualisiere nun die Form einer Kugel um dich herum. Spüre die Sicherheit in ihrer schützenden Schicht, und stell dir vor, wie dein Atem beim Einatmen die Wirbelsäule von der Basis bis hoch zum Scheitel wandert. Beim Ausatmen stell dir vor, wie sich der Atem in umgekehrter Richtung bewegt: vom Kopf über die Mittellinie des Körpers bis hinunter zum Schambein.

9 Lenke den Atem zum Rücken, um eine tragende Verbindung zu deiner Abstammung herzustellen – genetisch wie karmisch. Deine Seelenfamilie unterstützt dich! Beim Ausatmen stimmst du dich auf die einzigartige, unverwechselbare Essenz in deinem Selbst ein, lässt sie hell leuchten und lädst sie mit deiner guten Energie auf.

3. Mein heiliger Sitzplatz

Suche dir einen Platz in der Natur, an dem du regelmäßig meditieren kannst. Falls du keinen Zugang zur freien Natur hast, schaffe dir einen Platz zu Hause. Verpflichte dich, einmal pro Woche für mindestens zehn bis 20 Minuten an diesem heiligen Ort zu sitzen.

1 Leg dein Telefon weg.

2 Setze deine Absicht darauf, deinen Energiekörper zu revitalisieren.

3 Betrachte (gegebenenfalls innerlich) die Schönheit der Natur. Werde eins mit den Elementen und der Jahreszeit. Nimm die Farben, die Formen und die Schönheit um dich herum wahr. Danke für das Geschenk des Lebens. Danke deinem Körper für seine Fähigkeit, dir zu atmen zu erlauben, zu lieben und dich auszudrücken. Nimm diese Geschenke rückhaltlos an. Lass alle störenden Gedanken los und begrüße die Schönheit des Hier und Jetzt. Dies ist ein sehr tief reichender Reset!

Jedes Mal, wenn du in diesen inneren Raum zurückkehrst, wähle drei Dinge, die du loslässt, und drei Dinge, die du einlädst. So wird sichergestellt, dass du mit dem Prozess deiner Erdung rückhaltlos einverstanden bist, weil du mit deinem innersten Selbst in Einklang bleibst.

4. Quarzkristall-Visualisierung: Die Verbindung von der Erde zu den geistigen Reichen herstellen

1 Suche dir einen ruhigen Ort, an dem du dich im Sitzen oder Liegen entspannen kannst.
2 Beginne damit, den Körper zu entspannen und den Atem bewusst zu aktivieren. Atme aus dem Mund aus, um überschüssige Spannungen und Stress abzubauen.
3 Fasse die Absicht, ein gewünschtes Ergebnis herbeizurufen. Zum Beispiel:

„Ich bin ein Kanal für die Fülle. Ich gebe jedem Rest von Angst die Erlaubnis, jetzt meinen Körper zu verlassen.
Ich bin auf der Seelenebene genährt und erde mich in meiner wahren Natur. Meine göttliche Essenz wurzelt in der Erde und erhebt sich zum Himmel."

4 Stell dir eine ruhige, reizarme Landschaft mit einem sehr großen, völlig klaren Quarzkristall vor.
5 Stell dir vor, dass du jetzt im Inneren des Quarzkristalls sitzt. Dies ist deine Heilkammer. Heiße die Energie dieses geistigen

Steins willkommen. Erlaube deinem Körper, seine heilende Energie zu empfangen, damit du dein Bewusstsein erweiterst und Einsichten aus den geistigen Reichen erhältst. Heiße die Heilung des Kristalls im Innersten deines Wesens willkommen.

6 Bringe nun dein Bewusstsein an die Basis deiner Wirbelsäule und fühle die Verbindung zwischen ihrer Basis und dem Kristall. Und geh noch weiter: Schicke deine Wurzeln durch den Kristall hinunter in die Erde. Heiße dort die Kraft deiner tief verankerten Erdessenz willkommen. Wie sehen ihre Wurzeln aus? Kannst du deren Textur erkennen?

7 Verlangsame den Atem, indem du beim Einatmen und beim Ausatmen jeweils bis sechs zählst. Werde dir deines vorderen, hinteren und seitlichen Körpers sowie des Raumes unter und über dir bewusst.

8 Sieh dich im Inneren des Heilkristalls um. Kannst du irgendwelche Farben spüren, fühlen oder sehen, die von ihm ausgehen? Kannst du die Farben des Regenbogens im Inneren des Kristalls spüren und sie willkommen heißen, um deinen Energiekörper zu klären und zu reinigen?

Rot: An der Basis der Wirbelsäule. Für Erdung und Loslassen von Angst.

Orange: In Beckenschale, Unterleib und unterem Rücken. Für Kreativität, emotionale Intelligenz und die Erzeugung von Fülle.

Gelb: Im Solarplexus. Für innere Kraft.

Grün: In Herz und Lunge. Für bedingungslose Liebe, Mitgefühl und Vergebung.

Blau: In deiner Kehle. Um auszusprechen, was du für wahr und richtig hältst. Um zuzuhören und Unwahrheiten zu erkennen.

Indigo: Im dritten Auge. Zur Erweckung der Intuition.

Violett oder weiß: Am Scheitel. Für die Verbindung zu deiner mitfühlenden und helfenden geistigen Führung. Für die Kanalisierung spiritueller Energien und Vertrauen ins göttliche Timing.

9 Rufe deine Absicht zur Erzeugung von Fülle, für Erdung und die Befreiung von Angst hervor. Bitte um Führung und Unterstützung durch alle Geister, Elemente, Pflanzen, Tiere und mineralischen Verbündeten.

10 Gibt es ein sich wiederholendes Symbol, ein aufblitzendes Muster, den Umriss einer unterstützenden Energie? Was es auch sei – heiße es willkommen!

11 Kehre zurück zu deinem Atem. Lass die untere Hälfte deines Körpers zur Erde hin los und erhebe den Oberkörper gen Himmel. Richte deine Aufmerksamkeit aufs Nabelzentrum und heiße alle Symbole, Muster, Bilder oder positiven Affirmationen willkommen, die durchkommen.

5. Meditation: Angst in Fülle wandeln

Du kannst dies drinnen oder draußen üben. Formuliere deine Absicht so klar wie möglich und trage sie in dein Tagebuch ein. Zum Beispiel:

„Ich erwecke Fülle auf allen Ebenen.
Ich lasse jede Angst vor Mangel und Knappheit los.
Ich bin tief und ohne Zweifel in der Quelle meiner göttlichen Essenz verwurzelt."

Errichtung eines Erdaltars

1 Sammle etwas natürlich Gewachsenes, um dich mit der gegebenen Jahreszeit zu verbinden – etwa Blätter, Blüten oder Zweige, die zu Boden gefallen sind, oder auf der Erde liegende Steine. Willst du lieber etwas Lebendiges benutzen, dann prüfe das davon ausgehende energetische Gefühl: Wird es dich unterstützen oder nicht? Folge deinem Instinkt! Es geht um eine kreative, bewusste und heilende Erfahrung.

2 Fühl dich vollkommen frei darin, wie und wo du deinen Erdaltar errichtest. Feste Regeln gibt es dafür nicht. Platziere deine Objekte so, dass alles sich gut anfühlt. Du kannst unter allen erdverbundenen Formen, Farben, Texturen und Strukturen wählen. Du erschaffst ein Kunstwerk der Erde! Habe Ehrfurcht vor Mutter Erde und bewahre ihre raue, wilde Schönheit in dir selbst, während du arbeitest.

3 Wenn es sich heilsam anfühlt, kannst du auch deine Beziehung zu allen Ängsten, Zweifeln und Stressoren darstellen, die dich beschäftigen. Je mehr du ihre Energien verarbeitest, statt sie zu verdrängen, desto besser.

4 Wie kannst du deine persönlichen Beziehungen darstellen (Partner, Kinder, Haustiere, Herkunftsfamilie, Freunde) – auch deine Beziehung zu dir selbst und zu deinem Lebensweg?

5 Wo kannst du Samen für Fülle pflanzen? Für die Befreiung von Mustern, die dich begrenzen und zurückhalten?

6 Kannst du deine Beziehung zu deiner helfenden geistigen Führung und zur Geistigen Welt darstellen? Bring dein ganzes Selbst in diesen kreativen Prozess ein. Lege die Hände auf deinen Erdaltar und beginne, den Atem zu verlangsamen. Spüre deinen Körper als eine Leitung reichhaltigster Energie. Lausche auf Worte, die dir Rat und Hilfe geben wollen, und bleibe offen für sich wiederholende innere Zeichen, ob Lichtblitze oder Laute, Bilder oder Symbole. Intuition kann auf vielen Kanälen durchkommen!

Meditation

1 Verbinde dich mit deiner Wirbelsäule und nimm einige tiefe Atemzüge, um auch die Verbindung zur Erde herzustellen. Stell dir nun vom Nabel bis zum Steißbein Wurzeln oder eine „Erdungsschnur" vor, die bis tief in die Erde reichen. Heiße das Gefühl der Schwere willkommen, um fest und unerschütterlich dazusitzen.

2 Nimm den Raum um dich herum wahr, und lade alle Richtungen ein, um dich zu erden und einen heiligen inneren Raum zu errichten. Heiße den Osten willkommen – danke dafür, dass du wie die Sonne aufsteigen kannst, um dein neues Leben zu erschaffen. Heiße den Süden willkommen – das Element des Feuers und deine Fähigkeit, alle Energien so zu transformieren, dass sie dein Feld kräftigen. Heiße den Westen willkommen – danke dem Element Wasser für den Flow, der dir Reinigung und geistige Befruchtung schenkt. Ehre die untergehende Sonne und den sternklaren Nachthimmel sowie das Mysterium und Unbekannte der Traumzeit. Heiße den Norden willkom-

men – die Erde unter dir und um dich herum, diesen immensen Generator der Fülle, die exquisite Schönheit ihrer Wälder, Gärten, Berggipfel, Felder und Täler. Heiße das Element Äther willkommen – eine Lichtquelle, die in deinem Nabelzentrum ihr Nest bereitet und dich mit der klaren und reinen Quellenergie verbindet, die alle Elemente miteinander verwebt.

3 Lass jetzt alle Richtungen und Elemente in deiner Wirbelsäule miteinander verschmelzen und visualisiere, wie der gesamte Körper von ihnen belebt wird. Lass all diese kraftvollen Energien herein und integriere sie, indem du deinen Atem beruhigst.

4 Visualisiere nun das Aufsteigen der Energie in deiner Wirbelsäule vom Nabel über den Scheitel in Richtung Sonne, Mond und Sterne.

5 Erlaube deinem innersten Wesen, diese reichhaltige elementare Energie zu empfangen.

6 Visualisiere einen blauen Kokon aus Energie um deinen ganzen Körper herum. Der Kokon hat eine bestimmte Form, bleibt aber fließend und beweglich. Er setzt schützende Grenzen, ohne dich von der Verbindung zur physischen und spirituellen Welt abzuschneiden. Öffne dich vollständig, um der tiefgreifenden energetischen Rekalibrierung durch diese Übung nachzuspüren.

Spiritueller Brief an die Erde

Schreibe einen Brief an die Erde. Lass alle Hemmungen gehen und empfange die Heilung einer unwiderstehlichen spirituellen Rekalibrierung. Im Folgenden ein Vorschlag. Oder improvisiere, während du betest und segnest.

Liebe Schöpferin/Erdenmutter,
heute, da du mich in deinem heiligen Schoß birgst, bin ich erschüttert von deiner überwältigenden und doch so unendlich feinen Schönheit. Ich fühle zutiefst, dass ich auch hier bin, um dir die Heilung zu bringen, derer du bedarfst, und ich verpflichte mich, deine Fürsprecherin zu sein.

Dazu tauche ich mit meinem ganzen Wesen in dich ein.

Ich öffne mich für deine Fähigkeit, mich mit unbändiger Kraft sicher durch die Zyklen von Geburt, Tod und Wiedergeburt zu leiten. Ich fühle dein unendlich weites Feld der Fülle und richte mich selbst darin auf. Und jetzt rufe ich Fülle auf allen Ebenen herbei.

Mutter Erde, ich betrete dein dunkles, nährstoffreiches Energiefeld.

Wie du, bin auch ich ein Gefäß der vom Göttlichen ins Leben hinausgeworfenen Fülle. Ich lasse alle überkommenen Narrative von Mangel und Knappheit fallen und regeneriere mich dank neuer Samen des Wachstums, sowohl im Inneren als auch im Äußeren.

Ich bin Fülle in allen Formen und Verbindungen.

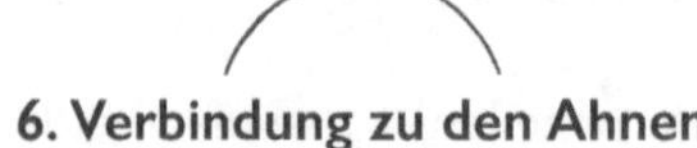

6. Verbindung zu den Ahnen

1 Finde Fotos deiner Vorfahren und platziere sie auf deinem Altar.
2 Stell die vier irdischen Elemente auf dem Altar dar: Erde, Luft, Feuer und Wasser.
3 Füge eine kleine Portion Essen und ein Glas Wasser hinzu.
4 Zünde deine Kerzen an.
5 Schau deinen Vorfahren in die Augen, rufe dir ihre Eigenschaften und Eigenheiten in Erinnerung.
6 Schließ deine Augen und beginne, dich mit einem ruhigen Atem zu verbinden.
7 Heiße deine mitfühlenden und liebevollen Ahnen im Hier und Jetzt willkommen. Beginne, deine innere Ausstrahlung mit der ihren in Einklang zu bringen. Visualisiere, dass du in einer Decke aus Wärme und Liebe gehalten wirst, und dehne diese Energie auf euch alle aus. Heiße willkommen, wer immer von deinem Altar essen und trinken will.
8 Bete laut! Lass deine Vorfahren all die positiven Eigenschaften und Qualitäten wissen, die du von ihnen geerbt hast und jetzt in die Welt trägst. Du kannst zum Beispiel sagen: „Ich erinnere mich an die Zeit, als du/ihr ..." oder „Ich erinnere mich an Geschichten aus der Zeit, als wir ..." oder „Ich vermisse dich, ...". Dies wird dich unterstützen, ein Kanal für die Energie deiner Familienlinie zu werden, deren Seelenkraft jetzt nach vorn kommen will.

9 Vielleicht fühlst du dich inspiriert, um Rat zu bitten, indem du zum Beispiel mit diesen Worten beginnst: „Ich bin willens, bereit und offen, Unterstützung und Rat im Bereich von/des/der … zu erhalten."

10 Lege die Hände aufs Herz und öffne den Körper als Kanal, um alle Einsichten, Worte, Farben, Muster und Erinnerungen zu empfangen, die auftauchen könnten.

11 Beende dein Ritual mit einem Gebet für die Heilung und spirituelle Entwicklung, die durch deine Ahnen auf dich kommt. Vertraue darauf, dass du darin unterstützt wirst, gute Arbeit für deine Familienlinie zu leisten, um positive Veränderungen in der Welt zu bewirken.

12 Schließe den heiligen Raum, indem du allen dafür dankst, dass sie mit dir auf diese Reise gegangen sind. Puste deine Kerzen aus und schreibe über deine Erfahrungen.

7. Tagebuch-Empfehlungen

- Was nährt dich auf der Seelenebene? Nimm dir fünf Minuten Zeit, um frei über alles zu schreiben, was dies bewirkt. Wenn du fertig bist, lies es durch und wähle drei Dinge aus, die du in den nächsten sieben Tagen aktivieren wirst.
- Was inspiriert dich dazu, mehr über deine Abstammung zu erfahren? Wie kannst du Informationen darüber sammeln?
- Welche Familienmuster bist du bereit zu heilen?
- Welche Aktivitäten, Erfahrungen, Beziehungen und Gewohnheitsmuster bist du bereit loszulassen?
- Wie kannst du deinen ökologischen Fußabdruck verbessern? Wirst du dich ernsthaft dazu verpflichten?
- Was erdet deine Energie und gibt dir das Gefühl, dass du deine wahren Fähigkeiten und dein volles Potenzial leben kannst?
- Was bringt dir dauerhafte Freude? Wie kannst du dich verpflichten, täglich etwas dafür zu tun?

Geh jetzt weiter.
Lass gehen, was dich bindet.
Denn das bist du nicht mehr.
Schöpfe aus der Quelle des Lebens:
jener Kraft, die dich zu Tränen rührt,
dir den Atem raubt
und dich im Gebet umhaut.
Denn was hast du zu verlieren?

DAS HEILIGE BEWEGT SICH DURCH DICH

Das Mysterium liegt im Stillen,
in kleinen, verborgenen Welten,
in Ewigkeiten und im Hier und Jetzt.
Im Raum zwischen den Welten lebt die Magie.
Fürchte nicht, dass etwas fehlen könnte.
Mit einfachen Aufgaben tief eintauchen
in den Moment.
Holz hacken, Wasser tragen.
So wird das Alltägliche heilig.
Mikromomente greifen aus ins makrokosmische,
zeitlose Netz
vom Rand des Abgrunds in dir –
weit hinaus in den Äther.
Erstaunlich, nicht wahr?

Kapitel 6
Das Heilige bewegt sich durch dich

Der Geist ruft

DEM RUF DER UNSICHTBAREN WELT FOLGEN

Wenn die harmonische Verbindung zwischen unseren physischen, emotionalen, intellektuellen und spirituellen Ebenen gestört wurde, ruft uns unser Selbst und fordert bewusste Präsenz. Achtsamkeit in jedem Moment und regelmäßige, beherzte Übung lassen uns erkennen, wo Heilung nötig ist und wie unsere Verbindung mit der unsichtbaren Welt wiederhergestellt werden kann. An diesem Punkt setzt Unterstützung durch kosmische Kräfte ein. Sie greift uns unter die Arme, um bewusste Präsenz zu erweisen, empfindsam für das göttliche Timing zu werden und unsere Chancen zur Weiterentwicklung immer besser zu nutzen.

Andersherum gilt: Wer sich den Mechanismen des Alltags unterwirft und nur seinen Gewohnheiten folgt, sperrt sich in sein kleines Ich ein. Statt bunt und erfüllend, wird jeder Tag grau und Mangelerfahrung die Regel. Sobald dann das Leben mit einer Herausforderung um die Ecke kommt, kommen Gefühle der Leere, der Bedürftigkeit und der Einsamkeit auf. Man wendet sich Ersatzerfahrungen zu, etwa übermäßigem Medienkonsum und unablässiger Betriebsamkeit, um sich „aufzufüllen". Doch was nützt es? Es wird immer das Gefühl da sein, dass etwas fehlt.

Solange wir uns ausschließlich mit der Bewältigung des Alltags beschäftigen, bleiben wir in unserer Blase gefangen. Im eigenen Kopf sehen wir das Durcheinander nicht und im Außen verlieren wir den Überblick. Um unser Herz legen wir einen Panzer, und schließlich verlieren wir den Boden unter den Füßen. Die Flamme, die uns doch erleuchten und die Mission unserer Seele inspirieren sollte, sie erlischt. Die Schönheit, die Wahrheit und das Gute werden nicht mehr erkannt. Wir betäuben uns selbst!

Wer nur im Raum des sinnlich Erfahrbaren und Logisch-Buchstäblichen lebt, lässt der Magie keinen Raum. Wer sich die Ohren verstopft, sobald das Außergewöhnliche und Entgrenzende zu flüstern beginnt, schneidet sich von der wilden, ungezähmten Freude, der rückhaltlosen Liebe und dem unergründlichen Mysterium ab. Wer die spirituellen Kräfte, die in uns und überall um uns herum wirken, abtut und ignoriert, verpasst das Glück des Nicht-Alltäglichen und bleibt blind für jene faszinierenden Dimensionen, die uns in der unsichtbaren Welt erwarten.

Sobald aber unser Bewusstsein über den Alltag hinausreicht, lichtet sich auch das Durcheinander im Kopf, und die Filterblase wird gesprengt. Unser Wesenskern kommt nach vorn. Wir eröffnen das Gespräch zwischen Geist und Körper, graben immer tiefer und zapfen die Wurzeln des reinen Quellbewusstseins an – jene fantastische Energie, die unzerstörbar und völlig unabhängig von unserer Bedürftigkeit und dem Druck der Wünsche anderer auf uns selbst ist. Dies ist die Energie des intuitiven und spirituellen Lebens, die uns sehr weit unten erdet. Ein blühender Garten erwartet uns im Inneren! Die Magie, die wir als Kinder in Wolkenformationen gesehen haben, und das Wunder, das wir auch jetzt noch angesichts des nächtlichen Sternenhimmels empfinden oder wenn wir in Ehrfurcht vor einem majestätischen Berg stehen, sie erwacht wieder zum Leben. Wir gelangen vom nur buchstäblich Gültigen zum Wahrhaftigen und Echten. Indem du aus deinem Kopf herauskommst und den Gefühlen erlaubst, vom Geheimnis und der Schönheit um dich herum berührt zu werden, nimmt dein ganzes Leben Sinn und Bedeutung an.

Sich Erfahrungen anzuvertrauen, die sich heilig oder spirituell anfühlen, lässt dich auf ganz natürliche Weise an einer Kraft teilhaben, die weit größer ist als du selbst. Und türmten sich noch so hohe Berge vor dir auf – du wirst sie alle besteigen, und oft mit Leichtigkeit, weil der Geist mit dir ist. Jeden Tag gehst du zum Ozean und bringst der Meeresgöttin Rosenblätter aus deinem Garten dar. Du entzündest zeremonielle Feuer – und lässt alles gehen, was dich aufhält und begrenzt. Auch nimmst du dir die Zeichen zu Herzen, die deine unauflösliche Verbindung mit den Ahnen dir schenkt. Durch all das öffnest du deinen Körper als Energieleitung, um die Magie des Quellbewusstseins zu spüren – *reine, unberührte Energie in Bewegung*, eben die Energie der Quelle von Allem, was ist. Dieses Bewusstsein hat es nicht nötig, zu werten noch zu benennen, weil es die Wahrheit jenseits aller Gegensätze und Worte umfasst. Und es wird weit und weiter, weil es grenzenloses Potenzial birgt. Schon der Keimling spürt das, wenn die Kraft der Sonne auf ihn trifft, sodass der Boden, in dem er steckt, seine Wurzeln nährt, damit er wachsen und gedeihen kann.

Wenn der Geist zu dir spricht, um dich zu bestärken, auf deine Lebensreise zu vertrauen und rückhaltlos zu lieben, dann geschieht das gern in sehr einfachen Momenten. Etwa, wenn eine lang vermisste Freundin plötzlich auftaucht. Oder wenn es dich drängt, eine nächtliche Wanderung zu unternehmen – und dann streift dich der Flügelschlag einer Eule. Oder wenn du nur deine Aufmerksamkeit auf den Himmel richtest und sich dort droben eine frappierende Alchemie aus Wolken und Licht ausformt.

So beginnen wir, unser inneres Wesen zu schulen, um die unsichtbare Welt bei der Arbeit zu beobachten und unsere Lebenserfahrung für eine reichere, erfülltere und freudvollere Existenz zu öffnen. Auch du vermagst es – auf deine ganz eigene, sehr persönliche Weise. Manche lieben es, tiefer und tiefer zu graben. Andere, mit den leichtesten Energien des Lebens zu tanzen. Sobald wir unsere Urteile über andere loslassen und den inneren Kritiker, den Zweifel und die Angst nicht mehr nähren, öffnen wir unsere mystischen Kanäle für eine neue Art der Erfahrung. Wir beginnen, die einschränkenden Gedankenmuster, die unsere intuitiven Kanäle verstopfen, aufzulösen und richten unsere Perspektive neu aus. Und wir hören zu! Sanft und leise, mit Ehrfurcht, Staunen und Vertrauen erfahren wir das Mystische auch in der Verkörperung als menschliches Wesen in dieser unserer Welt.

Tägliche Rituale – seien es Gebet, Meditation, Visualisierung, bewusstes Alleinsein, Stille, kreative Praktiken oder einfach nur Freundlichkeit – erbringen nicht nur Ausgeglichenheit und Erfüllung, sondern schenken auch Energie und Einsicht. Und indem du in die Schuhe der modernen Mystikerin trittst, wirst du auch die Welt zu einem besseren Ort machen.

Es ist so weit! Die Mystik klopft an deine Tür. Öffne sie an jedem Morgen. Bete nachts, um den nur zu menschlichen Wunsch loszulassen, klein zu bleiben und in innerer Kritik zu verharren. Füttere solche niedrigen Schwingungen nie, nie mehr! Dein Herz ist offen, der Verstand klar, der Körper dein Tempel. Und der Geist ruft dich, wann und wie er will – auch und gerade, wenn du es am wenigsten erwartest. Höre zu, liebe, gib und empfange in ausgewogener, respektvoller Weise. Die moderne Mystikerin ist bereit, auch in dir lebendig zu werden. Kannst du ihren Ruf erhören?

Spürst du den Stupser …?

ÄTHER: DAS FÜNFTE ELEMENT VERSTEHEN

Äther ist das Element des Geistes. Äther wirkt überall, in uns und um uns herum – doch kann man ihn nicht sehen oder erweisen –, er ist und bleibt feinstofflich. Ist das der Grund, warum man heute nicht so viel darüber spricht? In der metaphysischen Tradition galt Äther stets als das Element in der Mitte des Allerheiligsten, als Lebenskraft im Zentrum des Universums und damit als Ursache der ewigen kosmischen Bewegtheit. Symbolisch wird er als Spirale und sich zum Zentrum hinbewegender Kreislauf dargestellt. Das soll unbändige Energie ausdrücken, eine Energie, die alle Gegensätze und alle Wesen miteinander verbindet. Jeder Mensch trägt die Alchemie des Äthers in sich und bildet selbst eine Brücke zwischen der körperlichen und der Geistigen Welt. So, wie das Element Luft unsere Perspektive erweitert, wie das Feuer die Transformation ermöglicht, wie das Wasser uns in Flow bringt und die Erde uns verankert, so öffnet uns der Äther die Tore zu den kosmisch-spirituellen Dimensionen.

Immer wenn wir eine lebendige spirituelle Erfahrung machen, setzt sich in uns etwas Unsagbares in Bewegung, etwas

Geheimnisvolles und zutiefst Persönliches. Auch wenn wir es nicht in Worte zu fassen vermögen, spüren wir es doch sehr deutlich. Indem wir beobachten, wie der Atem dann rund und voll wird und der Herzschlag sich ändert, lernen wir, Körperempfindungen als Signale zu verstehen, die uns für die Mystik öffnen. Auch wenn du beim Sex die Welt vergisst oder ein intuitiv-kreativer Prozess dich ganz und gar gefangen nimmt, wirst du auf die Fährte der subtilen Äther-Energie gesetzt. Reines Gewahrsein wird mobilisiert – ohne jedwede gedankliche Benennung, ohne bewusste Absicht und Ziel, voll und ganz in der Präsenz des Jetzt.

Die Alten erforschten mannigfache Methoden, um bewussten Zugang zu den feinstofflichen Bereichen zu erhalten. Die Tradition heiliger Tänze wird von den Derwischen des Sufi-Ordens immer noch wachgehalten. So wird es für sie auch heute zur realen Erfahrung, Transzendenz zu erleben, innerlich frei zu werden und eins mit dem göttlichen Willen zu sein. Ganzheitliche Techniken ziehen inzwischen auch immer mehr modern lebende Menschen an. Sie alle zielen auf die Integration der Energien von Körper und Geist: in Gebet und Meditation über Atemarbeit und Trance, bis hin zur therapeutischen Verwendung von Psychedelika – um nur einige Beispiele zu nennen. Immer geht es dann darum, die Bandbreite der körpergebundenen Bewusstseinszustände ins Geistige zu erweitern, weil es kraftvolle Heilung bewirkt, feinstoffliche Flüsse im und durch den Körper hindurch mobilisiert und traumatisierte Energie erlöst.

Weisheit und Magie des Äthers sind der Leuchtturm auf der Reise unseres Seelenschiffs in die unsichtbare Welt. Unsere gesamte Visionssuche stützt sich darauf, ebenso Traumarbeit und Seelenreise. Und wir wissen: Worauf immer wir uns fokussieren – sobald wir das Ergebnis loslassen, öffnen sich die Pforten der Wahrnehmung, und der Kontakt mit unserer Führung aus der Geistigen Welt wird hergestellt. Ob wir eine verborgene Kindheitserinnerung enthüllen oder die Vision eines Kindes durchkommt, noch bevor die Empfängnis stattgefunden hat, ob es die Intuition für ein Projekt, eine berufliche Chance ist oder eine wichtige Einsicht in Beziehungsfragen: Wie ein Blitz kann uns die Botschaft treffen, aber auch als ein Flüstern daherkommen oder als ein ruhig-stetiges Durchwirken unseres Bewusstseins mit erleuchteter Energie. Alles kann zum Schritt auf unserem Heilungsweg werden!

So beginne zu beobachten, wann, wo und wie die Magie am Werk ist, als tägliches mystisches Training! Lausche deiner Intuition, sprich mit ihr! Stimme dich auf Resonanz und Rhythmus der Schwingungswellen feinstofflicher Kräfte ein!

In jedem Menschen gibt es Tore, durch die jene Kräfte eintreten, vor allem an Hals und Rückseite des Nackens. Dort verläuft ein Zwei-Wege-Kanal: Zum einen strömt die Energie von oben nach unten ins Herzzentrum, zum anderen vom unteren Körper in die Herzkammern und noch weiter hinauf ins Gehirn. Echte Kreativität, erleuchtende Intuition und ankernde Erdung entspringen dem unteren Körper. Wenn deine Kanäle geklärt sind, wird die Kraft aufsteigen und dein Herz beleben, weiter durch Hals und Kehle fließen und schließlich den Geist erwecken. Wenn dann auch die oberen Bereiche in Herz, Hals und Gehirn geklärt und miteinander verbunden sind, wirst du deine Wahrheit erkennen. Andere werden es spüren und respektieren. Unbeschadet kannst du Unwahrheiten oder Übertreibungen ansprechen, weil die Menschen wissen, dass du auch zuhören kannst und mitfühlend bist.

Wir haben bereits gesehen, wie unsere Kernüberzeugungen entstehen. Die alchemistische Verbindung mit dem Element Äther lehrt uns nun, auch noch zu sehen, wie sie unser Körper-Geist-Herz-Feld durchlaufen und zur inneren Realität werden. Wir verstehen die Art und Weise, wie wir hören und zuhören, wie wir richtig sprechen und uns in der Welt authentisch ausdrücken können. Kehle, Ohren und Mund sind keineswegs nur physische Organe, sie sind auch Tore zur Umwandlung unserer inneren Erfahrung, weil sie uns zur Einstimmung auf kosmische Resonanzen befähigen. Auch durch sie gehen wir auf Entwicklungsreise in die harmonische Integration von Körper, Geist und Seele.

Der Äther, als vergeistigtes Element, ermöglicht uns somit auch die Perfektionierung in der Kunst der Kommunikation. Wiederum geht es um einen zweiseitigen Prozess: Indem wir zum Beispiel unser eigenes Bewusstsein besser verstehen und unseren Gedankenprozess besser auszudrücken vermögen, fühlen wir uns auch inniger mit anderen verbunden. Dann schaffen wir auch wir die Gratwanderung zwischen dem Buchstäblich-Physischen und dem Nichtwörtlich-Geistigen. Indem unser Bewusstsein in beiden Bereichen weilt, sind wir wie Künstler, die eine Vision aus dem vergeistigten Bereich empfangen und sie dann konkret auf die Leinwand des Alltags bannen. Mystisch zu arbeiten, bedeutet nicht etwa, einfach nur zu träumen – es heißt auch zu manifestieren. Und erfolgreich! Indem du deine Vision lebenstauglich aktivierst, um sie mit anderen zu teilen, empfängst du die ganze Fülle des Lebens, zu dem du geboren bist.

Natürlich brauchen wir, um wirklich (er)hören und empfangen zu lernen, die innere Stille. Um wirklich still zu werden, muss aber zunächst die bewegte Energie im Inneren zur Ruhe gebracht werden. Erst dann entsteht Achtsamkeit, und wir sind in der Lage, unserer intuitiven Stimme zu lauschen. Wir lassen ab vom Bedürfnis nach Schutz und Deckung und erlauben unserer Natur, heilender Balsam für den übergeschäftigen Verstand zu werden. Banale Details, Stressfaktoren und Zweifel fallen als abgeschiedene Energie aus dem ätherischen Körper heraus. Wie selbstverständlich findet das eigene Sein seinen eigenen Schwingungsrhythmus. Die Rhythmen der Jahreszeiten, alles, was in der Natur west und webt, kann bewirken, dass wir uns nicht mehr allein fühlen, weil es uns zum Sitz unserer eigenen, einzigartigen Resonanzfähigkeit führt. Nicht zuletzt werden materielle Vorteile zu dem, was sie sein sollten: Dinge, *von* denen, nicht *für* die wir leben.

So öffnest du dich für eine erweiterte Perspektive, für eine Kernüberzeugung, in der ein größerer Glaube existiert, eine festere Gewissheit um das Zeit- und Grenzenlose, das Geheimnisvolle und Magische. Weil du nun in deinem Herzen Platz genommen hast, wirst du aus einer nie versiegenden Quelle der Wahrheit trinken. Dein Mikro-Selbst verschmilzt mit der Makro-Ebene des universellen Bewusstseins, und du darfst darauf vertrauen, dass du ein fester Faden im Netz des Lebens wirst, im Einklang mit Ebbe und Flut der kosmischen Gezeiten. Erwacht zu deiner Bestimmung.

GÖTTLICHES TIMING: DU BIST DIE LEITUNG UND DER KANAL

Mit „göttlichem Timing“ meine ich den gezielten Anstoß und die passende Gelegenheit zu einer bewussten Zusammenarbeit mit dem Tanz des Lebens. Etwas lässt uns aufhorchen und zeigt uns die Chance, die Kraft des Lebens für unsere eigene Entwicklung zu mobilisieren. Prinzipiell gibt es zwei Wege, die dazu führen, dass wir selbst zum Schöpfer unseres Lebens werden. Der eine besteht darin, einen möglichst genauen Plan zu entwerfen, was man will, und dann konkrete Schritte zu unternehmen, um das angestrebte Ziel zu erreichen. Der andere ist, sich im Herzen mit dem höheren Selbst zu verbinden und beider Energie-Ebenen miteinander zu verweben. Geist und Hingabe vereinigen sich, und du wirfst deine Vision und Gebete – einfach so! – weit hinaus in die Welt.

Auf dem ersten Weg lauert die Gefahr, dass wir zu viel wollen und uns selbst zu sehr bedrängen. Es kann sein, dass wir eher nur gefallen wollen – anderen und uns selbst. Dann ist es nur eine Frage der Zeit, bis wir uns selbst verlieren. Das Herz verstummt, der Geist verirrt sich und die Seele leidet. Weil wir nicht das Leben führen, für das wir bestimmt sind, verschließen wir uns vor der Wegweisung des göttlichen Timings. Nur wenn wir uns bewusst machen, dass alles wirklich Wichtige zur rechten Zeit zu uns kommt, öffnet sich das magische Fenster. Du wirst deiner Seelenmission gerecht und bleibst ihr treu, auch wenn hier und da ein paar Umleitungen genommen werden müssen. Eben weil du unfehlbar spürst, was dein Leben freudiger und erfüllter macht.

Ein Beispiel: Du hast dich für einen bestimmten Beruf entschieden, um deine Familie glücklich zu machen und/oder um finanziell abgesichert zu sein. Doch nun bist du unzufrieden. Irgendetwas in dir spürt, dass du nicht dein volles Potenzial abrufst. Gewiss: Auch äußerer Druck gehört zum Leben. Worum es hier aber geht, ist, dass der Druck nicht innerlich aufgefangen wird, weil du im Herzen weißt, dass dies nicht das Leben ist, das zu dir passt. Solange du deine Seele nicht verloren hast, wird nun das göttliche Timing ins Spiel kommen. In der einen oder anderen Form wird sie kommen, die Gelegenheit, deinen beruflichen Schwerpunkt zu verlagern. Du musst die Wegweisung allerdings erkennen – und der angezeigten Richtung folgen. Wegweisung kann dich auch aus einer gänzlich anderen Lebenslinie heraus erreichen: durch unerwartete neue Kontakte vielleicht oder durch die Gelegenheit, eine Fort- oder Ausbildung zu beginnen. Vielleicht auch durch eine Wendung im beruflichen Alltag, die dir anfangs überhaupt nicht gefällt. Möglicherweise erkennst du ja doch, dass der Beruf, den du ausübst, auch ganz andere Seiten hat und, nach einigen Anpassungen, sehr wohl der richtige ist? Das alles wäre göttliches Timing! Ein Weckruf des Universums, damit du deinen Träumen folgen kannst. Geh, wohin dein Herz dich trägt – indem du nach innen und außen lauschst, dem Leben vertraust und Mut beweist. Dann werden sich die Möglichkeiten auch erschließen.

Das göttliche Timing kommt zu uns, es *sucht* uns geradezu, wenn wir entschlossen bleiben, nicht aufzugeben in unserer inneren Arbeit. Indem wir uns ohne Wenn und Aber aufs Lernen einlassen, und das nicht nur im äußeren Leben, sondern vor allem, indem wir uns selbst zu lieben lernen. Was in der Tat die größte Arbeit unseres Lebens sein kann! Dann aber werfen wir alte Lasten umso leichter ab. Es sind Fühlen, Sehen und Spüren, die uns leiten, wenn wir nach innen lauschen, um unsere Körper-Geist-Kanäle zu reinigen und die Vision zu empfangen, die uns zu dem Leben ermächtigt, für das wir geschaffen sind. Durch unsere inneren Sinne erkennen wir die Omen und Signale, die uns den Weg weisen. Das nenne ich *innere Alchemie*, und dabei ist das Element Äther am Werk. Es enthält eine Schwingung, die, wenn wir sie erhören und erfühlen, unser Leben verändert. Der göttliche Wille ruft uns auf vielerlei Weise. Es liegt an dir, folgen zu wollen, dich darauf einzustimmen und dementsprechend auszurichten.

Du bist in unlösbarer Verbindung zu deiner Mitwelt.
Stell deine Sinne auf die stille Kraft des Gewahrseins der Schönheit,
des Heiligen und des Göttlichen ein –
auf jedem Schritt, mit jedem Atemzug.

Sieh nicht mehr nur das Gewöhnliche. Geh Hand in Hand
mit der Weisheit des Universums, die in allem ist.

Erlaube dir, eine spirituelle Existenz zu führen – auch im normalen Alltag.

Achte auf das göttliche Timing und die geistigen Boten, die zu dir kommen.

MIT DER UNIVERSELLEN LEBENSKRAFT ARBEITEN: EINE BEZIEHUNG AUF GEGENSEITIGKEIT

Mit jedem Schlag deines Herzens und jedem Atemzug durchwirkt dich die subtile Kraft im Grunde allen physischen, mentalen, emotionalen und spirituellen Geschehens, des Ursprungs von Gesundheit, Lebensfreude und Seelenfrieden. Je sorgfältiger wir diese Kraft in uns vermehren, desto mehr werden wir mit Liebe und göttlichem Segen beschenkt, um intuitiv an der gegenseitigen Befruchtung unserer körperlichen und geistigen Anlagen zu arbeiten. Diese Arbeit zu tun, erschafft den inneren Raum, um am Einheitsbewusstsein teilhaben zu können – jeden Tag und überall. Jeder Mensch erlebt es auf eigene Weise. Schon das bewusste Erleben der heiligen Pause zwischen zwei Atemzyklen kann Erfüllung sein. Aber es muss *bewusst* erlebt werden, sonst entwickelt es sich nicht.

Die Erforschung der Urkraft des Lebens reicht bis zu den Wurzeln der Menschheitsgeschichte zurück. Mystik, Geistheilung, Schamanismus: Alle spirituellen Traditionen haben daran gearbeitet, auf jedem Kontinent. Atemübungen, Tänze, Gebete und die Errichtung heiliger Stätten, an denen man sich zu Zeremonien zusammenfindet, gehörten und gehören zum Bestand der Menschheitsarbeit. Immer geht es darum, mit den subtilen Energiefeldern in Kontakt zu treten, ihre Schwingung in sich aufzunehmen und zu erhöhen. Der Weg war und ist verschieden, das Ziel aber ist und bleibt dasselbe.

Indigene Kulturen übten sich im Einssein mit dem Geist des Landes, mit seinen Tieren und Pflanzen, sie nutzten Kraftplätze, um mit ihren Ahnen zu kommunizieren, und wussten, dass alles spirituelle Kraft beherbergt. Die Pforten der Wahrnehmung waren für sie noch geöffnet, durch ihre Körper-

Geist-Kanäle flossen die Energien nur so. Im Einssein der menschlichen Gemeinschaft mit der Natur mehrten Frauen wie Männer ihre Vitalität und Resilienz, und es entstanden höher und höher schwingende Felder der Fülle, der Ganzheit und des leib-seelischen Wohlbefindens. Verglichen mit unserem heutigen Leben, inmitten niedrig schwingender Felder von Angst, Furcht, Scham, Schuld und mentaler Anhaftung, boten sich ehedem ganz andere Möglichkeiten, die gemeinschaftliche und die individuelle Entwicklungsreise zu harmonisieren.

Und wir selbst? Ja, auch wir sind eingeladen, uns von der universellen Lebenskraft unterstützen zu lassen! Im Grunde besitzen selbst wir noch die Fähigkeit, zu sehen – und zu fühlen –, ob ein Gefäß des verkörperten Lebens vital und gesund ist oder nicht. Immer noch gibt es besondere Menschen mit der Gabe, zu erkennen, wo bei jemand die Lebenskraft blockiert ist oder stagniert, und den Einblick zu erteilen, wie dies behoben werden kann. Resonanz mit den eigenen subtilen Energiekanälen kann auch für dich das Mittel der Wahl sein, um in die Heilung zu kommen und dazu beizutragen, dass es auch anderen gelingt. Wenn deine Intuition erwacht, wird sie dir den Weg weisen!

Was wäre, wenn deine morgendliche Meditation darin bestünde, all deine Teile so zu vereinigen, dass der Körper sich selbst heilt? Was wäre, wenn du zu deinem Körper, zu deinem Verstand, zu deinem Herzen und zu deinem Geist auf eine Weise sprächst, die so tiefes Mitgefühl und so große Liebe ausstrahlt, dass sich dein gesamtes Körper-Geist-System integriert und auf Heilung ausrichtet? Dann würdest du den heiligen Raum des Innern betreten, in dem alles möglich wird. Sich in dieser Sphäre zu bewegen – forschend, ehrfürchtig, gesammelt und bewusst –, erschließt das schrankenlose Potenzial der universellen Lebensenergie. Dein Körper wird zu dir sprechen, wird dir Farben, Resonanz, Schwingungen und Bilder geben. Er wird dich führen, wie du deine innerste Essenz zum Strahlen bringst. Höre zu, vertraue und kultiviere die Verantwortung für die Einheit von Körper-Geist-Herz und persönlicher Lebenskraft. Sprich mit deinem innersten, heiligen Wesen: so, wie du zu deinem Lieblingsmenschen sprichst oder deinem Seelenzwilling. Es wird ein ständiges Gespräch werden ...

Die einfachste Art und Weise, sich auf die Lebenskraft einzustimmen, geht so: Lege in der Meditation eine Hand aufs Herz, die andere aufs Nabelzentrum. Mit der Zeit wirst du ein Gefühl dafür bekommen, was genau dort in dir vorgeht. Du entwickelst Vertrautheit mit deiner Intuition. Sie wird zu dir sprechen, wird dir sagen, was du brauchst: Ruhe, bessere Ernährung, Gebet, Zeit in der Natur, sich selbst und anderen die Wahrheit sagen, Güte, Einfachheit, Wissen und den Durst danach, mehr und mehr zu lieben. Vielleicht bekommst du dieses gewisse Gefühl, wenn du jemand die Hände auflegst, der krank ist. Oder du legst sie dir selbst auf, wenn du verletzt bist, sei es äußerlich oder innerlich. So stimmst du dich in der einfachsten Art und Weise auf die universelle Lebensenergie ein.

Und merke: Energie fließt immer genau in jene Räume, auf die sich deine Aufmerksamkeit richtet. Wenn wir uns beispielsweise erlauben, einschränkende Gedanken zu hegen oder an negative Sichtweisen zu glauben, werden entsprechende Folgen für uns auch zur Realität. Wenn wir alles nur vom eigenen Standpunkt sehen und unsere gesamte Lebenserfahrung auf Meinungen gründen, erkennen wir nicht, von welcher Wahrheit her andere kommen und zu welcher Wahrheit wir uns selbst bewegen wollen. Wir verirren uns, weil keine wechselseitige Beziehung zwischen uns und der Energie besteht.

Stell dir vor, du lebst dein Leben in einer Box. Darin befindet sich deine gesamte Lebensgeschichte, einschließlich deiner Träume und Ziele, deiner Beziehungen, deiner Karriere, deines höheren Selbst. Dazu dein geheimes Schattenselbst, nebst deiner bewussten und unbewussten Verbindung zu vergangenen Erfahrungen und nicht zuletzt deiner Familie und der Gemeinschaft, in der und für die du lebst. Außen herum wird die Box schön verpackt und mit einer hübschen Schleife versehen. Nun stellst du dir vor, dass die Box plötzlich auseinanderfällt – die ganze schöne Verpackung ist wie vom Erdboden verschluckt. Was nun? Unendliche Möglichkeiten zoomen sich in den nun offenen Raum, in dem jetzt dein Leben nackt und bloß daliegt. Dies ist der Moment, da die universelle Lebenskraft auf alles trifft, was für dich bisher Leben war – und sie ordnet es neu. Und was siehst du jetzt, in diesem Moment …? Du allein weißt es.

Ergo: Wir müssen uns die Zeit und den Raum geben, um über den eigenen Tellerrand hinaus zu denken *und zu leben.* Frei zu geben und zu lieben, Raum zum Träumen zu schaffen. Mitgefühl, Geduld und Vergebung zu üben. Das heilt sogar die verzwicktesten Probleme. Du trinkst vom energetischen Austausch, von der Wechselseitigkeit der Energien und änderst die Beziehung zwischen dir und deiner Mitwelt. Die Bandbreite der Energien, an denen du teilhast, wird weiter und offener. Aus dem Kern deiner Güte, Schönheit und Wahrheit strömt alles, was du gibst, und du gibst es frei und spontan, aus Liebe und Wahrheit, ohne etwas zurückzuverlangen.

Dies ist der Weg, um deinen Schatten mit Licht zu erfüllen, statt Groll zu hegen und die eigene Mangelerfahrung auf andere zu projizieren. Der Weg aus dem Leben in der Box in die Freiheit nicht nur *von*, sondern *für* etwas: eben dafür, deine Träume wahr werden zu lassen. Sei hartnäckig. Baue Resilienz auf. Indem du täglich strebend dich bemühst, gedeiht und erblüht deine persönliche Lebenskraft, und du trittst ein in die Rückkopplung mit deren großer Schwester, der universellen Lebenskraft. Du musst die zerstreuten Teile deiner selbst nicht mehr zusammenfügen, weil sie das jetzt von allein erledigen. Du musst dich nicht immer nur so verhalten, wie es von dir erwartet wird – obwohl du weißt, dass es nicht richtig ist. Du musst nicht mehr die Unwahrheit sagen, um dich zu beweisen. Dinge tun, die du im Grunde ablehnst, um dein Ego oder das Ego eines anderen Menschen zu streicheln.

Bereinige zunächst deinen inneren Dialog von allen schrecklichen Dingen, die dich bisher aufgehalten haben. Schenke dir selbst Liebe, und es wandelt sich auch die Art und Weise, wie du dich in der Welt ausdrückst. Und zwar von Grund auf und radikal! Deine Visionen stehen dir kristallklar vor Augen. Du übernimmst die Regie in deinem Leben!

Wenn du aufhörst, zu gefallen, dich zu verstecken, dich zu betäuben und deine Würde zu verlieren, werden deine inneren Batterien sofort aufgeladen. Deine furchtlose, strahlende Sonnenkraft erweckt alles zum Leben, was bisher müde und leblos in dir war.

Sobald du in Resonanz mit dem Rhythmus der universellen Lebenskraft kommst, verstehst du, dass du in jedem Moment die Möglichkeit hast, bewusst einzuatmen und auszuatmen und wirklich präsent zu sein. Vergiss das nie mehr! Lass dich vom Stress nicht mehr in die rein reaktive Ecke treiben! Dann fällst du auch nicht mehr auseinander. Dein Schattenselbst wird kein Nahrungskonkurrent für dein wirkliches Selbst sein. Weil du weißt, dass du jede Perspektive, die dich zu Boden drücken will, rasch ändern kannst: indem du dich auf das dir gegebene Leben *als Geschenk* einlässt. Genau jetzt, da du zu straucheln drohst, erinnerst du dich, dass du die Quelle des inneren Wissens und mühelos Fließens anzapfen kannst. Und wenn es einmal doch nicht gelingt? Dann erinnere dich schlicht und einfach daran, dass Selbstvergebung die Eintrittskarte ist, um dich wieder in die Welt der Selbstverwirklichung und Selbstermächtigung eintreten zu lassen! Und versuch es erneut.

Einer der besten Anker dieses Entwicklungsprozesses ist es, die Schönheit in der Natur und den einfachen Dingen des Alltags zu finden: ob in der unbesiegbaren Kraft des Frühlings, in der wilden Fülle des Sommers, in der dankbar empfangenen Ernte des Herbstes oder in der Wärme der Kerzen, die im Winter leuchten. Die urmenschliche Fähigkeit, sich an der exquisiten Evolution der Natur zu erfreuen, von der Zwiebel bis zur Blüte, vom Gewitter bis zum Regenbogen, sie allein schon lässt uns hoffen und glauben. Jedes Mal, wenn wir feststellen, dass wir es vergessen haben, sollten wir uns sofort daran erinnern, dass auch unser eigenes Werden ein evolutionäres Wachstum durchläuft. Selbstentwicklung ist unser Geburtsrecht. Jedes Mal, wenn du den Blickwinkel dementsprechend verlagerst – weg von der Empfindung des Mangels, der Knappheit und Negativität, hin zum Wunder der Lebensenergie –, erlangst du ein Stück weiterer Gewissheit. Es gibt nie eine wirkliche Trennung zwischen dir und deiner Mitwelt! Du festigst dich innerlich, weil du weißt, dass wohlige Momente und atemberaubende Schönheit irgendwann wieder ebenso in die Matrix deiner kosmischen Reise eingewirkt sein werden, wie jetzt eine Zeit von Härte und Chaos.

Und ja, setze auch Grenzen! Sei stark! Entscheide frei, wen und was du in dein persönliches Feld einladen willst. Zwar vermag niemand zu kontrollieren, was einem im Leben widerfährt, ebenso wenig wie das, was anderen geschieht. Doch können wir sehr wohl entscheiden, wie wir unser Leben *gestalten.* Das ist unser Stück Freiheit im großen Puzzle! Möge es dein inneres Strahlen, deine Vitalität, deine Vision und deine Entscheidungsfindung inspirieren! Dann entsteht ein Welleneffekt, der stark wie Mutter Erde ist, so mächtig wie die Gezeiten des Ozeans und so himmlisch wie das nächtliche Firmament. Deine eigene Lebenskraft stützt dann auch die Heilung des kollektiven Bewusstseins, das auch durch dich hindurch wirkt. Dies wird dein Beitrag zu einem planetarischen Bewusstsein sein, gründend in deiner entwickelten, ausgeglichenen und harmonisch integrierten Lebenskraft. Mögen wir alle dieses große Geheimnis gemeinsam hervorbringen und unsere Welt damit beschenken.

BRÜCKE ÜBER DIE WELTEN: VOLLSTÄNDIGE INTEGRATION KÖRPERLICHER, MENTALER, EMOTIONALER UND SPIRITUELLER TEILE DEINES SELBST

Der tiefste Brunnen, aus dem du schöpfen kannst, ist deine einzigartige, unverwechselbare Essenz. Sie birgt deine Fähigkeit, alle voneinander getrennten Teile deiner selbst – physisch, mental, emotional und spirituell – wieder zu einer harmonischen Einheit zu integrieren. Eine wachsende Vertrautheit, ja Intimität mit dem wahren Selbst begleitet den Prozess des Erwachens. Du siehst, wer du wirklich bist – auf allen Ebenen. Klar und deutlich wirst du auch erfassen, welche Arbeit geleistet werden muss, um die Matrix deines ureigenen Potenzials freizulegen und in dein tägliches Dasein zu verweben. Es ist dein erwachtes Herz, das dich zu dieser Reise beruft!

Um ganz offen zu sein: Der Prozess kann sich vorübergehend unangenehm anfühlen. Lernen wir also von der Intelligenz der Schlange: Sie häutet sich immer erst dann, wenn sie bereit dazu ist. Transformieren wir immer nur das, was dafür tatsächlich bereit ist, dürfen wir dem nächsten Schritt auch vertrauen. Was also klopft gerade an deine Tür? Was zieht an deinen Herzensfäden? Welche Strippen willst du kappen, weil sie den Affentanz in deinem Kopf triggern? Wir können nicht alles auf einmal reparieren und heilen. Zu viel zu wollen, erzeugt Angst und kann zu Burn-out führen, weil es letztlich doch nur die innere Spaltung vertieft. Geduld ist nicht alles – aber ohne sie ist alles nichts bei der Arbeit an sich selbst. Geduldiger zu werden, schärft dein Gespür dafür, welche Samen du jetzt säen und welche Pflanzen du gerade hegen solltest. Es existiert eine natürliche Abfolge, wie das Netz der Seelenarbeit zu knüpfen ist. Größte Aufmerksamkeit erfordert die Kultivierung inneren Wissens, das die Intuition schenkt – dank eines mitfühlenden Herzens, eines klaren Verstandes und eines Körpers, der fließend und willig mitarbeitet. Dann entsteht eine energetische Strömung aus der ätherischen, inneren Dimension ins verkörperte Leben.

Wenn wir bereit und willens sind, innerlich vereint zu werden, statt getrennt zu bleiben, wird sich eine Einladung präsentieren, als Perspektivwechsel in Richtung von etwas bisher Unbekanntem. Es wird sich absolut authentisch anfühlen, eben weil es nur für dich da ist: dein Tor zur mystischen Erfahrung und zur Arbeit mit dem Element Äther. Wie selbstverständlich richtet sich dein Bewusstsein darauf aus. Denn nichts kann hier erzwungen werden! Alles wird freiwillig und ungefragt geschenkt, weil Geist, Gefühl und Körper an einem Strang ziehen. Eine unwiderstehliche Schwerkraft richtet dein Energiefeld neu aus, zieht dich ins Zentrum und in die Tiefe, als würdest du ins Innere der Erde reisen. Das mag sich erst ein wenig unangenehm anfühlen, ist aber deine Einladung, in ein grenzenloses Energiefeld einzutreten, das Energiefeld des Äthers.

Wenn du spürst, wie die Energie dich durch dieses Portal ins Zentrum der Erde zu ziehen scheint, denke an feste Wurzeln, an das Geheimnis der Dunkelheit und die Kostbarkeit des Lebens. Dein Körper mag völlig bewegungslos bleiben, während du diese Ebene betrittst. Die Bewusstseinsverschiebung kann sich auch so anfühlen, dass du in der schrankenlos weiten Sternenebene des Nachthimmels ankommst. Du spürst dann das Schimmern aller Sonnen in deinem eigenen Sein – in deinem Herzen, deinem Nabelzentrum, deinem Geist und sogar in deinen Knochen. Nimm die Einladung an, dieses innere Firmament in deinem physischen Körper zu „verwirbeln"! Mitfühlende und hilfreiche Wesen sind anwesend und heißen dich in ihrem Bewusstseinsfeld willkommen. Die Geistige Welt wartet auf dich und wird dich mit Wesen zeitloser Weisheit und grenzenloser Liebe beschenken.

Indem du den nötigen Mut erweist und dich selbst so unerschütterlich liebst, dass du deine Sehnsucht nach mystischer Erfahrung stillen willst, wirst du auch den Zugang zum Portal für die erhabenen Bewusstseinsebenen erhalten – ob wir sie nun „fünfte Dimension", „Akasha-Felder" oder sonst wie nennen. Benennungen spielen dann keine Rolle mehr. Deine eigene, einzigartige und wirkliche Seelenreise hat begonnen. Göttliches Timing wird dich leiten, wenn du mit dem Element Äther arbeitest, mit jenem besonderen Element, das Erde, Luft, Feuer und Wasser miteinander verwebt: im Raum zwischen den Räumen, durchs Innehalten im Heiligen und dank rückhaltloser Bereitschaft, sich auf das große Geheimnis einzulassen. Der kosmische Wahrheitssprecher lässt den Ruf deiner Heilung erklingen! Er führt dich auf die Reise, damit du jene Botschaften empfängst, die von Wahrheit, Glauben, Güte und Schönheit künden.

Der Geist spricht auf so viele Arten! Erhörst du seinen Ruf? Werde weich, öffne dich. Frage dich täglich: „Wie klopft der Geist gerade an meine Tür?" Das bringt dich seiner und auch deiner eigenen Gegenwart näher und näher. Es greift dir unter die Arme, um die Alltagsebene zu verlassen, wo sich falsche Urteile, Müdigkeit, Angst und Beschwernis ansammeln. Einfach dadurch, dass niedrig schwingende Energie durch höhere ersetzt wird!

Ängstige dich nicht, falls dein Prozess plötzlich einsetzt und dich förmlich umwirft. Habe Geduld, wenn die Tür sich nur millimeterweise öffnet und erst nur ein leises Licht durch den Spalt strömt. Wie auch immer: Bleibe stets beim reinen Beobachten, sobald die unsichtbaren Reiche ihre Türen öffnen und schließen. Mit der Zeit, mit Glauben, Vertrauen und Übung wirst du entdecken, dass höhere Schwingungsebenen erreichbar und auch für dich da sind – wann immer du es brauchst.

Wer in reiner Absicht bittet, dem öffnen sich alle Türen. Verschlossen bleiben sie nur, wenn Kopf und Herz sich mit den kleinen und großen Dramen des Lebens identifizieren. Jeden Tag für innere Arbeit zu nutzen, ob an unserem Altar, auf dem Meditationskissen oder unserer Tagebuchseite: Jedes bewusste Ritual lässt uns aus dem Brunnen unseres Herzens schöpfen.

Schritte zum Bewusstseinswechsel. Zugang zum göttlichen Portal

Eine einfache Formel, um Herz und Geist zu verbinden, das ganze Selbst zu versammeln und Zugang zu höher schwingenden Energien zu gewinnen:

1 **Prozess + Praxis:** Arbeite an deinen Emotionen, möglichst bevor sie die Oberhand über dich gewinnen. Übe dich darin, im Hier und Jetzt präsent zu sein.

2 **Weich werden + Loslassen:** Beobachte den inneren Kritiker. Lass deinen Körper weich werden. Loslassen ist deine Superkraft!

3 **Vertrauen + Unterstützung:** Erinnere dich an deine Fähigkeit, hilfreiche Energien herbeizurufen. Wenn du in reiner Absicht in die Arbeit eintrittst und aus mitfühlender Ehrlichkeit die Wahrheit sprichst, wirst du Unterstützung erhalten, um geheilt zu werden und zu heilen.

4 **Flow + Seelenreise:** Sobald du bereit bist, wird die Energie fließen und dich auf die Reise ins Innerste der Erde und in die schrankenlose Weite des Universums mitnehmen. Du legst Angst und Gehemmtheit ab, wirst empfänglich für die Erkenntnis deiner Kernüberzeugungen und kommst der Erfüllung deiner Seelenaufgabe näher und näher.

5 **Integration:** Gib dir die nötige Zeit, um deine mystische Erfahrung und deine Weisheit im Alltag zu verankern. Beobachte den Energiewandel in dir selbst. Vertraue die Erfahrung deinem Tagebuch an und teile sie mit einem vertrauenswürdigen Menschen.

Mit der Zeit vereinigen sich alle Energieströme deines Inneren und entfalten ihre vereinigte Kraft. Schon immer bist du einzigartig gewesen, nun aber wächst du zum harmonischen Selbst heran. Weisheit kommt durch Lebenserfahrung und befähigt, die verschiedenen Energie-Ebenen, auf denen wir uns unbewusst bewegten, nun auch bewusst zu verkörpern. Ein Informationsfluss kommt in Gang, den wir nicht mehr nur erahnten, sondern dessen wir nun auch voll gewahr werden. Die Kraft, die immer in und durch uns wirkte, integrieren wir jetzt absichtsvoll ins eigene Bewusstsein. Unser Bewusstseinsfeld verbindet sich mit der Geistigen Welt – wir werden selbst zum Teil des Mysteriums. Der Schlüssel, um dort immer wieder eingelassen zu werden, liegt darin, das Gleichgewicht zwischen der körperlichen und der geistigen Ebene herzustellen und zu wahren. Dann fließt die Lebenskraft auch durch unsere Mitte. In vollständiger Integration mit allem, was wir sind und erleben, fühlen wir uns wahrhaft mit allem verbunden – eine Erfahrung, die uns über weit die begrenzte Reichweite unseres Intellekts hinausführt.

Möchtest du jeden Morgen in deiner so unendlich reichhaltigen Mitte erwachen? Dann stell dir jetzt vor, dass du in die Mitte eines Kreises trittst oder in die weichen Maschen eines Netzes fällst, die beide symbolisch für deine Lebensreise stehen. Sei neugierig! Und sei gewiss, dass du fest in der Alchemie deines persönlichen Wachstums wurzelst und dass eine Kraft dich gründet, die weit größer ist als du selbst. Die Mitte des Kreises oder Netzes aktiviert die unerschöpfliche Quelle eines Wissens, aus dem du jederzeit schöpfen kannst, um in gleichem Maße zu geben wie zu empfangen. Du bist ein spirituelles Wesen in Gestalt eines menschlichen Körpers und lebst in dieser Welt, um deinen inneren Kritiker zu besänftigen, die Risiken spiritueller Kriegerschaft auf dich zu nehmen und ein reiner Kanal für intuitive Botschaften zu werden. Du bist selbst ein Teil des kosmischen Kreises oder Netzes! Und du bist nicht allein! Du wirst gehalten in zärtlichster Umarmung, dein Herz lauscht den Liebesliedern der Alten, und du wirst an innere Orte geführt, wo stets Freundlichkeit, Gnade und Heiterkeit walten. Das ganze Universum bietet dir unbegrenzten Zugang zum Nektar natürlichster Freuden und schimmernder Geheimnisse. Tritt ein in diesen Kreis – die Geistige Welt ruft dir zu: „Komm nach Hause!“

SICH ÖFFNEN UND DER INTUITION VERTRAUEN: INTIMITÄT MIT DEM GÖTTLICH-HEILIGEN

Sich der Intuition zu öffnen, sie zu pflegen und sich ihr anzuvertrauen – und es täglich zu tun –, vertieft die Intimität mit dem Göttlich-Heiligen. Ob es das Genießen der stillen Pause ist, die sich die Natur in der Mittagshitze eines heißen Sommertages nimmt, ob es das Hineinspüren ins Wogen und Wirbeln der vitalen Kräfte in deinem Körper ist, oder wenn du leise erzitterst in der Frequenz des Trommelschlags in deiner Brust: Jeweils lässt du dich auf das Numinose ein und verschmilzt damit. All das und noch viel mehr gehört nun dir, nur dir, und es stärkt deinen Glauben und deine Hingabe, als ein fester Anker, der dir auch in schweren Zeiten Halt verschafft.

Das geistige Element Äther durchwirkt uns auf allen Ebenen, über allen Zyklen und Dimensionen, die wir durchwandern. Es ist das Auge, das unser ehrliches Streben sieht, mit täglichen Dramen Schluss zu machen und sie in spirituelle Herausforderungen zu transformieren. Das ewige Auge, das auch unsere Vergangenheit und Zukunft erkennt. Fühlst du dich gerufen? Dann wirst du es auch fühlen – wie es dich berührt, ergreift in unbändiger Ekstase oder als ein Bad in stiller Glückseligkeit. Auch als ein inneres Aufreißen, ein Fallen ins Bittersüße und Unbekannte. Wie immer dein sechster Sinn erwacht, lass dich darauf ein! Die Geschenke des Himmels werden in Hülle und Fülle erteilt. Und sie sind perfekt auf dich abgestimmt, sobald du bereit bist zu empfangen. Ein neues Kapitel beginnt.

IM STROM INTUITIVER KRÄFTE MIT DEM LEBEN TANZEN

Um selbst im Strom intuitiver Erfahrung mitzufließen, gilt es zu erkennen, wann wir an echtem Wissen teilhaben oder ob das Ego nur unseren Verstand antreibt. Es geht nicht so sehr darum, etwas zu begreifen, als vielmehr darum, sich ergreifen zu lassen und im mystischen Tanz mitzugehen. Es ist experimentell und Öffnung für den Anfängergeist. Intuition kennt verschiedene Grade der Direktheit: Was du wahrnimmst, kann wörtlich gemeint sein oder symbolisch – im besten Fall einfachste, sprachlose Gewissheit. Das klingt geheimnisvoll, sogar paradox, aber die Entwicklung der Intuition ist auch ein Lernprozess, für den es bewährte Regeln und Empfehlungen gibt.

Wenn oft gesagt wird „Dein Bauch hat recht!“, dann ist das keine leere Redensart! Intuition „sitzt“ tatsächlich im Bauch, genauer im Unterbauch. Deshalb die erste Regel: Ernähre dich gesund und pflege deinen Körper. Dann wirst du auch bewusster in deinen Bauch hineinspüren können. Bauchgefühl ist Superkraft! Je mehr du deinem Bauch zu folgen lernst, desto mehr werden auch deine intuitiven Kräfte wachsen.

Drei Praktiken lassen sich immer in den persönlichen Tagesrhythmus einflechten, um inneres Wahrnehmungsvermögen zu entwickeln:

Meditation ist nachhaltige Einwirkung auf den Energiekörper. Das innere Gewahrsein erwacht. Je stiller der Ozean des Bewusstseins, umso weiter blickst du in die Tiefe, kannst um Klarheit über ein Ereignis oder eine Situation bitten: um eine klar verständliche intuitive Erfahrung.

Meditation verschafft deiner Sensibilisierung eine solide psychologische Grundlage. Warum? Weil sie innehalten lässt, bevor du dich in den Alltagsstrudel stürzt. Weil sie dich erst bewusst *unproduktiv* macht, bevor du zu produzieren beginnst. Damit wirkst du der Tendenz entgegen, dass deine Alltagserfahrung dich in die reaktive Ecke treibt und du dir damit eine gehörige Ladung Stress und Angst aufladst. Meditation hilft auch, eine wichtige Unterscheidung hinzubekommen: zwischen der intuitiven Stimme und spontan aufsteigenden Gedanken, die unsere Vision nur vernebeln. Es ist ein schmaler Grat, auf dem diese Unterscheidung getroffen wird! Praktizierst du täglich deine stille Stunde, hilfst du deiner Intuition auf die Sprünge, weil mentale Nebengeräusche dann zurücktreten dürfen und das Flüstern echter Eingebung vernehmlicher wird.

Auch reine, urteilslose *Beobachtung* ist eine Kraft, die dich auf dem intuitiven Lernpfad weiterführt. Beginne damit, dein Energieniveau zu beobachten, wenn du in der Gesellschaft anderer bist und wenn du deinen alltäglichen Pflichten nachgehst. Doch bewerte und deute nichts! Achte einfach nur darauf, wann, wo und warum deine Energie erschöpft wird, und wann du dich geerdet, kraftvoll und verbunden fühlst. Beobachte auch rein innere Erscheinungen – was es auch sein mag. Fange jedes Leuchten, ob blitzhaft oder nur leicht schimmernd, ein. Nimm Umrisse und Figürliches zur Kenntnis, auch wenn es nur schemenhaft hochkommt. Es könnten Spuren der Zukunft sein. Sobald du ein feineres Gewahrsein für spontane innere Regungen ausbildest, lernst du die Sprache deiner Intuition kennen. Du schärfst deinen sechsten Sinn, weil es die Verbindung mit dem Element Äther freischaltet und du von Andeutungen zu direkteren Informationen gelangst.

Tagebuchschreiben ist, wie wir bereits gesehen haben, ein wirksames Mittel, um sich mit feinstofflichen Ebenen zu verbinden. Schreibe jeden Morgen mindestens fünf Minuten lang frei und unzensiert auf, was du denkst und fühlst. Lass es geschehen, dass sich der Fokus von der Beschreibung der Ereignisse und Nöte des Lebens zu einem frei fließenden Stil hin verlagert. Dann beginnt auch die Energie des Äthers zu wirken. Irgendwann wirst du sehr bewusst mit dieser Energie, aber auch der Energie der anderen Elemente, arbeiten können. Du hast sie durch deine bisherige Praxis ja bereits „im Gefühl" und kannst dich durch sie alle mit feinstofflichen und spirituellen Ebenen verbinden. Wenn es sich richtig anfühlt, lass folgende Frage in dein Schreiben einfließen: „Was dient meinem höchsten Selbst in dieser Zeit?" Öffne dich während des Schreibens auch für Symbole, Skizzen, Gedichte und alles andere, was du zu Papier bringen magst. Selbst wenn es nur Formen, Farben, Muster, Umrisse oder ähnlich unbestimmte Dinge sind, vertraue trotzdem darauf, dass sie aus einem bestimmten Grund in dein Feld kommen. Achte auf alles, was jetzt „aufblitzt" … oder „flüstert" ... und bleibe stets offen, um jetzt die darunter liegende Bedeutung zu erfahren.

Und dann lass das Ergebnis los, damit die Erfahrung von ganz allein einsinken kann!

EMPFÄNGLICHER WERDEN FÜR DIE INTUITIVE STIMME

Vertraue immer darauf, dass deine intuitive Stimme gern auch spontan und ungefragt zu dir spricht. Es kann auf einem Waldspaziergang sein oder beim ergreifenden Anblick eines Sonnenuntergangs, auf dem Weg zur Arbeit, sogar bei einer Tanzparty in der Küche. Deine Aufgabe besteht nur darin, dann auch offen und wach zu sein, um die feineren Schwingungen in deinem Körper zu spüren. Du besitzt die angeborene Fähigkeit, intuitiv Informationen zu empfangen, und zwar durch alle Sinne: indem du etwas siehst, hörst, riechst, schmeckst, es auf der Haut spürst – oder einfach „weißt". Nimm es als etwas wahr, das tatsächlich aus der Quelle inneren Wissens stammen könnte!

Wenn dein intuitives Auge erwacht, strahlen heilende und vitale Energien durch dein ganzes Sein. Dein Herz wird dein Zuhause, wo die Liebe wohnt. Schritt für Schritt wirst du empfänglich für Zeichen und Omen, wie sie die Alten erhielten, und für Formen und Energien, die hinter der geräuschvollen Kulisse des modernen Alltags still, aber machtvoll wirken. Information von höherer Schwingungsfrequenz strömt immer und überall in dein eigenes Energiefeld. Sie will dich heilen und dein persönliches Wachstum fördern. Vertraue darauf – und lass davon ab, dich von den Einflüsterungen anderer Menschen abhängig zu machen. Setze auf deine eigene innere Leitung. Alle Sinne können zum Kanal für die intuitive Stimme werden.

Unsere Intuition ist das Geschenk, das wir erhalten haben, um erfolgreich durchs Leben mit all seinen unvorhersehbaren, komplexen und geheimnisvollen Facetten zu navigieren. Durch Visualisierung, Meditation, Nicht-Anhaftung und die Selbstverpflichtung, mit Hingabe und Glauben zu leben und zu lieben, verbinden wir uns mit dem Wissen, das tief von innen herkommt.

Natürlich werden wir dem Auf und Ab unseres täglichen Daseins nie ganz entkommen. Es wird Prüfungen geben, bei denen unsere Vision verworren und trübe wird. Vielleicht sabotieren wir uns sogar selbst. Angst und Zweifel, Beschämung und Schuldgefühle kommen womöglich ins Spiel. Dann entsteht Verwirrung: Was will ich eigentlich? Ist mein Weg der richtige? Negative Gedanken erhitzen das Herz: Statt den Verstand zu kühlen, damit er dir bei der Navigation hilft, nähren sie trickreich die Selbstsabotage, weil sie am Ego haften wie Klebstoff. Die Arbeit, diesen Klebstoff zu entfernen, ist allemal der Mühe wert! Ja, sie ist unabdingbar, um dich nicht selbst immer wieder kleinzumachen, im Kreis zu laufen und in Muster zu verfallen, die doch längst abgehakt sein sollten.

Wenn du dir dann alles, was dich beeinträchtigt und aufhält, aufrichtig und genau ansiehst, findest du auch wieder auf den Weg zurück – vielleicht sogar unbewusst, weil das Wissen von innen her es versteht, auf wirklich wundersame Weise auf dich einzuwirken.

Vergessen wir hier auch nicht die Störinformationen anderer. Nicht, um ihnen besondere Macht über uns zuzuschreiben, sondern um das energetische Umfeld zu verstehen, in dem wir nun einmal alle leben. Sobald ich meiner eigenen Schwingung gewahr werde, spüre ich sie auch bei anderen besser. Und kann mich bewusster darauf einstellen, weil mein eigenes Energieniveau mir zeigt, wie der andere „tickt". Das ist eine Win-win-Situation, die wir allein der Intuition verdanken. Wir können nicht ändern, wie andere uns sehen und auf uns zugehen, aber sehr wohl können wir ändern, wie wir selbst uns zeigen und dass wir unsere Entscheidungen auf einer Grundlage treffen, die Frieden und Freude in die Herzen bringt.

Somit sind wir wieder bei unseren Grundüberzeugungen und dabei, wie tief sie unser Leben beeinflussen. Sie stellen uns das Material zur Verfügung, um Mut zu sammeln und echte Transformation herbeizuführen, sodass wir unser Geburtsrecht nicht ungewollt abtun, sondern es absichtlich ausleben. Das menschliche Leben ist eine doppelte Einladung: sowohl das durchzumachen, was uns befreit, als auch das, was uns bindet. Unsere Initiation führt uns in die Reiche des stillen Punktes und des Wilden gleichermaßen.

Wir kommen in dieses Leben, um tief zu fühlen, um zu heilen und um unsere Seele in dieser Inkarnation vollständig zum Ausdruck zu bringen. Wenn wir an die Wurzeln unserer Instinkte rühren, wenn wir feurig und entschlossen, zugleich sanft und sensibel sind, wenn wir unser Bewusstsein weiten, um vom Wörtlichen zum Symbolischen, vom Alltäglichen zum

Kosmischen vorzudringen, dann entfachen wir die Flamme, die unseren Weg erleuchtet. Indem wir unseren Instinkten vertrauen wie eine hingebungsvolle Wolfsmutter, die Nahrung für ihre Jungen sucht, erspüren wir klarer und klarer, was wir wirklich wollen, und legen alles ab, was wir nur angestrebt haben, weil es von uns erwartet wurde. Nicht zuletzt geht es darum, die Chance zu wittern, die in den rätselhaften Unterbrechungen, den unerwarteten Prüfungen, den unverschuldet harten Zeiten und der komplexen Dichte des Lebens liegt. Wenn wir Widerstandsfähigkeit gepaart mit Offenheit an den Tag legen, vermögen wir jede Lebenserfahrung zum Dünger unseres persönlichen Wachstums zu machen.

Der stille Punkt im Inneren ist Weg und Ziel zugleich, jener innere Ort, an dem stilles Innehalten auf unbändige Lebenskraft trifft. Hier fühlen wir den Puls, der in den Wurzeln der Erde, in den Knochen unserer Vorfahren und in unserem eigenen Herzen schlägt. Hier lassen wir uns auf das Heilige ein. Wir fassen einen Glauben, der stärkt und befreit, statt uns Grenzen aufzuerlegen, und deshalb überstehen wir auch die schwersten Zeiten.

Um die subtilen Facetten unserer Intuition zu sehen, um mit ihr und aus ihr heraus zu leben, ist es erforderlich, sich von Unordnung im Außen wie im Inneren zu befreien. *Wir müssen üben, um zu sehen.* Also nimm Platz in deiner Seele: Visualisiere dein Leben, wie du es dir ersehnst, von einem Ort klar empfundener Selbstverantwortung her, wo Ehrlichkeit und Klarheit, Erdung und Neugierde, Kreativität und Schönheit einen heiligen Bund eingehen

UNERSCHÜTTERLICHER GLAUBE: AUF EIGENEM WEG IN DIE LICHTEN HÖHEN DES GEISTES

Mit zunehmender Lebenserfahrung reift auch dein Glaubenssystem. Als moderne Mystikerin kannst du in der freien Natur oder in der Kirche praktizieren, beim Licht des Vollmondes oder beim Abendmahl, in der Stille täglicher Meditation, im Gebet, auch bei einer Feuerzeremonie, in der Schwitzhütte, beim Yoga und im ekstatischen Tanz.

Wie sieht deine eigene Praxis aus? Worauf erbaust du dein Haus des Glaubens? Woher holst du dir die Energie, um die

Seelenebene zu erschließen? Was schenkt dir Einsicht, was lässt dein Herz singen? Du selbst weißt es am besten, denn was dich spirituell nährt, das bleibt deine ganz persönliche Erfahrung. Und du weißt, dass du alles verlierst, wenn du deinen Glauben verlierst. In deinem Glaubenssystem fügen sich deine Lebenserfahrungen zu einem Ganzen zusammen. So erst ergeben sie Sinn. Unsere Lebensreise ist als spirituelle Suche gedacht, die vom All-Tag ins All-Eine führt. Die täglich erfahrene Spannung zwischen Anstrengung und Leichtigkeit, Zweckmäßigkeit und Anmut, Ernst und Spiel liefert die Energie, um unsere Transformation zu vollziehen.

Und du bist nicht allein auf der Reise! Gemeinsam können wir unseren jeweiligen Glauben stärken – und damit auch die Schwingung der Menschheit als Ganzes erhöhen. Die moderne Mystikerin wird zur Überbringerin der frohen Botschaft, dass der Frieden über den Hass und die Weisheit über die Unwissenheit siegen wird. Wir tun unsere Arbeit auch, damit alle fühlenden Wesen davon profitieren. Ich bin sicher: Wenn unsere Vorfahren – wohin immer sie aufgestiegen sind – uns so sehen, dann macht es sie stolz. Es wird sie noch mehr motivieren, uns wegweisende Zeichen zu schicken, die uns zum nächsten Portal in der Erhebung der Menschheit führen.

Die Unterstützung, die wir auf unserer spirituellen Reise spüren, sowohl aus unserer eigenen Mitwelt als auch aus der Geistigen Welt, ist ein sehr wesentlicher Teil der Verbindung, die uns an unseren Glauben bindet. Es verankert uns in der Gewissheit, dass wir verkörpert wurden, um dereinst gekräftigt und geläutert in unsere geistige Heimat zurückzukehren. Welche Praktik diese Verbindung nun für dich herstellt und welche Überlieferungslinien auch immer dich in Resonanz mit deiner Wegleitung bringen, wirst du und nur du selbst entscheiden können. Im Grunde gibt es so viele spirituelle Wege, wie es Menschen gibt. Und immer ist es die Hingabe an das eigene Wohl wie das Wohl der anderen, die das Gold der Alchemie des Aufstiegs erzeugen.

Nur wenn der Glaube wächst, wird die Verkörperung in dieser Welt für die Seele zur Hoffnung, zur Infusion von Resilienz, um immer wieder den Berg hinauf- und von ihm abzusteigen. Glaube bewirkt, dass wir uns daran erinnern, wo, wann, wie und warum wir Rat und Hilfe erhalten. Auch unsere eigene Zeit hält alle geistigen Schätze bereit! Mehr denn je sind wir heutzutage in der Lage, auf alle möglichen spirituellen Wege und Traditionen zurückzugreifen – und neue zu erschaffen, weil sie unserer Gegenwart besser entsprechen. Das geistige Netz ist ausgeworfen, jede einzelne Masche liegt offen da. Nutzen wir die lebendige Gnade der Gegenwart! Es ist gibt weder den einen, allein selig machenden Weg, noch führt unser Weg in gerader Linie zum Ziel. Halte nun inne für ein kurzes Gebet:

> ***Lieber Geist,***
> *Hier bin ich, und ich bin bereit, heute Unterstützung zu erhalten. Ich bin offen, die Lehren zu hören, zu sehen und zu fühlen, die zu mir kommen. Führe mich in die lichten Höhen des Geistes, denn ich bin offen für die Reise.*

Rückhaltlose Hingabe ist die Einstellung, um eine gedankliche und gefühlsmäßige Ausrichtung herzustellen, die uns *alle* Energiequellen anzapfen lässt: die sichtbaren und die unsichtbaren, die erquickenden und die zehrenden. Du richtest deine Gebete und Fragen am Altar an jedes Element und bringst ihnen allen deine Opfergaben dar. Konkrete, alltägliche Praxis schärft deine inneren Sinne, um den Geist zu sehen, zu hören, zu schmecken und zu ertasten. Selbst wenn du dich der Geistigen Welt mit einem Korb voller Kuriositäten näherst, wird sie dich willkommen heißen! Und sei gewiss: Du gehst nie verloren, solange du dich zu erinnern vermagst, dass immer du selbst es bist, dass deine eigene Seele es ist, die jeden Tag die Brücke schlagen kann. Aus dem Füllhorn des Glaubens kannst du immer trinken und wirst niemals dürsten müssen!

Schließe jetzt die Augen. Stell dir vor, dass deine spirituelle Autopilotin übernimmt, vertraue dich ganz ihrer Führung an. Beginne das Gespräch mit ihr. Wie sieht sie aus? Wo im Körper hörst du ihren Ruf? Welchen Teil deines Inneren erfüllt ihr Wesen? Wie kommuniziert sie mit dir?

Wenn du dein Blickfeld noch weiter öffnest, kannst du dich auch mit Tieren, Pflanzen, ja mit ganzen Landschaften verbinden. Und alles wird dich unterstützen. Alles hat ein bestimmtes Gefühl, eine gedankliche Richtung und schenkt dem suchenden Geist eine bestimmte Symbolik. Denk darüber nach. Lade jede Art von Führung ein, um sie in deinem spirituellen Netz aufzufangen. Nimm ihre hilfreiche Präsenz jedes Mal wahr, wenn du dich in Ehrfurcht und Erhebung verbeugst. Empfange die Botschaft!

Rituale, um die Geistige Welt anzurufen

Du schärfst deinen intuitiven Sinn, verbindest dich mit den ätherischen Ebenen und holst physische, mentale, emotionale und spirituelle Energien in dein Leben. Du entdeckst Rituale, wo du mit Klangresonanz, Gesang, Atem, Traum und Tanzreise arbeitest, um die Heilkräfte von Körper und Geist zu entfachen.

1. Atem der inneren Einheit: Aktivierung der Lebensenergie

1 Such dir einen bequemen Platz, entzünde eine Kerze, heiße den Moment willkommen und lass deine täglichen Aufgaben und Pflichten los. Stimme dich auf deinen Atem ein und verbinde dich mit der Fülle universeller Lebensenergie.

2 Lass dich inspirieren, indem du an einen Ort denkst, der deine Seele nährt. Fasse die Absicht, deine Schwingungsfrequenz durch Atem und Visualisierung zu erhöhen.

3 Bist du zur Ruhe gekommen, führe die Handflächen zusammen und reibe sie kräftig, um Wärme zu erzeugen. Lege die Hände über die Augen, atme Lebensenergie ein und wieder aus. Mach dies dreimal.

4 Lege beide Handflächen über dein Herz. Dann strecke die Arme zur Seite hin aus und führe die Hände über dem Kopf zusammen. Zieh sie danach zusammengelegt vor die Körpermitte. Führe die gesamte Kreisbewegung sechs- bis zwölfmal aus, um dich mit Lebensenergie aufzuladen.

5 Atme stets tief ein und stell dir vor, dass dein ganzer Körper mit einem Feld von Lichtkraft-Aktivierung verschmilzt, das aus deinem Nabelzentrum strömt – mit reinen, hochschwingenden Energiewellen aus Sonnenlicht.

6 Lege die linke Hand aufs Herz und die rechte Hand auf die Erde. Atme tief durch und lass alles, woran du festhältst, gehen: Trauer, Angst, das Bedürfnis nach Kontrolle ...

7 Hebe beide Hände zum Himmel und öffne dich als Kanal der Empfänglichkeit. Erweitere dein Ein- und Ausatmen – mach es groß und rund.

8 Öffne dich, um die Verbindung zwischen den ätherischen Ebenen und der Lebensenergie um dich herum herzustellen.

9 Gib dir Zeit, dich mit der Energie zu verbinden. Lege Pausen ein, wenn du es brauchst. Kannst du Veränderungen in deinem Energiekörper sehen, hören oder spüren?

10 Gibt es Farben, Symbole oder Botschaften, die durchkommen wollen?

11 Bitte deine innere Führung um Intuition – um Hilfe auf all deinen Wegen.

12 Gibt es Worte oder Gebete, die jetzt ausgedrückt werden wollen? Dann sprich sie laut aus oder schreibe sie in dein Tagebuch. Dies ist ein heiliger Moment. Einer jener Momente, die den Unterschied machen und deine innere Evolution fördern.

2. Schwingende Klangresonanz: Klärung des Halszentrums

Absicht

Sich mit der eigenen Stimme zu verbinden, um die Lebensenergie zu erhöhen. Du wirst eine Reihe von Klängen verwenden, um die Alchemie der Elemente zu nutzen und die feinstofflichen Energiezentren zu aktivieren, die von der der Basis der Wirbelsäule her hinauf zum Scheitel führen.

Jeder Energiemeditation wohnt etwas sehr Persönliches, ja Intimes inne. Finde deinen eigenen Weg, dich so auszudrücken, dass es sich befreiend und befriedigend anfühlt. Die Übung kann im Sitzen und im Liegen, auch im Stehen mit Bewegung durchgeführt werden. Erzeuge stimmlich den Klang des Energiezentrums wie unten beschrieben, verbinde dich mit seiner elementaren Eigenschaft und spüre in sie hinein. Lass die Klänge langgezogen und mit freiem Atem heraus, drei- bis sechsmal pro Zentrum.

Ton	Energiezentrum	Element	Qualität
O wie in „hoch"	Basis der Wirbelsäule	Erde	Erdung
U	Unterbauch	Wasser	Kreativität
E	Solarplexus	Feuer	Innere Kraft
O wie in „Wort"	Herz und Lunge	Luft	Mitgefühl, Selbstliebe, Vergebung
I	Kehle, Hals, Schultern	Äther	Sprechen und auf die eigene Wahrheit hören
M	Mitte der Stirn	Licht	Intuition
Ing	Hände zusammen über den Kopf und langsam heben	Sterne Mond Sonne	Transzendentes Bewusstsein

Mantra-Medizin

Absicht

Niedrigere Schwingungsenergien in höhere umzuwandeln und die Verbindung zur Gegenwart sowie Glauben und Erdung zu festigen.

Mantras dienen der Eröffnung und dem Abschluss eines Rituals. Sie bieten eine potente Möglichkeit, Resonanz zum Ätherelement herzustellen, und können gesprochen, gechanted (gesummt) oder laut gesungen werden. Ihr Geheimnis liegt in der fortwährenden Wiederholung, was es dem feinstofflichen Körper erleichtert, die eigene Schwingung zu erhöhen.

Selbstbejahendes Mantra

Ich bin das Licht meiner Seele
Ich bin strahlend
Ich bin ausgeruht
Ich bin weit
Ich bin, ich bin.

Im Minimum sechsmal manifestieren. Eine Übung für alle Entwicklungsstufen, Altersgruppen und Lebenssituationen. Auch Kinder und Jugendliche profitieren davon, das affirmative Mantra zu entdecken, das ihren Wesenskern anspricht. Gerade wenn sie mit Problemen zu kämpfen haben und/oder in Situationen persönlicher Prüfung und des Übergangs stehen.

Denk dir selbst eine auf dich zugeschnittene Affirmation aus, und fasse sie in Form eines Mantras oder einer kurzen, rhythmischen Satzfolge zusammen, die sich leicht wiederholen lässt. Oder verwende die folgende Anleitung als Leitfaden, indem du in die leeren Stellen etwas einfügst, das dich anspricht:

Ich bin die ______ meiner Seele,
Ich bin ______ ,
Ich bin ______ ,
Ich bin ______ , ich bin, ich bin.

Kurze Mantras und Chants aus verschiedenen Weltregionen

Manifestiere jedes Mantra/jeden Chant zwei bis vier Minuten lang, bis der Klang so tief verankert ist, dass du eine Veränderung im Energiekörper spürst. Lass dich tief ein und genieße die Freiheit, die dich begrüßt, wenn der Verstand still wird und das Körper-Herz-Feld wächst.

Keltischer Chant

Dieser Körper, dieser Tempel, das ist das Göttliche in mir.
Dieser Atem, dieser Geist, das ist das Göttliche in mir.

Chant der amerikanischen Ureinwohner

Erde meinen Körper.
Wässere mein Blut.
Belüfte meinen Atem.
Befeuere meinen Geist.

Hopi-Gebet

Ich wandle in Schönheit,
Schönheit vor mir, Schönheit hinter mir,
Schönheit überall um mich herum.

Om Mani Padme Hum

Dieses buddhistische Mantra bedeutet übersetzt „Das Juwel in der Lotosblüte". Es verkörpert bedingungslose Liebe und allumfassende Weisheit. Visualisiere eine Lotosblüte mit einem schimmernden Juwel in der Mitte deines Herzens.

Om Shanti Shanti

Ein hinduistischer Chant, der das Universalmantra OM und das Wort „Frieden" miteinander verbindet.

Ahim Prema

Ein hinduistischer Chant im Sinne von „Ich bin göttliche Liebe".

Falls du dich gut fühlst, wenn du zu Musik singst und tanzt, wähle eine gefühlvolle Komposition, die dein Herz öffnet. Sing und summe frei mit. Bewege auch deinen Körper. Es kann so heilsam sein, sich stimmlich und in Bewegung auszudrücken!

3. Die Geistige Welt ruft dich auf, die Alten zu ehren

Absicht

Zu visualisieren und zu beten, um sich für die ätherische Ebene zu öffnen und die Alten zu ehren, die vor uns in diese Welt kamen.

1 Sitz bequem. Verlangsame die Atmung und entspanne den ganzen Körper.

2 Visualisiere eine „Nabelschnur", die sowohl nach vorn durch den Bauch wie nach hinten durch den Rücken verläuft.

3 Diese Schnur erweitert sich zu einem Netz, das den gesamten Kosmos umspannt: von der Erde zum Himmel, von den physischen zu den spirituellen Ebenen, von Osten nach Westen, von Norden nach Süden, von Sonnenaufgang bis Sonnenuntergang.

4 Jede Faser dieses Netzes ist ein Teil deiner Lebenslinie, die bis zu deinem ältesten Selbst verläuft. Ehre das Blut und die Knochen deiner Vorfahren und deine karmische Führung. Ehre den Sternenstaub und die Lebenskraft, die in dir wohnen. Erlaube dir, dich zu erinnern, zu fühlen, zu spüren und zu sehen, woher du kommst und wohin du gehst.

5 Erwirke ein Gebet aus dem Inneren deines kosmischen Netzes und tritt ein in ein Feld von Dankbarkeit und Gnade.

6 Vernimmst du den Aufruf zum Handeln? Vielleicht durch eine Einsicht oder ein Bild, das dich deinen Dienst an der Welt erkennen lässt?

7 Erlaube dir, weich und fließend zu werden.

8 Bitte um Führung und Unterstützung sowohl aus dem physischen wie aus dem spirituellen Bereich.

9 Kehre in den Zustand der Dankbarkeit zurück, übe dich in Nicht-Anhaftung, indem du alle erwünschten Ergebnisse gehen lässt.

10 Schließe dein Gebet mit einer Segnung ab und danke allen Energien, die dich tragen und führen.

4. Rituale, um die Sinne zu schärfen und die Intuition zu erwecken

Intention und Praxis

Verabrede dich mit deiner Intuition. Lass dich ohne Wenn und Aber auf alles ein, was kommt, ohne ein bestimmtes Ergebnis zu erwarten: Folge dem Wunsch – und lass das Resultat gehen. Ergebnisoffene Praktiken dienen dazu, dich ganz auf dein Sinnesvermögen einzustellen und deine intuitive Natur zu erwecken. Lass alle Äußerlichkeiten, Gewohnheiten und unnötigen Geräte beiseite. Genieße einfach den freien kreativen Prozess!

Tanzreise

Absicht

Spannungen lösen, leicht und fließend werden und die Kanäle des intuitiven Körpers öffnen.

1. Bereite eine Playlist vor oder wähle einen Musiktitel, der lang genug ist, damit du zwischendurch nicht an dein Abspielgerät gehen musst.
2. Tanze spontan und frei mindestens 15 Minuten lang.
3. Richte deine Absicht darauf, die feinstofflichen Kanäle im Körper zu befreien und strömende Energie einzuladen. Wenn du dich in einem ausreichend großen, freien Raum befindest, kannst du dich mit geschlossenen Augen bewegen.
4. Lass den Geist schweifen, vereinige alle Strömungen in den körperlichen Kanälen, lass dein Herz durch die Bewegung zu dir sprechen und tanze so, dass deine Seele nach Hause kommt.
5. Anstatt „schöne" Tanzschritte zu machen, folge unwillkürlichen Bewegungsimpulsen. Erlaube dir, dich vollkommen frei und ungezwungen auszudrücken.
6. Indem du das Ergebnis loslässt, fließt du mit dem intuitiven Strom in ein unermessliches Feld der Freiheit. Dein eigenes Feld wird sich auf völlig natürliche Weise erweitern.
7. Abschließend kommst du zum stillen Punkt und schreibst etwas in dein Tagebuch.

Fragen an mein Tagebuch

- Was sagt mein intuitives Selbst mir jetzt?
- Auf welche Erfahrungsbereiche – Beziehungen, Karriere, Gesundheit zum Beispiel – sollte ich meine Aufmerksamkeit richten?
- Gibt es eine bestimmte Resonanz, ein Symbol, eine praktische Methode oder einen direkten Handlungsaufruf, um mich jetzt zu unterstützen?

Herz-Meditation

Absicht

Meine intuitive Natur beleben und meine Liebesfähigkeit vermehren.

Zweck

Ein intuitives Gebet erwirken, um das Herzfeld zu magnetisieren.

1. Bereite einen gemütlichen Raum für eine 15-minütige Meditation vor.
2. Stell dir einen Wecker. Entzünde deine Kerze.
3. Rufe deine mitfühlende und liebevolle spirituelle Führung an, damit sie dich auf dieser Reise bestärkt und sensibilisiert.
4. Beginne, indem du deine Hände aufs Herz legst und den Atem verlangsamst, bis du beim Einatmen und beim Ausatmen jeweils bis sechs zählen kannst.
5. Atme die Essenz der Liebe und des Mitfühlens ein und die Essenz der Liebe und des Mitgefühls aus.
6. Rufe dein höheres Selbst an, die Einladung zu tiefer, bedingungsloser Liebe anzunehmen, und erlaube dieser besonderen Schwingung, sich in jeder Zelle deines Körpers einzunisten.
7. Lege deine Hände in bequemer Position auf den Schoß.
8. Stell dir dein Herz jetzt wie ein Nest vor. Stimm dich auf etwas ein, das du sehr liebst. Es kann auch aus der Natur sein, zum Beispiel eine Rose.
9. Während du auf deinen Atem achtest, stell dir vor, dass die Rose im Inneren des Nestes gehalten wird und sich ihre Ausstrahlung, Vitalität und Schönheit immer weiter ausbreitet.
10. Auf völlig natürliche, spontane Art wird diese Energie in deinem Herzfeld magnetisch. Lass sie wachsen und wachsen.

11 Rufe aus deinem intuitiven Feld ein Herzensgebet hervor. Du kannst es innerlich oder laut sprechen.
12 Wie wird das Gebet in dir aufgenommen? Kannst du es ungefiltert durchkommen lassen?
13 Beobachte, welche Gedanken, Symbole und Energien sich jetzt zeigen.
14 Versiegle deinen heiligen Raum und stell dir vor, dass dein Zimmer von milder, wohlwollender Strahlung erfüllt wird. Danke deiner Führung für ihre Hilfe und ehre deine intuitive Kraft!

Fragen an mein Tagebuch

- Wovon spricht mein Herz jetzt zu mir?
- Was hilft meinem Herzen, in meiner jetzigen Lebenslage zu wachsen, um sich weiter zu öffnen?
- Gibt es einen direkten Aufruf zum Handeln oder eine Richtung weisende Affirmation, um die Fähigkeit meines Herzens, gerade jetzt voll zu lieben, herzustellen?

Innere Reise

Absicht

Erforschen, wie mein innerer Sinn mich leiten kann, damit ich meine Wahrnehmung weite. Alle Pläne loslassen, um meine intuitive Natur herauszufordern und überraschende Wegleitung zu erhalten. Du kannst dir jede Umgebung vorstellen. Diese Reise kann überall hin gehen!

1 Mach dich auf den Weg, um ein völlig unbekanntes Terrain zu entdecken: Lass dich schlicht und einfach von den Windungen des Wegs vor dir oder von der nächsten Straßenecke leiten. Finde Freude daran, dem Sog der Eingebung zu folgen.
2 Spüre in dein Nabelzentrum hinein. Wohin will es dich leiten? Entspanne dabei deine Gedanken.
3 Stell dich auf alle Sinne ein – auf deine komplette Wahrnehmungsfähigkeit. Genieße es ohne Wenn und Aber, ohne versteckte Absichten, ohne spezielle Motivation. Halte inne, wenn dir danach ist. Finde ein Tempo, das sich richtig anfühlt, löse dich vom Alltagsstress, lass dich auf die Schönheit ein, die vor dir liegt.
4 Erinnere dich bei jedem Schritt daran, dass du im Feld der universellen Lebensenergie wandelst.

5 Du wirst in Schönheit und Anmut gehalten. Du bist ein bewegliches Gefäß der Kraft und bedingungsloser Liebe! Dein Herz-Geist-Feld ist eine Quelle spiritueller Verkörperung: schrankenlos weit, völlig frei und immer neugierig. Sieh das Wunder wie durch die Augen eines Kindes. Sei frei und ungezwungen – es gibt kein endgültiges Ziel.

6 Schau oft in den Himmel. Sieh, wie sich die Wolkenformationen ändern. Spüre das Prana in der Erde. Beobachte, was jetzt wächst, nimm die Farben dieser Welt auf. Spürst du die Luft auf deiner Haut? Die Kraft des Sonnenlichts? Vielleicht steht dort oben jetzt der Mond? Fühlst du, dass du an einem Ort angekommen bist, wo du dich ausruhen kannst? Dann nutze die Gelegenheit.

7 Achte auf die Pfade des Geistes: Drängt sich ein besonderer Gedanke auf? Kommt eine Botschaft durch? Ein Loslassen, ein Verstehen, eine direkte Aufforderung zum Handeln, ein Gebet? Ein Moment der tiefen Einsicht? Gibt es Boten aus der Pflanzen- oder Tierwelt? Lösen menschliche Boten etwas in dir aus?

Fragen an mein Tagebuch

- Welche Erfahrungen habe ich gemacht und was habe ich dabei festgestellt?
- Hatte ich das Gefühl, eher von meiner inneren Mitte her als durch den Verstand geleitet zu werden? Wie hat sich das angefühlt?
- Gab es einen Moment der Einsicht, des Erwachens oder des Loslassens?

Traumreise

Absicht

Meine Intuition einladen, mir Einsichten aus der Traumzeit zu überbringen. Ängste und Stressfaktoren des Alltags beseitigen, um gut zu ruhen und die Traumbotschaften zu verstehen.

1 Führe ein Traumtagebuch. Lege es neben dein Bett.

2 Gönn dir vor dem Einschlafen eine fünfminütige Entspannung, um tägliche Sorgen loszulassen, damit du in den kommenden Stunden tief ruhen kannst und sich das Portal zu deinem höheren Selbst öffnet.

3 Schreibe ins Tagebuch, was du gehen lassen und wovon du dich erholen möchtest, um deine Vitalität zu festigen. Stell dir eine spezifische, aber offene Frage zu einem Thema, worüber du Einsicht gewinnen möchtest. Zum Beispiel: „Ich bitte um Führung in Bezug auf meine spirituelle Entwicklung am jetzigen Zeitpunkt. Ich rufe meine liebende und helfende Führung an, um Körper, Geist und Seele auf die Schwingung der Heilung, des Ausruhens und des Empfangens einzustimmen. Sanft ruhe ich jetzt."

4 Gibt es eine Affirmation, die dich unterstützt, um loszulassen und zur Ruhe zu kommen? Manifestiere sie dreimal. Zum Beispiel:

Jetzt ruhe ich friedlich.
Jetzt ruhe ich friedlich.
Jetzt ruhe ich friedlich.

5 Wenn du dann morgens aufwachst, begrüße deine Dankbarkeit gegenüber dem Leben – auch wenn du nicht gut geschlafen haben magst. Dies ist der optimale Zeitpunkt, um deine Träume aufzuschreiben. Tue dies ohne Bewertung oder gar Selbstverurteilung. Schreibe einfach aus dem beobachtenden Geist heraus!

6 Begrüße den neuen Tag! Hier ist ein Gebet dafür:

Ich gehe in meinen Tag in Dankbarkeit, weil ich am Leben bin, und öffne mich vollständig, um die Botschaften, Lehren und Erkenntnisse zu empfangen, die heute für mich bereitet sind. Ich werde gleichviel geben wie empfangen. Ich werde gleichermaßen ruhen und aktivieren. Ich werde auf alle Boten hören, in allen Formen und auf allen Wegen, wie immer es zu mir kommen will.

7 Je mehr du auf deine Träume achtest, desto öfter wirst du dich auch im Lauf des Tages an sie erinnern. Schreibe sie dann möglichst rasch auf, und sei es in Stichworten. Wenn im Trubel des Alltags spontan etwas erneut durchkommt oder wenn du dich wiederholt an ein und denselben Traum erinnerst, könnte es von besonderer Bedeutung sein. Lass dich darauf ein, ohne eine Deutung mit dem Verstand erzwingen zu wollen. Diese Übung wird deine intuitiven Kanäle stark aufladen!

5. Geführte Meditation: Visualisierung der Elementargeister

Absicht

Spirituelle Wegleitung erhalten, Überholtes loslassen, um einen kosmischen Reset willkommen zu heißen. Du kannst sitzen, liegen oder dich durch Bewegung ausdrücken.

1 Errichte einen Altar, der Erde, Luft, Feuer, Wasser und Äther repräsentiert. Wenn du magst, höre Musik mit einem gleichmäßigen Rhythmus, um einen ausgeglichenen, ruhevollen Herzschlag zu unterstützen. Kläre die Energie im Raum: Lüfte, nutze Weihrauch, Kräuter oder ätherische Öle. Entzünde eine Kerze, um deinen heiligen Raum zu öffnen. Heiße die vier Himmelsrichtungen und die Elemente als deine Lehrer willkommen.

2 Sprich deine Absicht laut aus! In der Gruppe eines Heilkreises tut ihr dies zusammen, jede Person kann jetzt einen heiligen Gegenstand weitergeben. So wird die Energie, die ihr loslassen, und die Energie, die ihr einladen wollt, von allen geteilt.

3 Lenke dein Bewusstsein zur Basis der Wirbelsäule. Schicke deine Erdungsschnüre nach unten. Sieh, wie sie sich in ein stützendes Wurzelsystem tief im Bauch von Mutter Erde verwandeln. Schicke dein Bewusstsein in ihren dunklen Schoß, während du deinen ganzen Körper weich machst und tief atmest.

4 Visualisiere den Geist der Erde. Gibt es eine Gestalt oder Form, die dich dort unten führen will? Öffne dich für alle mitfühlenden und hilfsbereiten Erdgeister. Erscheint ein Gesicht, ein Umriss, eine Landschaft? Dazu ein Klang, ein Geschmack, eine Empfindung? Mutter Erde übernimmt jetzt die Führung!

5 Lenke dein Bewusstsein ins Becken. Stell dir vor, dass es mit hoch schwingendem Wasser gefüllt ist. Spüre dessen Bewegung – schwinge selbst mit. Visualisiere beliebige Wasserflächen – Ozean, See, Fluss, Bach, Wasserfall. Erlaube dir, dich erquickt zu fühlen. Sieh nun den Geist im Wasser: Welche Gestalt, welchen Umriss, welche Form, welche Energie nimmt er (oder sie) an, als ein mitfühlendes und weises geistiges Wesen? Es kann auch das Bild eines Geschenks oder eine

Botschaft sein, die durch das Wasser hochkommen – alles jetzt kann dich zum höchsten Selbst leiten.

6 Lenke dein Bewusstsein in die Mitte des Körpers und visualisiere eine Flamme am Nabelzentrum. Mit jedem Einatmen wächst sie und wird heller, mit jedem Ausatmen ihr Leuchten feiner und feiner. Nun visualisierst du ein großes Feuer direkt vor dir. Heiße das unendliche Mitgefühl der Geistigen Welt in seinem Inneren willkommen. Verbinde deine eigene Flamme mit diesem Feuer. Welche Form, Energie, Kontur, Gestalt hat der mitfühlende Feuergeist? Er (sie) wird dich darin stärken, jetzt irgendeine Energie rasch und wirksam zu transformieren. Welche Energie möchtest du dafür wählen? Gib sie in das Feuer. Beobachte, wie sie verbrennt. Sieh in die Flamme. Welche Botschaft bist du bereit zu empfangen?

7 Atme achtsam und langsam, fülle Herz, Lunge und den ganzen Brustkorb mit reiner und klarer Luft. Erlaube der Weite des blauen Himmels, in dir zu wirbeln. Verbinde dich mit dem Geist der Luft als mildtätiger Führung. Welche Gestalt, Form, Umrisse oder Energie nimmt deine Vorstellung an? Lass ihre Energie dein Herzzentrum reinigen und erwecken. Was möchte losgelassen, was ausgedrückt werden? Was möchte wachsen und in der Tiefe deines Herzens geteilt werden? Nimm es dir zu Herzen, denn der Himmel ist ein großer Lehrer und Führer.

8 Lenke dein Bewusstsein zurück ins Nabelzentrum. Stell dir ein Netz vor, das sich von der Mitte deines Körpers her um dich herum ausbreitet. Das Netz hält und stützt dich jetzt, was immer du gerade erlebst. Spüre es unten, oben, vor dir und hinter dir. Heiße das Element des Äthers willkommen: das Heilige, das Unsichtbare, das Geheimnisvolle. Lass es durch deinen Geist wirbeln und ihn von Negativität reinigen. Lass zu, dass es zu einer Lichtquelle in deinem dritten Auge wird. Heiße den Äther willkommen, auch um deine Kehle zu reinigen, sodass du deine Wahrheit ohne Scheu aussprechen kannst und ohne Fehl und Tadel handelst.

9 Welche Gestalt, Farbe, Form, Umrisse oder Energie nimmt der mitfühlende Geist des Äthers für dich an?

10 Verwebe diese Vorstellung in deine Wirbelsäule und führe sie hinunter bis zu den Wurzeln der Erde – folge den Spuren des

Äthers. Schau dann aus der Dunkelheit des Erdenschoßes nach hoch oben und gewahre das kosmische Portal des sternenklaren Nachthimmels. Bade dein innerstes Wesen im Licht der Sterne. Heiße die alchemistische Medizin deiner Seele willkommen. Die Sternenformation, die in deinem Zellgedächtnis verankert ist, wird jetzt lebendig!

11 Empfange diese Übertragung in aller Tiefe, lass sie in jedes Körpergefäß eindringen. Verwebe die Sternenenergie in Wirbelsäule, Herz und in den Bahnen deines Gehirns.

12 Welche Lehre kannst du jetzt empfangen? Gibt es Symbole, Worte, Formen, Blitze, Umrisse, Tiere, Ahnen, Führer, Landschaften, die zu dir kommen?

13 Mach deinen Körper ganz weich, damit er zum offenen Kanal elementarer Weisheit wird. Empfange alles, was durchkommt. Erlaube deiner Erfahrung, mit der Energie von Erde, Luft, Feuer, Wasser und Äther inständig zu verschmelzen.

14 Nimm sechs weite Atemzüge und kehre in die Energie der Erde unter dir zurück.

15 Wenn du dich bewegt hast, nimm jetzt wieder eine sitzende Position ein und betrachte deinen Altar. Wie fühlst du dich?

16 Versiegle deinen heiligen Raum, indem du der anwesenden Führung dankst. Lass sie wieder mit Erde, Luft, Feuer, Wasser und Äther verschmelzen.

17 Schreibe deine Erfahrungen ins Tagebuch.

6. Fragen an mein Tagebuch

- Welches waren die denkwürdigsten spirituellen Momente in meinem Leben? Jene Momente, wo ich das Gefühl hatte, von einer besonderen Präsenz oder Energie geleitet und unterstützt zu werden?
- Wie haben diese besonderen Erfahrungen mein Leben beeinflusst?
- Was habe ich daraus gelernt?
- Mit welcher bewussten Selbstfürsorge nähre ich mich auf seelischer Ebene?
- Was dient derzeit nicht meinem höchsten Selbst?

- Wann und wo habe ich gespürt, dass meine Intuition mich ruft? Zu welchem Zeitpunkt und unter welchen Umständen?
- Was sagt mir meine Intuition JETZT? Gibt es Möglichkeiten, um meine intuitive Natur zu weiterer Entfaltung zu bringen?
- Mit welchen Seelengaben wurde ich geboren? Wie können sie mich und meine Lebenswelt schützen, erhalten und weiterentwickeln?
- Wie würde ich die Qualitäten jedes meiner wesentlichen Teile beschreiben: körperlich, emotional, intellektuell und spirituell? Was sind die Superkräfte, die mich am intensivsten fördern? Was in meinem Verhalten stimmt nicht mit meinen Grundwerten überein? Wie kann ich daran arbeiten, mich zur Gänze mit meinen Grundwerten in Einklang zu bringen?
- Gibt es tägliche Rituale, um die Brücke zur Manifestation aller Wesensteile meiner selbst zu schlagen? Wie lasse ich mich inspirieren, um mein vollständiges Selbst mit der ausgeglichenen und mitfühlenden Essenz in meinem tiefsten Inneren zu verweben? Welchen Aufruf zum Handeln verspüre ich jetzt, den ich niederschreiben und an einem Ort anbringen kann, an dem ich schwerlich vorbeigehen kann, ohne den Aufruf zu lesen? Oder werde ich ihn auf/an meinem Altar anbringen?

Mein gesalbter Herztempel spricht tiefste Wahrheiten.
Die mystischen Ebenen, auf denen ich wandle,
bergen ambrosische Träume
und erwecken alle würdigen Visionen zum Leben.

Von den Alten gesungene Beschwörungsformeln
motivieren mich.
Alle Dimensionen erschließen sich, weil ein innerer Kompass
mich leitet.

Das galaktische Portal öffnet sich,
ein Heiligtum numinoser Vorstellungskraft,
die Zeit und Raum übersteigt.

Spuren außerweltlicher Erinnerung netzen meine Seele
und entfachen universelle Wahrheiten
in meiner innersten Geistesmitte.

Die mir verliehenen Gaben
sind nicht in weltlichen Worten auszudrücken.
Mein Seelenwissen ist von königlicher Würde.
Mein Ätherkörper ist eine unbändige Kraft
himmlischen Lichts.

Mit hingebungsvoller Berührung des heiligen Raums
ziehe ich eine feine Spur aus Sternenstaub.
Goldene Fäden verweben sich in alle Richtungen,
nach innen, oben, unten, hinten und vorn.

Verbunden mit der Quelle des Lebens,
erwacht in meinem transzendentalen Wesen,
bin ich die Mystikerin,
hineingeboren ins Gewahrsein
meiner ozeanischen, kosmischen Inkarnation.

HEILENDE RITUALE DER MONDGÖTTIN

Zu glauben, wir bestünden allein aus Licht und Liebe,
ist Illusion.
Wir sind auch Schatten und Dunkelheit.
Doch selbst in den dunkelsten Nächten,
wenn Luna sich verbirgt,
schickt die Göttin uns ihre Gaben.
Mit entfesselter Kraft stößt und zieht sie uns ins Leben.
Majestätisch, immerwährend, umschlingt auf leuchtendem
Pfad uns ihr Kreisen.
Willst du wie SIE sein?
So wappne dich mit der Kraft des Loslassens.
Stell dich deinen Ängsten.
Vertraue auf das göttliche Timing.
Schärfe dein inneres Auge für Synchronizität.
Die Zeichen und Omen sind überall.
Sie werden erscheinen, sobald du bereit bist, dich einzulassen.
Werde selbst zum Kanal der Resilienz, des Einfallsreichtums
und des Mitfühlens!
Dann wirst du wirklich zu Licht und Liebe,
findest Freude und Frieden
in den stärksten Stürmen des Alltags.

Kapitel 7

Heilende Rituale der Mondgöttin

Zeitlose Weisheit für Transformation und Erneuerung

DER LUNA-EFFEKT: REINSTE KREATIVE ENERGIE ANZAPFEN

Alles im Universum ist in Bewegung, aber auch wenn es als noch so komplex erscheint – die kosmischen Rhythmen verleihen allem Stetigkeit und Struktur. Auch dem menschlichen Leben. Schau nur zum Himmel auf, ob bei Tag oder bei Nacht, und du verstehst, dass der Himmel schon unseren ältesten Vorfahren ein verlässlicher Kompass war. Vor allem das zyklische Werden und Vergehen der Mondgestalt wies ihnen den Weg, um ihr Leben mit den kosmischen Rhythmen in Einklang zu bringen. Auch wir erkennen erneut, wie machtvoll die Schwingungskraft der Mondrhythmen ist und dass sie nicht nur die Gezeiten der Ozeane, sondern auch die Gezeiten des menschlichen Lebens periodisch zum Erwachen und Ausdehnen sowie zum Ruhen und Zusammenziehen bringen. Wenn wir uns bei Vollmond oder Neumond auf die Zyklen Lunas einstimmen und die Kraft des Göttlich-Weiblichen hervorbringen, dann verwirklicht sich damit das Heilige sogar in unserer modernen Welt.

An Vollmond sind wir von Natur aus intuitiv und geistig hoch empfänglich: Wir sind kreativ und „denken groß". Neumond ist die Zeit, um unseren Brunnen wieder aufzufüllen, die

Gelegenheit für Ruhe und Reflexion und um Visionssamen zu pflanzen. So unterstützen uns die helle wie die dunkle Seite der Mondmystik, nach innen zu lauschen und Antworten auf alle Fragen an das Leben zu erlangen. In der stillen Schönheit einer Neu- und Vollmondnacht trinken wir dank bewusster Seelenpflege-Rituale aus der Quelle heilender Medizin.

Sprich dann ohne Scheu aus, was dich emotional, spirituell, körperlich und mental bewegt – ob es im Kreis Gleichgesinnter geschieht oder allein, vor deinem eigenen Selbst. Ja, es stimmt: Sobald wir offenbaren, was in uns wirklich vor sich geht, machen wir uns verletzlich. Doch es durchdringt unser ganzes Wesen und macht empfänglich auch für die Wesenskraft des Lichts, der Liebe und der Transformation. Luna ist immer bereit, uns zu unserer eigenen Medizin zurückzubringen. Ihr Leuchten inspiriert zur Enthüllung der Geheimnisse zeitlos gültiger Lehren von innerer Befreiung und persönlichem Wachstum. Die Mondgöttin rührt an mystische Orte und setzt im Inneren und Äußeren ihre heilende Energie frei.

Luna ist unsere Zeitwächterin, die Fährtenleserin unserer Lebenslinie und die Transformations-Torwächterin, ist unsere Seelenlehrerin und numinose Führerin. Bei Neumond wird unsere Welt in den dunkelsten Schatten getaucht und bei Vollmond sogar des Nachts fast taghell erleuchtet. So erfährt im Zyklus von 29,5 Tagen alles irdische Leben immer wieder aufs Neue seine Vollendung. Menschen, die sich bewusst auf Lunas Zyklus einstimmen, empfangen die magnetisch-lunare Kraft und das Geschenk himmlischer Wunder.

Neumond begünstigt jeden Neuanfang und auch die Öffnung eines Lebenskapitels, das irgendwann geschrieben werden muss: die Rückgewinnung der eigenen Wahrheit, der Bildung echten Mitgefühls und der entfesselten Selbstliebe. Dies ist der Zeitpunkt, um das Göttlich-Weibliche auf die Reise zu schicken und den Kern dessen freizulegen, was du wirklich bist. Wie wäre es, wenn du dir an jedem Neumond vornimmst, innezuhalten, weicher zu werden und die Energie deiner authentischen Göttlichkeit anzunehmen?

Vollmond fördert die expansive Manifestation, weil deine Energie jetzt unmittelbar von der innersten Quelle her gesegnet wird. Es ist die Gelegenheit, um dafür zu erwachen, wie du dich mit deiner höchsten Essenz in Einklang bringen kannst. Deine Vitalität und dein Vermögen, alle Handlungen mit deinen Gebeten in Einklang zu bringen, erreichen den Höhepunkt. Wie wäre es, wenn du an jedem Vollmond dir die Gelegenheit schenkst, darüber nachzudenken, was dir nicht mehr dient, um bewusst und kraftvoll auszusprechen, was du in dein Leben einladen möchtest?

Lunas Wirken ist Kreativ-Alchemie pur! Sie birgt die Energie des weiblichen Archetyps und spiegelt tiefste Seelenregungen wider. Indem du deine Praktiken der Mondarbeit immer weiter verfeinerst, nährst du deine reinsten Absichten und Sanftheit wie Stärke gleichermaßen.

So werden die Mondzyklen zum Lebens-Kompass – ein Frequenzband aus ursprünglichster Quellenergie, das du gezielt nutzen kannst. Mondarbeit ist ein Sich-Einschwingen auf die universelle Lebensenergie, um im Spiegel der Intuition eigene Verstrickungen zu erkennen, persönliche Kompliziertheit geradezuziehen und eine einfache, gültige Antwort auf jede Frage zu erhalten. Im Beobachten und Verinnerlichen des lunaren Rhythmus von Licht und Schatten wächst dein Sinn für die harmonische Integration der körperlichen, geistigen und seelischen Ebenen – vom schlichten Einatmen und Ausatmen bis zur großen Reise des Lebens zum Tod.

Folge dem Ruf, dich am Feuer deines eigenen Herzens niederzulassen, während du die Reise der Mondgöttin mit durchläufst! Sei wie sie: die Kriegerin, die Mutter, die Jungfrau, die weise Frau, die Älteste am Himmel. Schmücke deinen inneren Tempel ebenso wie deinen äußeren Altar. Sei in der Kraft der Beobachtung ebenso rege wie in der Kraft der Aktivierung. Kümmere dich um die Berufung deines Lebens, um zu nähren, zu erschaffen und die dunklen Mächte zu zerstreuen, die an jede Tür klopfen. Wende dich der Neugier statt der Furcht zu. Stell dich deinen Ängsten! Bring den Mut auf, die niederen Schwingungen ins Feuer zu werfen. Stell dir vor, wie sie in den Flammen restlos verglühen ...

Luna ruft dich sogar in den dunkelsten aller Nächte. So komm nach Hause, meine Süße, es ist Zeit für dich, deine Magie zu wirken. Wirf deine Gebete in die Weite des Äthers, weit hinaus über die irdischen Gefilde. Werde intim mit dem Geist-

Selbst, das Mitte und Kern deines Wesens ist. Dort spinnt das Göttlich-Weibliche sein Netz und erinnert dich an das tiefste Geheimnis. Geh über die Schwelle – nie wirst du wieder zurückgehen ...

LUNAS RHYTHMEN: EWIGES WISSEN FÜR DIE MODERNE ZEIT

Die majestätische Präsenz des nächtlichen Sternenhimmels lässt keinen Menschen unberührt. Schon unseren frühesten Vorfahren galt der geordnete Kreislauf in der Bewegung der Himmelskörper als Signatur der allmächtigen Schöpfergottheit. Besondere Bedeutung in ihrem Glauben hatten Sonne und Mond. *Sol*, die Sonne, wurde als Leben spendende Gottheit verehrt und ist in den meisten Sprachen von männlichem Geschlecht. *Luna*, im Deutschen *der* Mond, spiegelt seit je die weibliche Qualität des sich ständig weiterentwickelnden, rhythmisch verlaufenden Lebens wider. Mancherorts wurde die Spannung in der Beziehung von Mond und Sonne betont, als Repräsentanz der Polarität, deren Energie die Grundlage für jedwede Existenz in der erschaffenen Welt liefert. Aus der geballten Kraft unseres Zentralgestirns und der unwiderstehlichen Anziehungskraft unserer planetaren Begleiterin leitet sich eine reichhaltige Symbolik ab. Der periodische Wechsel von Licht zu Dunkelheit und Dunkelheit zu Licht reflektiert alle Facetten schöpferischer polarer Spannung. Nicht nur symbolisch steht die Erdbegleiterin uns Menschen aber näher: Indem wir Lunas Zyklen studieren, lernen wir auch unsere eigenen Lebenszyklen von Dunkelheit zu Licht und Licht zu Dunkelheit achtsam zu durchleben, können wir Gefühle der Akzeptanz, der Empathie und des Mitgefühls entwickeln – jene inneren Qualitäten, derer unsere Welt heute so dringend bedarf.

LUNAS ZYKLEN: DEINE FÜHRUNG

Die moderne Mystikerin strebt danach, Körper, Geist und Seele zur integrierten Ganzheit zu verschmelzen. Vertieftes Verständnis der Mondrhythmen ist eines ihrer wichtigsten Werkzeuge. Wie die Mondzyklen, so ist auch unsere Psyche von ausgeprägten Schwankungen gekennzeichnet: zwischen Bewusstem und Unbewusstem, zwischen Verstand und Gefühl und dem Schlingern zwischen dem, was nur vorgestellt ist, gegenüber echter intuitiver Führung. Deine erste Aufgabe ist, dir dieser Ambivalenz bewusst zu werden. Dann wirst du erkennen, was das Leben wirklich von dir fordert, und du kannst dir persönliche Werkzeuge erarbeiten, um dem Ruf deiner Seele zu folgen und deinen authentischen Prozess aufzunehmen, mit dem Ziel, deinen Energiekörper zu nähren.

Heißen wir die Reise Lunas am Himmel als Halt und Führung gebende Kraft für unsere eigene spirituelle Reise willkommen! Halten wir inne, um Herzenswünsche zu verstehen, unabhängig von den Urteilen anderer Menschen, gesellschaftlichem Druck und einschränkenden persönlichen Glaubenssätzen.

Genau das ist unser spiritueller Reset: reinen Tisch machen, um aus dem banalen Alltagsgeschehen herauszutreten und ein Leben der Erkenntnis und des inneren Wachstums zu führen. Sobald du dich mit Lunas Energie verbindest, wird sie zu deiner liebevollen Führerin – bedingungslos. Sie wird dir helfen, all deine Lebensträume in deine solaren Fähigkeiten einzuweben, das heißt, deine Herzenswünsche *auch in der äußeren Welt* zu erfüllen. Luna ist die Große Älteste am Himmel, sie ist bereit, deine Gebete zu erhören. Und wenn sie dich an einen Ort des Widerstreits im Inneren stößt, dann kannst du selbst daran erkennen, worauf du dich fokussieren solltest, was es gehen zu lassen und was es zu aktivieren gilt.

Luna *in dir* ist die Alchemistin *in action.* Ihre Standhaftigkeit wird dich tragen. Ihre Dunkelheit wird dich daran erinnern, dass du dich selbst in der komplexesten Dichte des Alltags als einfallsreich und widerstandsfähig erweist. Und wenn du einmal vergessen solltest, wer du bist und woraus du gemacht bist, dann wird sie da sein, um dich zu halten, dich zu beruhigen und daran zu erinnern, dass du bereits alles in dir hast, was deine Liebe lebendig werden lässt. Luna ist die kosmische Weberin, die Hebamme, die Heilerin, die urälteste aller Großmütter, die spirituelle Kriegerin, die Künstlerin, die Bäuerin und das Kind in eins. Folge jeden Monat ihrer zyklischen Reise! Du wirst erleben, wie all diese Archetypen in dir lebendig werden.

Nimm dir alle zwei Wochen – bei Neumond und Vollmond – die Zeit, um die magnetische Anziehungskraft der Mondin in dir selbst zu erwecken. Manchmal ist sie so sanft wie die Gnade in deinem allertiefsten Herzen. Manchmal wird sie dich von den Füßen reißen und kräftig durchschütteln – aber nur, um dich danach wieder zusammenzusetzen und erneuert zurückzubringen. Vielleicht wirst du manchmal das Gefühl haben, als wollte sie dir dein gebrochenes Herz aus dem Körper reißen – aber nur, um es dir zusammengesetzt wieder zu servieren wie auf dem Tablett. Denn sie ist deine unverbrüchliche Freundin, die sich selbst daran labt, dich zu heilen.

Das Licht Lunas wird dich aus dem Schlummer der Unbewusstheit erwecken und dir Zaubersprüche für Macht und Liebe eingeben. Es gibt allem Raum, was in dich und durch dich hindurchfließen will. Vertraue auf die köstliche Stille! Wirf ekstatisch die Arme hoch! Das Holz ist gesammelt, das Feuer entzündet, Wasser netzt deine Lippen und Winde von Kraft und Anmut beflügeln dich. Folge dem leuchtenden Pfad durch die Wildblumen, die Bergpfade hinauf und die Täler hinab. Gib deiner Seelenfamilie die Erlaubnis, zu dir zu sprechen. Denn SIE war immer bei ihr und ist es auch jetzt ...

LUNA UND SOL: DAS GÖTTLICH-WEIBLICHE UND DAS GÖTTLICH-MÄNNLICHE EHREN

Luna symbolisiert unsere innere Welt: Gefühl und Wunsch, Schatten und Geheimnis, Angst und Sorge, Traum und Eingebung, Glaube und Überzeugung. Mondlicht ist gespiegeltes Licht, von daher wird es mit dem Unterbewusstsein und dem vollkommen Unbewussten verbunden sowie dem Auf und Ab unserer persönlichen Lebenszyklen. Als weiblicher Archetyp schenkt Luna intuitive Führung und das tiefe Empfinden, geborgen, sicher und erfüllt zu sein. Die Himmelsgöttin hilft, die Vergangenheit zu heilen, begrenzende Glaubenssätze aufzulösen und unser wahres Wesen kreativ zum Ausdruck zu bringen.

Sol, im Deutschen *die* Sonne, gilt in der Tiefenpsychologie als männlicher Archetyp und repräsentiert individuelle Kraft und Willensstärke. Astrologisch steht solare Energie für die äußere Lebenswelt, das Ego und die soziale Identität des Menschen. Hierher gehören auch das Bild, das andere von uns haben, unsere Durchsetzungsfähigkeit, aber auch bedingungsloses Geben und reinigende Heilung. Sich auf das unbändige solare Feuer einzulassen, lässt Altes und Überkommenes restlos verbrennen und ermöglicht eine persönliche Ausrichtung auf wahrhaft Neues, weil es Platz für Wachstum, Erleuchtung und Transformation schafft.

Stille und Geheimnis nähren die innere Erfahrung und bilden die Brücke zu jenen zunächst unbewussten Seelenräumen, in denen wir Zugang zu spirituellen Fähigkeiten erlangen, die wir entwickeln und dann auch der verkörperten Welt anbieten können. Indem das Göttlich-Weibliche in dir erwacht, entzündet seine Alchemie den strahlenden Glanz deiner Seele, sodass du deine Gaben in der Welt zum Ausdruck bringen kannst. Wer den Ruf der Himmelsgöttin erhört, entwickelt eine tragfähige Beziehung zur liebevollen Führung durch die Geistige Welt, die auf unterschiedlichen Wegen zu dir spricht: ob durch deine Ahnen, ob durch Zeichen und Omen oder durch verkörperte Lehrer. Jeder Schritt, den du unternimmst, wird mit schimmernder, lieblicher Schönheit erfüllt. Deine innere Schönheit wird so unerschütterlich, dass dein Wohl nicht länger von äußerlichen Ereignissen abhängt. Das Göttlich-Weibliche erweicht das härteste Herz, heilt das krasseste Ego und weitet den engsten Verstand. Es berührt sogar jene Menschen, die Milde und Mitfühlen am allermeisten nötig haben.

Das Göttlich-Männliche nimmt seinen angestammten Platz schon bei der Geburt ein. Es schlägt im bewussten Selbst Wurzel und verleiht dir das Recht, ein Individuum zu sein, das sich durch das Licht der Vernunft und rechtes Handeln auszudrücken vermag. Sobald die innere Vision geerdet, geklärt und geordnet ist, arbeitet sie sich durch aktives Handeln zur Vollendung empor. Eine Idee, die fürsorglich und kenntnisreich in den Alltag gepflanzt wird, ist wie der Same des Baumschösslings, der sogar in der engsten Bergspalte sprießt und in die Höhe schießt.

In seiner höchsten Ausprägung ist das Göttlich-Männliche demütig und gibt bedingungslos und direkt. Sind die energetischen Kanäle des Verstandes und des Herzens geklärt, geht es ebenso geschmeidig wie präzis vor. Verstecke auch diese Gaben nicht mehr! Frage dich: Was ist in meinem Leben gerade am Kochen? Was verdunkelt mein Licht? Was versetzt mich in einen Zustand der Trägheit? Was lässt mich Mangel verspüren? Was sind die Ursachen dafür? Welche Faktoren tragen dazu bei? Was sind die Umstände? Exakt zu fragen, ist ein Katalysator für lichtvolle Erkenntnis und dauerhafte Veränderung, denn es öffnet die Energiekanäle der Sonne – jener Intelligenz, die weiß, wie schwierige Dinge zu überwinden sind und wie die nötige Resilienz gebildet wird, um für das Gute kämpfen zu können. Auch, um zu erkennen, wann es Zeit ist, loszulassen, und wie wir unsere wertvollsten Visionen und Träume verwirklichen können.

Beides lebt also in uns, das Weibliche und das Männliche – und beides ist im Kern göttlich. Es miteinander ins Gleichgewicht zu bringen, schafft Verbindung zum höchsten Selbst. Fülle, Ganzheit und Harmonie unserer Essenz erstrahlen im Licht unserer Ideen und Visionen, werden zu Handlungen und Projekten, die wir mutig in die Welt schicken. Natürlich durchlaufen wir dabei, wie der Mond, auch Zyklen von Zu- und Abnahme, werden expansiv und kreativ und ziehen uns danach wieder zusammen, um zu ruhen und uns zu erneuern.

So tanze durch dein Leben mit einem Mantra auf den Lippen, das in allen lichtvollen Energien zu finden ist, als Gelübde vor deinem höchsten Selbst – sprich es täglich und mit Liebe:

Möge ich meine Sanftheit in meiner Stärke und meine Stärke in meiner Sanftheit finden.

INNERE ALCHEMIE DER MONDPHASEN

Jeden Monat erhalten wir Gelegenheit, durch die Linse astrologischer Symbolik die lunare Energie in den Blick zu nehmen und uns auf transformierende Alchemie auszurichten. Innerhalb eines Mondzyklus gibt es acht Phasen mit vier Dreh- und Angelpunkten (ähnlich wie beim solaren Jahresrad). Dieser zyklische Ablauf dient uns als Kompass, der sowohl die Phasen unseres göttlich-weiblichen (inneren) als auch unseres göttlich-männlichen (äußeren) Selbst anzeigt.

Die Erde benötigt 365 Tage, um die Sonne zu umkreisen. Der Zyklus des Mondes bei seiner Erdumkreisung mit seinen 29,5 Tagen führt zu 13 Mondzyklen in den 12 Monaten eines Kalenderjahres. Demnach fallen einmal in jedem Jahr zwei Vollmonde in einen einzigen Monat.

Die acht Phasen des Mondzyklus sind Neumond, erstes Viertel (zunehmende Mondsichel), zunehmender Halbmond, zweites Viertel (zunehmend), Vollmond, drittes Viertel (abnehmend), abnehmender Halbmond und letztes Viertel (abnehmende Mondsichel).

Neumond läutet den Neubeginn ein; seine räumliche Position ist ungefähr zwischen Erde und Sonne. Das Licht der Sonne liegt auf der für uns nicht sichtbaren Mondseite. Daher wird Neumond auch „Dunkelmond" genannt.

Die Zeit zwischen Neumond und Vollmond ist die zunehmende Phase und bezeichnet ein Symbol für Schwung, Pflege und Wachstum.

Vollmond markiert die Hälfte des Mondzyklus und tritt ein, wenn der Mond so steht, dass die Erde ungefähr zwischen ihm und der Sonne steht. Auf der Erde sehen wir daher das volle Licht des Mondes. Die Astrologie spricht davon, dass Vollmond „in Opposition" zur Sonne steht. Es ist eine intensiv aufgeladene Zeit, die auch das Potenzial für eine kosmische Ausrichtung des Bewusstseins birgt.

Nach Vollmond beginnt die abnehmende Phase, eine Zeit, in der du deine Stärken schätzen, äußere Stressfaktoren sowie innere Ungleichgewichte loslassen und dein persönliches Wachstum als Beitrag zu etwas weit Größerem als du selbst erfassen kannst.

Die monatliche Navigationskarte des Mondes

		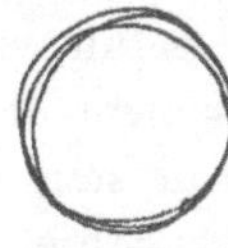	
Neumond	**wachsend**	**Vollmond**	**abnehmend**
Wiedergeburt	nährend	Intuition	Loslassen
Reinigung	unterstützend	aufladend	Vollendung

Begrüße Neumond als deine Wiedergeburt.
Wirf deine Absicht und dein Gebet in den Nachthimmel
mit Entschiedenheit und Nicht-Anhaftung.
Wenn Luna wächst, ehre Körper und Geist
mit Pflege und Unterstützung.
Nähre deine Ideensaat.
Umarme Vollmond durch Loslassen
überkommener Absichten und Lebensweisen.
Wirf deine kühnsten Träume
ins alchemistische Schimmern des Mondlichts.
Vertraue deiner Intuition.
Wenn Luna schwindet, bittet sie dich, alles loszulassen,
was nicht mehr gebraucht wird.
Erlaube dem Fließen, der Anmut und der Stetigkeit,
deinen Zyklus zu vollenden.
Begrüße Neumond und beginne von Neuem.

Neumond-Essenz

Neumond ist kosmischer Reset und leitet eine Neugeburt ein. Auch du hast jetzt die Gelegenheit zum Neustart. Sich auf die dunkle Energie Lunas auszurichten, öffnet den Sinn für die Zeichen und Botschaften des Universums und ist der optimale Zeitpunkt, um deine Intention ins Feld deines einzigartigen Potenzials zu säen. Alle Ideen und Vorhaben, Pläne und Projekte empfangen jetzt die Kraft des Wandels. Neumond ist somit eine Zeit der Hoffnung und des Glaubens, indes auch der Erneuerung aller nachhaltigen Verpflichtungen. Unsere Kraft geht nach innen, wo jeder wirkliche Wandel beginnt, und wir verstehen, dass es immer eine Wiedergeburt geben wird, bis das, was zutiefst ersehnt wird, in unser Leben fließt. Andersherum: Alles, was nicht mehr mit deiner wirklichen Bestimmung und deinen tiefsten Träumen übereinstimmt, kann und soll nun gehen. Jetzt öffnet sich der Raum für den Wandel!

Neumond birgt daher auch das Geheimnis der Dunkelheit und das Mysterium innerer Alchemie. Alles, was normalerweise unsichtbar bleibt, weil es ganz unten ins Wesen eingebettet ist, wird offenbar. Das unbewusste Selbst kommt ans Licht. Wer Visionssamen in den dunklen und fruchtbaren Neumond-Boden pflanzt, erweckt intuitive Kräfte und fördert die Erlösung des eigenen Schattens. Ein Kräfteschub begünstigt die Erfüllung des Lebensauftrags, weil eine Verschmelzung von Innen und Außen den nötigen Schwung verleiht. Zweifel und Ambivalenzen verlieren Bedeutung: Neumond injiziert Kraft, damit wir nicht immer wieder das eine wünschen und doch das andere tun.

Auch wenn sich jetzt vollkommene Dunkelheit über den Himmel legt, weil Luna unsichtbar ist, wirken ihre Kräfte also sehr wohl fort. Da bei Neumond Sonne und Mond auf einer Linie mit dem Sternzeichen stehen, das die Erde aktuell beeinflusst, vermögen wir unterbrochene Energielinien zu verbinden und innere Widersprüche zu überwinden. Wir kommen besser zu konzentrierter Ruhe und können uns optimal fokussieren. Neumond-Energie lässt dich innehalten, um dein umfassendstes Sehen zu ermöglichen und effektiv vorzugehen, sobald die Mondsichel wieder wächst.

Zunehmende Mondphase

Sobald Lunas leuchtende Sichel erneut am Himmel erscheint, beginnt ein neuer Zyklus von Wachsen und Werden. Die kommenden rund zwei Wochen begünstigen die Manifestation deiner Neumondvision. Ideen und Gebete sind deine Samen, nun keimen sie in hoffnungsvoller Erwartung auf etwas Wunderbares. Lass dich von deinen Träumen leiten, mit Fokus auf deine Absichten. So verbindest du dich mit der Energie dieser Aufbauphase.

Wiederum gilt es sich zu erinnern, dass es darum geht, sich innerlich zu *fokussieren* und nicht darum, sich auf das Ergebnis zu konzentrieren. Visualisiere den „gefühlten Sinn“ deiner Vision. Das ist etwas völlig anderes, als sich immer nur das Ziel vor Augen zu halten. Denn solange du dich mit dem Ergebnis identifizierst, so lange hat dein Energiekörper die Einladung noch nicht angenommen, ihm geschenkte Energie anzunehmen und zu verarbeiten. Deine Absichten würden zerstreut und versiegten wieder. Ermüdung, Trägheit, Überkompensation und Angst wären die Folgen. Bleibe dir bewusst: *Das Uni-*

versum weiß, wie. Es kann dir etwas anderes gönnen wollen, als du erwartest. Vertrauen ins göttliche Timing und in die Macht der Synchronizität machen empfänglich für Zeichen und Wegweisung, die für dich bestimmt sind. Neugier und Staunen, Beobachtung und Hingabe gehen Hand in Hand mit Wahrheit und Liebe und der Zuwendung zur innersten Essenz.

Luna übt ihre Anziehungskraft eben nicht nur auf die Elemente der Erde aus, sondern auch auf unsere Gefühle. Wir sind Kinder des Kosmos in menschlicher Form. Sternenstaub durchdringt uns und alles Leben, bis hin zur kleinsten Mikrobe auf unserem Planeten. Diese Tatsache im Bewusstsein zu halten, dient nicht nur der Evolution deiner eigenen Seele, sondern beflügelt darüber hinaus die Evolution des Herzbewusstseins unserer Spezies. Tief geerdet und absolut realistisch, wirst du zur Praktikerin wahrer Magie!

Vollmond-Symbolik

Auf halbem Weg durch ihren Zyklus kommt Luna ungefähr am 14. Tag in ihre ganze Fülle. Psychologisch gesehen spiegelt sie nun die nach außen gelangte, bewusst manifestierte Neumondvision wider. Du selbst spürst, dass du unzähmbare, handlungsorientierte Energie integrierst.

Da Sonne und Vollmond sich nun gegenüberstehen, bilden sie in kraftvollster Komplementarität die Harmonie von männlich und weiblich, von Yin und Yang ab. An großen Gefühlen und unwiderstehlicher Anziehungskraft herrscht absolut kein Mangel! Unsere intuitive Seite ist voll aufgeladen, kann sich ungefiltert ausdrücken. Schlagartig wird klar, was wirklich gewollt wird und was nicht.

Indes: Wenn die Welle des Vollmondlichts durch deinen Energiekörper fließt, können Gefühle, Empfindungen und mentale Prozesse auch verrücktspielen. Ignoriere das dann nicht! Dein Leben könnte sonst auf den Kopf gestellt werden: was außen sein sollte, nach innen wandern, und was lieber innerlich bleiben sollte, nach außen gelangen. Es wäre eine Folge der Oppositionsstellung der beiden großen Gestirne. Gegensätzliche Kräfte wirken von innen nach außen und umgekehrt, sodass auch persönliche Widerstände zutage treten, Widersprüche aufgeworfen und Fragen an das Leben akut werden können.

Instinkt und Emotion wallen auf, sodass Häusliches wie Berufliches, Selbstbild und Beziehungsleben in messerscharfer Kontur erscheinen.

Genau das ist jetzt das Geschenk! Vollmond bringt alles ans Licht, was aus dem Gleichgewicht geraten ist. Wie denn, außer im Licht vollen Bewusstseins, könnten wir erkennen, was funktioniert und was nicht? Statt Luna als chaotische, schwächende, womöglich sogar zerstörerische Kraft zu sehen, dürfen wir sie als Energie-Geschenk annehmen, das uns hilft, selbst zu wachsen. Freie Energie sensibilisiert und aktiviert gleichermaßen, sodass du dich von überholten und schädlichen Verhaltensweisen kraftvoll trennen kannst. Lass los, was nicht mehr funktioniert! Lade Grundüberzeugungen ein, die zu deinem eigenen Wohl und dem Wohl anderer führen!

Während dieser Phase wirst du es womöglich deutlicher spüren, wenn sich ein Trigger meldet, der deine Probleme verstärkt. Dann greife zur folgenden Übung: Stell dir einen Altar vor, auf dem alles steht, was in deinem Leben zu komplex, zu herausfordernd und vielleicht einfach nur schmerzhaft ist. Dann aber visualisiere direkt daneben alles, was funktioniert. Sieh so deutlich wie irgend möglich, wofür du dankbar sein kannst und was dir Freude bereitet. Und bring es zum Leuchten! Gewiss wird das, was dich unerfüllt sein lässt, automatisch an Kontur verlieren und geschwächt. Ich nenne diese Visualisierung meinen *dynamischen Altar*, weil ich die vorgestellten Objekte wie in einem Schachspiel verschieben kann. Auch du kannst sie zum Leuchten oder zum Vergehen bringen, je nachdem, wie und wohin du dich entwickeln willst. So kannst du dich selbst mit Strahlkraft erfüllen. Wie die Lotosblume, die durch das trübe, dunkle Wasser dringt, um zu erblühen, triggert dich die Vollmond-Energie, damit du *mit ihr* arbeitest, statt gegen sie.

Im Grunde erwachen wir jeden Tag wir zu neuem Potenzial, zu einer neuen Art zu sehen und zu fühlen und zu einem neuen Verständnis dafür, wie die kosmische Energie funktioniert. Im Licht des herrlichen Scheins der Vollmondkraft indes erhalten wir gezielte Einblicke, um glasklar zu erkennen, was wir wollen und was nicht und welchen Schritt wir als nächsten machen müssen.

Und sind es nicht gerade die spannungsgeladenen, unbequemen Aspekte des Lebens, die uns vertiefte Einsichten vermitteln, um unsere eigene Energie zu bereinigen und persönliche Verantwortung für unser Leben zu übernehmen? Vollmond-Energie ist unser Aktivierungs-Katalysator. Spannungen erzwingen Klarheit, und Klarheit schafft Lösungen für Komplexität. War nicht das Chaos der Schoß, aus dem das Leben geboren wurde? Opposition kann den Ausgangspunkt liefern, um den Wandel zu begrüßen und sich auf die wahre Berufung auszurichten. Zu wissen, was du willst und wie du es bekommst, wann und wo du loslassen beziehungsweise aktiv werden solltest, ist Gold wert im Leben. Leidenschaft für deine Entwicklung macht dich wahrhaft lebendig. Bring dein Herz nach vorn! Sei selbst das Salz der Erde! Und vertraue immer und überall auf deine Fähigkeit, Güte und Mitgefühl auch unter Druck zu praktizieren.

Frage dich bei Vollmond: Wie steht es jetzt um deine Neumond-Absichten? Was hat sich seither getan? Welche Einsichten hast du gewonnen? Inwieweit hat sich deine Perspektive erweitert? Da der Wandel das Einzige ist, worauf wir uns stets verlassen können, ist es eminent wichtig, immer wieder die Verschiebung der Loslass- und Aktivierungsimpulse zu erspüren. Rufe deine innere Führung an – möglichst laut und deutlich! Was du von ihr empfängst, das schreibe auf, teile es mit einer vertrauten Seele und bring es auf deinem Altar als Visionssamen dar, die bereit sind zu erblühen.

Vielleicht lässt du dich von einem Mondkalender leiten, um dich in exakte Synchronizität mit den lunaren Energien zu bringen? Doch letztlich kommt es nicht auf äußere Exaktheit an. Auch wenn dein Vollmond-Ritual nicht genau zur Vollmondzeit stattfindet, kann es schon zwei bis drei Tage vorher dein System in die entsprechende Körper-Geist-Einstimmung erheben. Ob einfach oder komplex, einzeln oder in der Gruppe – lunare Verbundenheit wird immer nachhaltige Veränderungen bewirken. Vollmond-Rituale sind der klassische Weg, um in heilige Verbindung mit sich selbst und anderen zu kommen. Sie messen den heiligen Raum aus, um Einsicht, Heilung, Reflexion und Verbindung mit dem höchsten Selbst und allen Seelen zu erlangen.

Jede Vollmondphase ist damit auch eine Gelegenheit, in einen Kreis der Dankbarkeit einzutreten. Mach dir deine persönlichen Segnungen bewusst, und erinnere dich daran, wie die Intuition in dir aufsteigt. Stell dir deine intuitive Fähigkeit wie das strahlende Licht Lunas vor. Ihr Leuchten ist eine machtvolle Erinnerung an dein eigenes Strahlen – sinnlich, sexy, ungezähmt und unbändig kreativ. Lass es zu, dass du zur Verkörperung einer vollkommen lebendigen Präsenz wirst. Und wenn der innere Kritiker während des Vollmonds hungrig wird und du feststellen musst, dass er sich aufgerufen fühlt, dich kleinzumachen? Dann füttere ihn nicht auch noch! Bleibe die Beobachterin, die unparteilich Mitfühlende, und erkenne beschränkende Glaubenssätze als das an, was sie sind: deine Chance, mit Spannungen zu arbeiten und dich auf eine innere Stärke hinzulenken. Grabe tief und tiefer nach unten, finde die Wurzeln der Negativität – und schneide sie ab.

Der Weg zur Selbstermächtigung führt über den Tanz mit dem Schatten. Denn die Dunkelheit wird immer da sein, auch bei Vollmond. In ihrer ganzen Fülle aber wird Luna dich dann in den Tempel deiner Befreiung führen. Sie lässt dich in die Mitte des Lebens treten und rückhaltlos „Ja" zu dir selbst sagen!

Hier bin ich – bereit, offen und willig,
mit Ebbe und Flut des Lebens mitzugehen!

Abnehmende Mondphase

Während die sichtbare Mondgestalt allmählich abnimmt, durchläuft sie die letzte Viertel- und die Sichelphase, bis der Zyklus wieder beginnt. Währenddessen bewegt sich die lunare Energie immer weiter nach innen. Dies ist die Zeit der Besinnung, des Rückblicks und der Vollendung. Selbstreflexion ist jetzt unsere Medizin. Im urteilslosen Raum reinen Gewahrseins ergeht sich das Bewusstsein in der Präsenz der Gegenwart und enthält sich aller Negativität und Kritik.

Als Themenbereiche kommen persönliches Wohlbefinden, Gesundheit, Kreativität, Arbeit und Beziehungen in Betracht. Frage dein Tagebuch, was sich stagnierend anfühlt und was sich fließend und ausgeglichen darbietet. Das wird dir deine Neumond-Absichten abermals in aller Klarheit und mit stabiler Erdung in Erinnerung rufen.

Sobald Luna ihre Reise in die Dunkelheit antritt, will sich ein besinnlicher Ruhepunkt im Alltag verankern. Es kommt die Gelegenheit, um innere Stärke zu zeigen und den eigenen Schatten zu konfrontieren. Dies ist die Haltung, um den nun zu Ende gehenden Mondzyklus bis zum nächsten Neumond optimal zu nutzen. Ehre also auch die Schatten, die sich dir jetzt offenbaren! Beobachte deine aktuellen und chronischen Ängste, deine toxischen Gedanken und wie die Schwäche stark wird, wenn du dich in deine reaktive Ecke gezwungen fühlst. Begegne ALLEM IN DIR mit Freundlichkeit. Und bring es mit urteilsloser Neugierde ans Licht. Benenne es als das, was es nun einmal ist, um seinen Ursprung zu erkennen. Heißt du es als Geschenk auf deinem heiligen Altar willkommen, nimmst du auch dein Schattenselbst an: deine Anhaftungen, deine Hintergedanken, die Art und Weise, wie du das Opfer spielst, wie du übertreibst und am Machtspiel teilnimmst.

Ohne nicht auch dein Schattenselbst zu deinem Seelenlehrer zu machen, wirst du dich nie von seiner Herrschaft über dich selbst befreien können! Lade deine Schatten ein, statt sie zu unterdrücken – das öffnet den Blick für ihren tieferen Sinn. Denn es gibt Gründe, warum sie da sind: um durch die Arbeit daran eine wesentliche Seelenlektion zu erhalten. Diese beginnt immer mit Beobachtung nach innen hin: wahrzunehmen und wahrzuhaben, was da hungrig wird und rücksichtslos an dir nagt.

Vertraue darauf, dass Innehalten, Beobachtung und Reflexion – sowohl hinsichtlich der „hellen" als auch der „dunklen" Selbst-Erfahrungen – zur Entgrenzung deiner persönlichen Möglichkeiten führt. Wisse, dass es dich dem näher bringt, was viel größer ist als du und dein eigenes Leben.

Mit jedem Mondzyklus bist du gesegnet, diese Arbeit zu tun. Es ist der Ruf Lunas, die Stimme der intuitiven Mystik. Eine Arbeit, die tieft wirkt, die weit und breit angelegt ist und nachhaltig wirksam ist – auf eine Art und Weise, die du nicht einmal vollständig begreifen musst, sondern nur fühlen und erkennen musst, um sie zu leisten: für dein Wohl und das der Menschheit.

Mystische Praxis: Mondbaden und Mondbetrachtung

Lunas Leuchten reicht aus dem dunkelsten Nachthimmel in die tiefsten Schichten der menschlichen Seele. Ihre Energie ist wild und verführerisch, dabei sanft und vertraut – und immer rätselhaft im Auf und Ab des Wechselspiels ihrer ewigen Präsenz.

Mondbaden bedeutet, sich im wohlwollenden Schein Lunas zu aalen, um Stress abzubauen, Gewahrsein und Achtsamkeit zu entwickeln und sich selbst zu heilen. Wir laden die magnetische Energie des Mondes ein, unsere Anhaftungen abzuwaschen und Ungleichgewichte, Urteile und Ängste abzulegen.

Mondbaden ist eine uralte Praxis, und heute weiß man, dass sie auf völlig natürliche Weise im Körper Melatonin freisetzt. Mondlicht heilt und beruhigt. Im Gegensatz zur dynamischen Helligkeit der Sonne bringt Luna eine subtile Energie zur Geltung, die sowohl nachhaltig als auch nährend ist. Viele Frauen berichten, dass Mondbaden die Fruchtbarkeit erhöht, den Menstruationszyklus reguliert und den Schlaf verbessert.

Setze dich ohne Scheu ins Mondlicht und meditiere im Leuchten des gegenwärtigen Moments. Atme die verheißungsvolle Alchemie der Mondgöttin ein, atme tief in ihre Lehren hinein, um ihre Medizin im Nest deines Herzens zu bergen. Und atme alles aus, was du gehen lassen und umwandeln willst. Heiße auch den sternenklaren Nachthimmel, die Planeten und alle Sterne willkommen!

Bei der **Mondbetrachtung** wird der Blick – möglichst ohne zu blinzeln – auf die jeweilige Mondgestalt gerichtet. Versuche dies so lange wie möglich – aber ohne es zu forcieren. Ähnlich wie die Technik des Kerzenguckens fördert diese Praxis die Konzentration und ermutigt den Geist, sich von überflüssigen Gedanken zu befreien. Der Körper reagiert mit einer Ruhe- und Verdauungsphase und das parasympathische Nervensystem wird harmonisiert.

Diese Praxis kann für uns denselben lunaren Magnetismus anziehen, der auch die Kraft der Ozeane bündelt und ausrichtet. Sie regt die Visionskraft an, weil Lunas Energie die Weberin der Traumzeit ist und dich über die Brücke zur mystischen Erfahrung führt. Die Erweckung zur majestätischen Kraft des Universums, dank des Mondlichts, gewährt dir, aus der weltlichen Zeit und dem weltlichen Raum herauszutreten, um dein ganzes Sein von göttlichem Glanz umhüllen zu lassen.

Als Hüterin der Träume, des Rätsels und des Wunderbaren gibt Luna der Mystikerin in dir wichtige Impulse, weil sie den Schlüssel zum weiblichen Glauben in sich trägt. Jedes Mal, wenn du den Blick auf sie richtest, ob bei Neu- oder Vollmond, ob bei Sichel- oder Viertelmond, betest du ihre subtile Kraft an. Fülle deinen Kelch mit der Kraft der himmlischen Seelenwärterin! Unterhalte dich mit ihr, sprich zu ihr. Sie wird zuhören und antworten. Bete laut und oft mit ihr. Türen werden sich öffnen, Pfade zu jenseitigen Dimensionen sich auftun, universelle Wahrheiten zu dir sprechen, während die niederen Schwingungsenergien von Angst und Zweifel verebben.

Wenn Luna dich in der Nacht weckt, folge ihrem Ruf: Nimm ein Mondbad, betrachte ihr Licht, schreibe etwas in dein Tagebuch, bete und erlaube dir, deine Mondmedizin zu empfangen.

LUNA, DIE MUSE

Verbindest du dich mit dem Mysterium uralter, ätherisch-himmlischer Energien, wird das Beste in dir auch das Beste für die Erde anziehen und ausstrahlen. Verankerst du dich in spiritueller Arbeit, liegen Heilung und Evolution unseres Planeten auch in deiner Hand. Ehre alle, die diese Welt weitergebracht haben: deine Seelenfamilie, deine Ahnen und alle, die das zeitlose Feld der Weisheit bestellten, das nun durch dich weiterlebt und -liebt.

Im energetischen Dialog mit der Mondin hilfst du deinem Gewahrsein für die Welt, in der du verkörpert bist, auf die Sprünge. Du baust Stress, Angst und gefühlte Überforderung ab und machst dich für den kosmischen Reset empfänglich. Die Antennen deines inneren Körpers schalten um auf die Übertragung heilender spiritueller Signale. Innehalten, atmen, beobachten und lauschen: So wird Luna deine ständige himmlische Begleiterin, zur numinosen Geschichtenerzählerin, zur mystischen Lehrerin. Eine zutiefst nährende weibliche Kraft leitet dich auf dem Weg zu Mitte, Ausgewogenheit und Schönheit.

Tauche ein in die Alchemie der köstlichen Präsenz lunaren Wandels – schon jetzt! Denn nie wieder wirst du exakt die Energie empfangen können, die Luna dir in diesem Moment schenkt. Empfange ihre Übertragung tief im Herzen! Sie wird dich zum Tempel deiner eigenen Majestät führen, und immer wieder aufs Neue. Achte auf alle Impulse und Wünsche, auch auf die unerwarteten, ob sie dir nun in den Schoß fallen oder einschlagen wie der Blitz ... „Ich bin eine Künstlerin ... ich bin eine Heilerin ... ich bin eine Autorin ... ich bin in Frieden ... ich liebe, wie ich will.“ So funktioniert der Dialog mit der Geistigen Welt, wenn du im Herzen nur still bist. Es kommen Zeichen und Symbole durch, immer öfter. Beobachte, fühle, erlausche, sieh die Botschaften – und nimm sie dir zu Herzen!

Von essenzieller Bedeutung ist deine Bereitschaft zur Hingabe. Indem du alle Wünsche und Absichten und alles, was durchkommt, auch wieder loslässt, erwacht die geistige Kraft umso mehr. Dein intuitiver lunarer Energie-Dialog ist das Geschenk der Geistigen Welt, speziell für dich.

Schreibe mit jedem Mondzyklus deine eigene, selbst erstellte Mond-Geist-Botschaft auf. Formuliere deine Absichten als Gebet oder als Kodex, dem du folgen willst. Das wird deiner Manifestation guttun. Rufe sie während des gesamten Mondzyklus immer wieder ab. Aktualisiere sie nach Bedarf. Dein synchrones Empfinden der Mondphasen sensibilisiert dich für das göttliche Timing. Dein Glauben an die Kraft der Veränderung nährt deine Visionen.

So kommuniziert die moderne Mystikerin mit dem Göttlich-Weiblichen. Manchmal betet sie laut. Manchmal nimmt sie ein stilles Gebet mit aufs Meditationskissen. Wie und was immer auch kommt – sie lässt es frei fließen. Hält nichts zurück. So erweckt sie ihre Tiefe, ihr Wissen und Mitgefühl. Fordere auch du deine innerste Essenz zurück! Die einzige Regel ist die Verpflichtung, es jeden Neumond zu tun. Seit je war das so für die Mystikerinnen aller Zeiten, und es ist auch dein Weg, hier und heute.

Rituale, um lunare Energie anzuzapfen und auszurichten

Du entwirfst deine eigenen Rituale für Vollmond und Neumond. Du führst deinen persönlichen Altar auf, mit allen Elementen samt ihrer Symbolik, und verbindest dich mit dem Jahresrad synchron zum Mondrhythmus. Du erlernst die Kunst der Mondbetrachtung und empfängst Monat für Monat Geistbotschaften aus Lunas Reich. Heilende Körperübungen unterstützen dich, und du erhältst Anregungen für dein Tagebuch.

1. Vollmond-Ritual

Dieses Ritual ist für Gruppen wie für Einzelpersonen geeignet. Du wirst durch jeden einzelnen Schritt geleitet und kannst es durch eigene Intuition ergänzen. Genieße Planung und Durchführung, ob allein oder gemeinsam mit deinen Leuten – zur Feier der göttlichen Weiblichkeit, die in uns allen wohnt und wirkt!

Absicht

Erweckung und Ausrichtung deiner Authentizität und höchst persönlichen Vision.

Vorbereitung

Trage jahreszeitlich gegebene Dinge aus der Natur oder aus deinem Zuhause zusammen. Sie symbolisieren deine sich entwickelnde Vision und natürliche Authentizität. Bring eine Kerze und dein Tagebuch hinzu. Gestalte einen Altar, inspiriert durch die fünf Elemente der Natur:

Luft

Im Osten für ein Leben aus dem Herzen heraus.

Feuer

Im Süden, um egoistische und überholte Muster loszuwerden.

Wasser

Im Westen für Flow, Kreativität und Kraft, um dem eigenen Schatten zu begegnen und mit ihm zu arbeiten.

Erde

Im Norden für Erdung und verwurzelte Kraft zur Aktivierung der persönlichen Vision.

Äther

In der Mitte für die Verbindung mit allen fünf Elementen, mit dir selbst und mit den unterstützenden spirituellen Energien, die dich umgeben.

1. Entzünde deine Kerze, reinige dein Zimmer mit frischer Luft und/oder ätherischen Ölen, Räucherstäbchen oder Kräutern, um negative Energien zu löschen. Lade die Stille ein, damit du eine meditative, heilige Sphäre betreten kannst.
2. Verbinde dich mit deinem Atem, werde sanft und weich, gib dich ganz hin.
3. Rufe deine Dankbarkeit hervor. Erlaube deinem Körper, ein Kanal des Mitfühlens und der Liebe zu werden. Erlaube allem, was du heute loslassen möchtest, beim Ausatmen hinauszugehen. Erlaube dir, vollständig einzuatmen, was du in deine heilige Sphäre einlädst. Fühle dich inspiriert, um herbeizurufen, was du dir für diesen lunaren Zyklus vorstellst: Ausrichtungen, Visionen, Ziele, Absichten.
4. Sobald du dich wohlfühlst, sprich deine Absichten aus. Bete laut und vernehmlich. Sprich mit Luna. Lass die Worte fließen wie im vertraulichen Gespräch mit deinem Lieblingsmenschen. So lassen sich Energiefelder auf physischer wie spiritueller Ebene wirksam aktivieren.
5. Lege deine Hände aufs Herz. Öffne deinen Geist, deinen Körper und dein Gefühl, um Führung zu empfangen – sei es in Form von Worten, Visionen oder Gefühlen.
6. Nutze eine leitende Affirmation in Form von: „Ich bin ... Ich will ..." (Zum Beispiel: „Ich bin kraftvoll in meiner Authentizität. Ich

werde den mir erteilten, einzigartigen Gaben vertrauen und sie mit der Welt teilen.")

7 Wenn du mit anderen im Kreis sitzt, teilt abwechselnd jede Person mit der nächsten, was sie selbst loslässt, was sie einlädt und was ihre leitende Affirmation ist. Halte einen Redestab bereit, wie ihn alte Kulturen benutzten, wenn jemand das Wort erteilt wurde. (Es kann etwas sehr Einfaches sein.) Der Stab wird herumgereicht und jeweils der Person übergeben, die als nächste ihr Zeugnis ablegt.

8 Gestaltung in freier Kreativität: Malt, schreibt kleine Texte, stellt Collagen her, Badesalze, Massageöle, Kräutertees und so weiter. Kreativ zu sein, erbringt Erdung, ein Gefühl der Verbundenheit, Genährtsein und Inspiration ins Ritual.

9 Versiegelung der heiligen Sphäre: Kehre an deinen ruhigen inneren Ort zurück und schließe das Ritual bewusst ab, indem du deine Dankbarkeit ausdrückst, Lieder und Einsichten teilst und bewusst atmest. Danke Luna für die Weisheitslehren in ihrem jetzigen Zyklus.

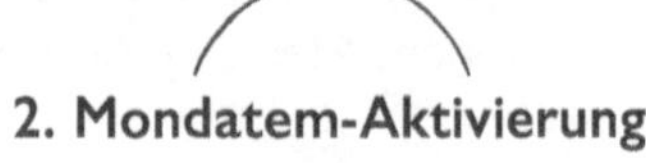

2. Mondatem-Aktivierung

Absicht

Das Göttlich-Weibliche in sich erwecken und es empfindend zu vertiefen. Die Emotionen ins Gleichgewicht bringen und einen kosmischen Reset erwirken, um intuitive Botschaften zu empfangen. Dieses Ritual kann in jedem Abschnitt eines Mondzyklus durchgeführt werden.

1 Such dir einen Platz, an dem du zehn Minuten lang bequem und ungestört sitzen kannst. Gib drei Tropfen Lavendelöl in die Hände, reibe sie kräftig, führe sie übers Gesicht und atme drei- bis sechsmal tief ein.

2 Verlangsame deinen Atem beim Einatmen, während du bis vier zählst, halte ihn dann an und zieh den Nabel vier Sekunden lang in Richtung Wirbelsäule. Dann atme langsam und vollständig aus dem Mund aus. Wiederhole diese Atmung für sechs bis zehn Runden. Während du innehältst, suche eine Verbindung zum Beckenboden/Damm und hebe ihn in Richtung Nabel, während du den Atem anhältst. Verwurzle deine Gedanken in der Erde, während du dich innerlich gen Himmel erhebst.

3 Lege deine Hände auf den unteren Bauchbereich und beginne, die aktuelle Mondgestalt im Nabelbereich zu visualisieren. Stell dir vor, dass sie dein gesamtes Becken ausfüllt. Spüre, wie das Mondlicht deine Körpermitte erhellt. Mit jedem Einatmen wächst in dir die zeitlose, ewig gültige lunare Weisheit zu ihrer vollständigen, prächtigen Fülle heran. Mit jedem Ausatmen bringt sie dich zurück in dein vitales und mitfühlendes Bewusstsein in der Verkörperung. Tauche ein in ihr schimmerndes Leuchten und lausche ihr die Botschaften ab, die du zu erhalten gedenkst.

4 Atme nun fünfmal kurz durch die Nase ein, halte den Atem an, ziehe die göttliche weibliche Energie der Erde in deine Wirbelsäule und atme zum Klang von „Ahhhh" aus. Um deine göttliche weibliche Essenz tiefer in den Körper zu integrieren, danach normal weiteratmen und beim Ausatmen tönen, singen oder summen. Wenn deine Seele ein Lied hätte – wie würde es klingen? Sing frei und ohne Scham, erforsche deinen Stimmumfang. Wiederhole so oft, wie es sich gut anfühlt.

5 Kehre an deinen ruhigen inneren Ort zurück und versiegle die heilige Sphäre um dich herum.

6 Schließe die Übung ab, indem du dreimal die Hände über dem Kopf zusammenführst und die Arme mit zusammengeführten Handflächen vor der Brust verschränkst.

7 Lege beide Hände aufs Herz und stell dir vor, dass die weibliche Natur des Mondes tief in dir verankert und vollständig integriert ist – voll bereit, durch dich ausgedrückt zu werden.

3. Visualisierungs-Reise: Erweckung der Intuition durch Mondbetrachtung

Absicht

Die eigene Schwingung erhöhen, indem du dich auf Lunas Leuchten ausrichtest und damit die Wege der Intuition öffnest.

1 Entzünde eine Kerze und setze oder lege dich bequem hin. Halte dein Tagebuch bereit, um nach der Reise deine Beobachtungen festzuhalten.
2 Schließe die Augen und lass deinen Körper vom Scheitel bis zur Sohle weich werden.
3 Fasse die Absicht, dich zu öffnen und in die Energie des Mondscheins einzutreten, um positive Energie zu laden und die Intuition zu triggern.
4 Verlangsame den Atem und lass mit der Ausatmung alle mentalen Nebengeräusche ausströmen.
5 Du kannst beten – auch laut. Deine Worte erhalten eine umso tiefere Bedeutung, wenn du das, was du loslassen, und das, was du einladen willst, klar und deutlich aussprichst.
6 Visualisiere die aktuelle Mondgestalt.
7 Beobachte auch ihre Farbe und das Leuchten, das sie ausstrahlt.
8 Beginne dann, deinen eigenen Energiekörper in diese Vision zu integrieren. Du verschmilzt mehr und mehr damit.
9 Lade das Leuchten der weiblichen Energie Lunas in deinen unteren Bauchbereich und den Gebärmutterraum ein. Mit jedem Einatmen dehnt sich das Leuchten aus, und mit jedem Ausatmen werden Emotionen oder Gefühle von blockierter oder fragmentierter Energie freigesetzt und gelöscht. Beobachte, welche Formen, Muster oder Empfindungen dabei auftauchen.
10 Erlaube nun dem heilenden Licht der göttlich-weiblichen Energie, in dein Herz zu strömen. Mit jedem Einatmen kannst du sehen, wie sich die Mondgestalt ausdehnt und dein Herz erleuchtet. Mit jedem Ausatmen ermutigt sie dich, allen Kummer und alle Tränen aus dir herauszufließen zu lassen und den Panzer um dein Herz aufzubrechen.
11 Beobachte die Empfindungen und Bilder, die du jetzt wahrnimmst.
12 Bringe das Licht und die Präsenz Lunas in das Zentrum deines Geistes. Mit jedem Einatmen weitet sich die leuchtende Energie, und mit jedem Ausatmen zieht sie fehlgeleitetes Denken und begrenzende Gedankenschleifen heraus. Dein Geist gewinnt durch die Ausstrahlung des Mondlichts eine völlig neue Blickrichtung.

13 Beobachte die Empfindungen, Muster und Bilder, die du jetzt wahrnimmst.

14 Tauche deinen ganzen Körper in das Mondlicht. Visualisiere dich selbst im Inneren der Mondgestalt. Entspanne dein ganzes Wesen im Mondhaus und empfange den Rat der Energie der weisen Ältesten.

15 Luna spricht die Wahrheit: Was hat sie dir zu sagen? Hält sie Worte der Weisheit, Ratschläge oder eine Symbolik für dich bereit?

16 Webe den erhaltenen Rat in das Geflecht deiner intuitiven Natur ein. Was möchte Luna dir damit sagen?

17 Kehre zum bewussten Atmen zurück, nimm deine Umgebung wahr, spüre, wie dein ganzer Körper auf den festen Boden der Erde zurückkehrt. Danke dir selbst dafür, dass du deine Intuition aktiviert und Rat erhalten hast.

18 Schreibe deine Mondreise-Erfahrungen in dein Tagebuch.

4. Meditation: Zulassen, um loszulassen

Absicht

Sich mit dem Atem verbinden,
innere Ecken und Kanten weicher machen,
äußere Stressfaktoren loslassen,
sodass Klarheit, Frieden und Entspannung einkehren.

1 Suche dir einen Platz, an dem du mindestens fünf Minuten lang bequem sitzen kannst.

2 Beginne damit, die Erde unter dir, den Himmel über dir und die Horizontlinie vor dir wahr- und anzunehmen. Begrüße hinter dir die grenzenlose Weite des Universums, das dich unterstützt.

3 Setze deine Absicht darauf, vollständig loszulassen und positive Energie herbeizurufen.

4 Achte auf deinen Atem, entspanne deinen unteren Bauchbereich und die Gesichtsmuskeln. Verlangsame deinen Atem, indem du bei jedem Ein- und Ausatmen bis sechs zählst.

5 Beginne, deinen Nacken sanft zu rollen, indem du den Kopf ohne Anstrengung kreisen lässt, um Verspannungen zu lösen.

6 Bewege dann die Schultern im Kreis: sechsmal vorwärts, sechsmal rückwärts.
7 Zieh die Schultern hoch in Richtung der Ohren, balle die Fäuste und spanne alle Muskeln an (ohne zu verkrampfen). Halte den Atem, bis er sich befreien will – lass beim Ausatmen ALLES los. Mach dir bewusst, was es ist, das du gehen lässt (sechsmal).
8 Kehre in die Stille zurück und folge weiterhin deinem Atem. Du atmest ein, um reine, saubere Energie einzulassen, und aus, um Verwirrtes, Zerbrochenes oder Trübes loszulassen.
9 Folgendes Mantra kann nützlich sein: „Mit jedem Einatmen nehme ich saubere Energie auf, mit jedem Ausatmen lasse ich vollständig los."
10 Zulassen, um loszulassen: Kennst du ein Symbol, das den Fokus dieser Meditation schärfen hilft? Vielleicht stellst du dir bei jedem Einatmen eine Rose in ihrer ganzen Pracht vor, und bei jedem Ausatmen, wie sie sich in sich selbst versiegelt. Konzentriere dich auf das vollständige Loslassen.
11 Während du deine Meditation abschließt, beobachte jede Veränderung – ob mental oder körperlich.

5. Neumond-Geistesbotschaft

Absicht

Meine Energie heimholen,
Überkommenes gehen lassen,
Inspiration für den Neubeginn erhalten.

1 Nimm dein Tagebuch zur Hand, entzünde eine Kerze und sitz für mindestens fünf Minuten in Stille.
2 Erlaube deinem Körper, sich vollständig zu entspannen.
3 Frage dich selbst:
- Welche Chancen, Lernmöglichkeiten und Neuanfänge ergeben sich jetzt?
- Was bin ich bereit und willens loszulassen?
- Welche positiven Worte werden mich durch diesen Mondzyklus begleiten?

4 Erlaube Luna, zu dir zu sprechen, und erhöre ihren Aufruf zum Handeln. Verbinde dich mit deinem Traum eines erfüllteren Lebens und bitte um etwas oder jemand, damit dir bei der Verwirklichung geholfen wird.

5 Bist du bereit? Dann schreibe deine Botschaft nieder und lege sie auf deinen Altar oder an einen Ort, wo du immer wieder darüber nachdenken kannst.

Es folgt je ein Beispiel für eine kürzere und eine längere Version einer Neumond-Geistesbotschaft:

Kürzere Version

„Ich bin unendlich weit und zugleich tief verwurzelt. Meine Fähigkeit zur inneren Wandlung erlaubt es mir, sowohl meinen äußeren Handlungsspielraum zu erweitern, als auch in mystische Dimensionen zu reisen."

Längere Version

„Ich bin unendlich weit und zugleich tief verwurzelt. Meine Fähigkeit zur inneren Wandlung erlaubt es mir, sowohl meinen äußeren Handlungsspielraum zu erweitern, als auch in mystische Dimensionen zu reisen. Ich erhalte Einsichten, die von kosmischer Weisheit durchdrungen sind, und mein inneres Wissen erkennt, was Illusion und was Wahrheit ist. Mein Atem bringt mich dorthin. Auch der Gegensatz zwischen der Stille meiner morgendlichen Meditation und dem täglichen inneren Aufruhr meines verstreuten Selbst führt mich dorthin.

Ich lege alle zerbrochenen und trüben Teile meiner selbst nieder und lasse sie endlich frei. Ich erahne große Geheimnisse auf meinem Weg und erhalte Einsichten, die mich zu konkretem Handeln auffordern und mein persönliches Wachstum fördern. Ich befreie mich von begrenzenden Konditionierungen, ziellosen Körper-Geist-Schleifen sowie unheilvollen Zyklen und Mustern.

Ich trete in den Kreis meiner Macht ein, wo die Enthüllung meiner innersten Wahrheit mein Geburtsrecht ist. Ich staune über den dunklen Nachthimmel, der bald wieder in den schillernden Heiligenschein Lunas getaucht sein wird. Die Mondin flüstert mir zu: ‚Willkommen zu Hause, meine Süße, dies ist das Leben, das auf dich wartet.'"

6. Vollmond-Geistesbotschaft

Absicht
Meine Energie erden,
mich mit der Ausstrahlung des Vollmonds in Einklang bringen,
eine intuitive Botschaft erwirken,
die mich in allen Lebensbereichen unterstützt.

1 Halte dein Tagebuch bereit, entzünde eine Kerze und sitz für mindestens fünf Minuten in Stille.
2 Erde deinen Unterkörper, erhebe den Oberkörper und nimm volle Atemzüge.
3 Frage dich selbst:
- Was sagt mir meine Intuition zu diesem Zeitpunkt?
- Welche gewohnheitsmäßigen Muster oder vergangenen Erfahrungen bin ich bereit loszulassen?
- Was wird heute meinem höheren Selbst dienen?
- Welche Grenzen und Praktiken nähren mich und erlauben mir, meine Aufgaben zu erfüllen und die nötige Ruhe zu bekommen?

4 Fühle das Strahlen des Vollmondes und lass es durch dich hindurchströmen.
5 Verbinde dich mit deiner Seelenessenz und erlaube deinen Absichten und Gebeten, mit Leichtigkeit und Anmut in dich hinein und durch dich hindurchzugehen.
6 Rufe das hervor, was du zu manifestieren bereit bist.
7 Schreibe deine Botschaft nieder und lege sie auf deinen Altar oder an einen Ort, wo du oft darüber nachdenken kannst.

Zwei Beispiele für eine Vollmond-Geistesbotschaft:

Kürzere Version
„Wenn ich in den Kreis der Dankbarkeit eintrete, trage ich nicht mehr an dem, was mich belastet.

Während ich überkommene Schichten meiner Vergangenheit abwerfe, begrüße ich meine Intuition mit lauschendem Herzen und offenem Geist. Ich nehme die Einladungen und Botschaften an, die jetzt zu mir kommen. Mit dem göttlichen Timing auf meiner Seite, aktiviere ich meine persönliche Erdung und innerliche Weitung. Ich handle alltagsfest und kosmisch zugleich."

Längere Version
„Ich trete in den Kreis der Dankbarkeit ein.

Wenn ich jetzt meine Segnungen zähle, lege ich alles ab, was meinen Verstand vernebelt und mein Herz panzert. Ich erinnere mich, wie ich mich wirklich frei fühlen kann. Die Anziehungskraft Lunas rüttelt meine Sinnlichkeit wach und entfesselt meine mystische Seite. Ich rufe die Mondgeister herbei – mein Rufen lässt die Luft vibrieren. Ich weiß, dass ich nicht allein bin! Ich spiele nicht länger nach den Regeln des Verwirrspiels meines Verstandes. Ich breche aus, schlage die Türen innerer Verhärtung ein und tanze meinen wildesten Tanz ohne Scheu und Scham.

Ich wiege mein inneres Kind, das sich danach sehnt, zärtlich von mir gehalten zu werden. Ich gehe Hand in Hand mit meiner Zwillingsflamme, der hellsten Version meiner selbst. Ich BIN diese Zwillingsflamme. Wenn ich das transzendente Portal im Mondhaus des Geistes betrete, lasse ich meinen Schutz fallen und bade mich im Wasser der Erleuchtung. Der leuchtende Schimmer Lunas projiziert meinen Schatten, damit ich ihn als das sehen kann, was er ist. Ich spreche einen Zauber der Güte für alle Lebewesen. Der Weg zur Erlösung allen Lebens auf diesem Planeten erscheint blitzhaft vor mir. Meine Gebete für alle Mitwesen werden frei und weit.

Sternenstaub umgibt mein Herz, die größten Mysterien des Lebens lassen uralte Weisheit in meinen Geist strömen, der Puls der Erde durchdringt mich, ich handle alltagsfest und kosmisch zugleich. Wenn ich aus dem Vollmondschlaf erwache, fühle ich, wie meine Zellen von der Alchemie der Erneuerung energetisiert worden sind. Ich öffne meine Augen und sehe einen neuen Morgen. Mein Geist ist wie ein Falke, meine Lunge ein Feld wilder Blumen, mein Schoß der Grund des Ozeans, meine Brüste der Nektar in den Blumen, in meiner Wirbelsäule kreist der Saft ältester Zedern, meine Hände strahlen die Wärme der Sonne aus, meine Füße kosten das Salz der Erde. Im galaktischen Wunder des Mondkerns lasse ich meine Seele erwachen."

7. Ritual: Mondbaden

Lass dich von deiner Intuition leiten. Wenn Luna dich ruft, folge und aale dich in ihrem schimmernden, heilenden Licht.

1. Such dir einen bequemen und sicheren Platz in der Natur, wo du dich entspannen kannst und einen freien Blick auf den Himmel hast. Wenn du nicht nach draußen gehen kannst, setz dich bei ausgeschaltetem Licht ans Fenster, damit Lunas Glanz zu dir dringen kann.
2. Verbinde dich mit deinem Atem, schließe die Augen und mach deinen Körper weich. Stell dir bei jedem Ausatmen vor, dass du nun Stressfaktoren entlassen wirst. Mit jedem Einatmen lade eine hohe Schwingungsübertragung deiner geistigen Führung ein – lass das Mondlicht zu dir sprechen und dich umhüllen.
3. Verlangsame deinen Atem weiter, atme bis vier ein, halte den Atem bis vier an und atme so vollständig wie möglich aus.
4. Öffne nun die Augen und schaue auf zum Himmel. Atme mit jedem Einatmen Lunas Glanz tief in deinen Körper ein. Mit jedem Ausatmen visualisiere konkret die Stressfaktoren, die dich jetzt verlassen – Überwältigung, Verwirrung, Traurigkeit, Frustration, Ungeduld, um nur einige zu nennen.
5. Erlaube deinem Körper, ein Kanal für lunare Erleuchtung zu sein.
6. Nimm die Gefühle von Ehrfurcht und Verwunderung an, die sich jetzt einstellen – heiße sie bewusst willkommen. Bade im heilenden und nährenden Mondschein.
7. Übe dich in der Mondbetrachtung, wie schon die Alten sie gelehrt haben: Richte den Blick auf die Mondmitte, ohne zu blinzeln. Versuche dich sanft zu konzentrieren und ruhig zu bleiben – wenn deine Augen zu tränen beginnen, schließe sie einfach.
8. Indem du deinen Blick ruhen lässt, visualisiere Lunas Glanz in der Mitte deiner Stirn, vor deinem inneren Auge. Dieses innere Bild wird leichthin erscheinen.
9. Öffne die Augen, wenn du wieder dazu bereit bist, und gehe erneut in die Mondbetrachtung. Mach so lange weiter, wie du

entspannt und wohl bist. Beobachte, wie du dich in der Tiefe fühlst.

10 Wenn du magst, schreibe in dein Tagebuch, was du erfahren und erhalten hast.

8. Altar-Kreativität: Entfessele dein ungezähmtes Selbst

Ein erdendes Ritual, das am Vorabend von Neu- oder Vollmond durchgeführt wird, um sich mit der Intuition zu verbinden und den Geist zu befreien.

Absicht

Meine ureigene persönliche Sphäre mit alten und neuen
gefühlsstarken Erinnerungen anreichern.
Jetzige Gefühle, Gedanken und Offenbarungen verkörpern.

Vorbereitung

Geh in die freie Natur und sammle herabgefallene Gegenstände:
Blüten, Blätter, Zweige, Beeren und Ähnliches.
Oder nimm etwas aus dem Garten, was deine Sinne erfreut.
Vielleicht noch Zitate, Gedichte, Bilder, Kristalle oder
Orakelkarten?
Alles geht, was für deine Vergangenheit und Gegenwart steht.
Dazu Kerze, Düfte und dein Tagebuch.
Zu guter Letzt eine Schale, gefüllt mit Wasser
(wenn möglich, aus einem natürlichen Gewässer geschöpft).
Ein großes Tablett wäre vielleicht hilfreich,
um darauf diesen Altar zu errichten – ob drinnen oder draußen.

1 Sobald du alles hast, was du brauchst, entzünde deine Kerze, verbrenne Weihrauch oder Salbei oder bedufte dich mit ätherischem Öl. Geh in einen meditativen Zustand und stimm dich auf den Atem ein.

2 Setze bewusst deine Absicht darauf, einen Altar zu erschaffen, der dein ungezähmtes, kreatives und souveränes Selbst unterstützt. Dafür gibt es keine Regeln!

3 Lade deine Intuition und geistige Führung ein.
4 Sobald du dich wohl und geborgen fühlst, sprich mit deiner Geistführung – trage alle Fragen, Gebete und Bitten laut und deutlich vor.
5 Teile mit, was du loslassen möchtest, um deine Kreativität anzuregen und um dein Leben wieder ins Fließen zu bringen, wenn du es für nötig befindest.
6 Benenne deine Kernüberzeugungen, zum Beispiel: „Ich bin meinem kreativen Prozess verpflichtet, ich liebe mich selbst ohne Wenn und Aber, ich bin eine Schülerin der Licht- und Schattenenergien."
7 Nenne drei Wege, die du beschreiten willst, um dein Leben souverän zu gestalten. Zum Beispiel: „Ich verpflichte mich, Selbstliebe zu praktizieren, auf das göttliche Timing zu vertrauen und auf die Botschaften zu hören, die in mein Leben kommen."
8 Beginne, deinen Altar in dieser Sphäre innerer Klarheit und Freiheit zu erschaffen.
9 Geh ohne Plan vor – sei spontan. Lass es abstrakt oder konkret, buchstäblich oder symbolisch werden. Beobachte, wie die fünf Elemente ineinander übergehen und sich miteinander verflechten. Sei experimentell – und erfreue dich daran!
10 Wenn du fertig bist, betrachte deinen Altar aufmerksam und schreibe über deine Erfahrungen.
11 Entzünde sieben Tage lang jeden Morgen eine Kerze auf deinem Altar und genieße deine kreative Energie. Achte darauf, den Altar zu pflegen, damit er frisch, sauber und lebendig bleibt, bis du einen neuen errichtest.

9. Bewegungsmedizin: Lass alles strömen und fließen

Absicht

Spannung abbauen und Erneuerung erlangen.
Verbinde dich mit den Mondrhythmen und lass deine wilde Seite heraus!

1 Entzünde eine Kerze und spiele Musik, die dich zur Bewegung anregt.
2 Lass alle Erwartungen an dich selbst gehen – auch alle bewusst gefassten, noch so hehren Absichten.
3 Spüre den Schlag der Trommel und übergib dem Körper die Führung, um dich im Einklang mit den fünf Elementen zu bewegen:

Erde

Beginne mit den Füßen und Beinen: Lass sie einen erdenden Rhythmus finden. Jeder Schritt lässt Angst los und verkörpert Freiheit!

Wasser

Bring dein Gewahrsein in die Hüften. Bring sie in großen Kreisen zum Schwingen, wiege dein Becken vor und zurück und von Seite zu Seite. Schüttle dein Gesäß! Spüre die Sinnlichkeit deiner heiligen Sexualität. Mach deinen Schoß weich, senke den Bauchbereich und den unteren Rücken. Visualisiere tanzendes Wasser, erlaube ihm, sich in reinigendem Fließen durch deinen ganzen Körper zu bewegen. Werde selbst zu Wasser ...

Feuer

Bring dein Gewahrsein in den Solarplexus und entzünde all deine Leidenschaft. Visualisiere die Flamme, die hell in deinem innersten Zentrum brennt, und lass ihr Licht aus deiner Kernessenz bis in die Haut strömen. Bewege dich schnell, schüttle dich, stampfe und singe. Werde wild und urwüchsig! Vergiss es einfach, gut aussehen zu wollen und die Kontrolle zu behalten. Nimm jede Verwandlung voller Aufmerksamkeit in dich auf. (An manchen Tagen wirst du dich mit großer Intensität bewegen müssen, um deine Energiekanäle zu reinigen, an anderen Tagen wird es sanfter, subtiler zugehen.)

Luft

Bring dein Gewahrsein in Lunge und Herzraum, einschließlich Schultern, Arme, Hände, Kehle und Hals. Ermutige alle Bewegungsmuster, gänzlich frei durch dich hindurchzufließen, so wie das Element Luft alles umfließt. Sanft wogende, federleichte

Wellen besänftigen dein Herz. Arme und Hände werden empfänglich für die lunaren und solaren Energien, die dich umgeben. Wiege dich, wiege dich, wiege dich! Dann lass los und kehre zurück zur Essenz der Gutherzigkeit und Atemstärke.

Äther
Heiße die Einheit im Inneren willkommen. Bewege jetzt deinen ganzen Körper, während er auf der Erde, in Luft und Feuer sowie auf dem Wasser tanzt.

4 Werde zu einem Kanal, durch den der Geist sich bewegen kann – tritt aus der gewöhnlichen Zeit heraus und in den Kreis des Geistes ein.
5 In dieser heiligen inneren Sphäre lässt du deinen vermittelnden Verstand völlig los und folgst dem authentischen Impuls jeder einzelnen Bewegung.
6 Das Element des Äthers wird dich auf ungeahnte Weise neu bewegen. Fließe, wiege, trete, singe, atme, ziehe, schaukle! Dehne dich aus, zieh dich zusammen, zerhacke dich und setz dich wieder zusammen! Sing in den höchsten Tönen, stöhne in den tiefsten, folge dem Wunsch nach sich wiederholenden Bewegungen, um verklebte Energiekanäle durchzuspülen.
7 Vielleicht hast du das Gefühl, dich zu befreien wie eine Schlange, die sich gerade häutet. Werde wild und urwüchsig, sei ohne Sinn und Verstand, strebe durch alle Reiche und Dimensionen!
8 Geh in das Innere der Erde und ankere gleichzeitig im sternklaren Nachthimmel.
9 Folge deiner Vision und deinem Seelenauftrag – vertraue auf den Heilungsprozess.
10 Schließlich kehre in die hiesige Welt zurück und ruhe lange genug, um dich gesammelt, verbunden und verjüngt zu fühlen.
11 Visualisiere, wie du in der Alchemie der Mondrhythmen ruhst und deine ungezähmte weibliche Energie empfängst.
12 Schreibe über deine Erfahrung. Gab es eine Leitbotschaft? Einen Aufruf zum Handeln? Diese Reise durch Körper und Geist ist zutiefst heilend und transformativ. Vertrau allem, was dabei aufgetaucht ist, und mach dir Gedanken, wie es mit deinem Alltag in Verbindung steht.

10. Neumond-Ritual: Dein kosmischer Reset

Absicht

Jede Art von Neubeginn willkommen heißen: Glaubensformen und Glaubenssätze, Visionen und Absichten, Projekte und Beziehungen ... Dein kosmischer Reset bringt Inneres und Äußeres in Einklang, weil die göttlich-weiblichen Kanäle gereinigt und die Seele genährt werden.

1 Entzünde die Kerze auf deinem Altar. Versorge den Raum mit frischer Luft und bereite einen beruhigenden Tee. Reinige dich innerlich mit deinen Lieblingsdüften und sitz in stiller Einkehr. In der heiligen Sphäre sollte die Kerzenflamme als einzige Lichtquelle dienen.

2 Richte dich innerlich aus, werde dir klar darüber, wie dein Reset beschaffen sein soll. Lass deine Emotionen weich werden, wenn du jetzt deinen inneren Tempel betrittst, um den Ruf deiner göttlich-weiblichen Natur zu erhören.

3 Stell deinen Wecker auf mindestens zehn Minuten. Folge dem Gewahrsein des Atems. Genieße Stille und Einfachheit.

4 Wenn deine Meditation beendet ist, nippe an dem Tee und sänftige dich inmitten deiner göttlich-weiblichen Natur.

5 Beginne dein intuitives Selbst und deine geistige Führung herbeizurufen.

6 Indem du dich wohl und wohler fühlst, sprich laut und deutlich dein „Check-in" zur Geistigen Welt und in dein innerstes Selbst:

7 Teile mit, was deine Vorstellungen für die Zukunft sind, zum Beispiel „Ich schaffe in diesem Mondzyklus Raum für inneren Frieden". Oder etwas ganz wörtlich Gemeintes, wie zum Beispiel: „Ich verpflichte mich, [Zeitraum, Projekt] zu vollenden."

8 Indem du laut betest, verbindest du dich enger mit deiner intuitiven Natur. Rufe jedwede Unterstützung herbei, die du für deine Projekte und Visionen brauchst. Bitte um Hilfe beim Loslassen all dessen, was dir nicht mehr dient. Arbeitest du mit einer Gruppe, so vergegenwärtige dir, wie du durch das Wohlwollen lieber Menschen gehalten wirst, während du dir jetzt deine Absicht vor Augen hältst und mit der Geistigen Welt sprichst

9 Schreibe alle Visionen, Absichten und Gebete nieder, die dir einfallen, während du weiter deinen Tee trinkst.

10 Geh zurück in stille Meditation und visualisiere eine dunkle Höhle mit einem Feuer. Tritt ein und setz dich ans Feuer.

11 Genieße die Wärme des Feuers und lass dein intuitives Selbst dir Erkenntnisse dazu schicken, was deine Gebete und Visionen unterstützen wird. Nimm die Führung von ganzem Herzen an.

12 Während du dich mit allem, was du bist und hast, auf einen Zyklus der Verjüngung und des Neubeginns einlässt, bleibe offen für ein Mantra, ein Symbol, die Vision einer Landschaft und/oder nährende Energien.

13 Schließe den heiligen Kreis, indem du (gegebenenfalls auch allen Anwesenden) dankst und die kosmischen Elemente für deren Leben spendende Eigenschaften ehrst. Lege deine/legt eure Hände auf den Altar. Sei(d) dankbar für die spirituelle Hingabe, die auf den Weg des kosmischen Erwachens führt.

14 Schließe dein Ritual ab, indem du deine Erfahrungen in deinem Tagebuch festhältst. Vielleicht willst du dies auch spontan mit einer kreativen Tätigkeit ergänzen?

15 Geh am nächsten Morgen noch einmal auf deine Neumondvorsätze ein und bewahre sie an einem Ort auf, wo du dich während dieses Mondzyklus inspirieren lassen kannst.

11. Baderitual an Neumond für spirituelle Reinigung

Absicht

Zu Ehren des Neumonds, dem Beginn eines neuen Mondzyklus, reinigst du dein System mit einem heiligen Bad, verjüngst dich und lädst dich auf.

1 Setze die Absicht, die Essenz der Erneuerung, des Neuanfangs und der inneren Transformation herbeizurufen.

2 Schreibe deine Absichten auf: Welchen Neubeginn stellst du dir vor? Welche neuen Projekte? Was muss gereinigt wer-

den? Was wird das Gleichgewicht zwischen Innen und Außen fördern?

3 Füge dem Badewasser hinzu, was du persönlich magst: Badesalze, frische Lavendel- und Rosmarinzweige, Blütenblätter, Kräuter oder ätherische Öle. Gib auch gereinigte Kristalle mit hinein. Entzünde Kerzen und schalte das Licht aus, spiele beruhigende Musik – oder genieße einfach die Stille.
4 Lass deinen Körper langsam ins Wasser gleiten, halte dir die Absicht der Erneuerung fest vor Augen.
5 Entspann dich, lass völlig los.
6 Fang dann an, deine Absichten zu sammeln und sprich sie auch laut aus, wenn du dich wohl damit fühlst. Zum Beispiel: „Ich bin bereit, zu diesem Zeitpunkt Hilfe zu bekommen. Führe mich auf meinem Weg, sende mir Omen und Zeichen, damit ich die Klarheit, Nahrung und Aktivierung erhalte, die ich brauche, um meinem höchsten Selbst zu begegnen."
7 Wiederhole folgende Affirmation dreimal: „Ich bin offen für den Neubeginn, ich werde erneuert, ich werde genährt."
8 Tauche achtmal mit dem ganzen Körper, einschließlich des Kopfes, unter Wasser. Jedes Mal, wenn du untertauchst, erinnere dich an deine Neumond-Affirmation.
9 Stell dir vor, dass du in einen zeitlosen Zustand eintrittst, wo die unsichtbaren Reiche zugänglich werden. Tritt in das Reich aller Möglichkeiten ein. Heiße Veränderung und Erneuerung willkommen und bleibe offen für jedwede Vision, egal welche und wie sie kommt – ob ganz sanft oder wie der Blitz.
10 Vervollständige das Ritual, indem du dich nach dem Bad warm anziehst und dich zur Ruhe legst. Nimm alle Erinnerungen an deine Erfahrung an.
11 Schreibe, was du willst, darüber in dein Tagebuch: was du erfahren und erhalten hast, vor allem die aufschlussreichsten Botschaften, und lege das Buch auf deinen Altar.

12. Anregungen für dein Tagebuch

- Wo und wie muss ich aktuell spirituell genährt werden?
- Wie kann ich mein höchstes Selbst noch besser pflegen?
- Was ist bereit, gereinigt zu werden?
- Was ist bereit, zum Leben zu erwachen?
- Was muss ich während dieses Zyklus loslassen?
- Was steht kurz vor der Vollendung?
- Wo erscheint ein Neubeginn am Horizont?
- Was teilt mir meine Intuition mit?
- Was wird nun mein Leitmotiv sein?

Folge den Mondrhythmen als himmlischem Navigationsystem.
Schau oft nach oben.
Lege alle unnötigen Lasten ab. Sie sind einfach zu schwer,
um sie weiter zu tragen.
Stärke deine Herzkraft.
Dein Geist: himmlisch und irdisch zugleich.
Synchronizität wird erfolgen.
Aufwachen, innehalten, ruhen –
und die Vision immer wieder vor Augen.
Dein volles Potenzial erwartet, durch deine mutige Seele
erweckt zu werden.
Sonne und Mond, Kriegerin und Mutter, Kind und Alter:
Alle Archetypen sind in deinem Kern versammelt.
Milliarden Jahre sind vergangen, Milliarden Jahre werden kommen.
Dein Seelenkern aus Sternenstaub ist mit ALLEM verbunden.
Vergiss das nie!

EVOLUTIONÄRE MYSTIK

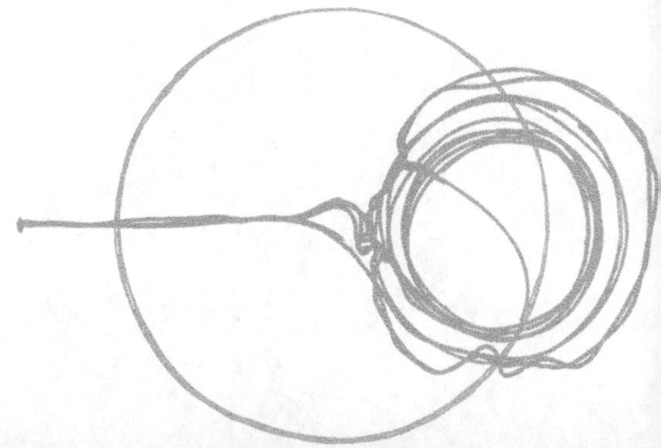

Heile dich selbst.
Bete gern und oft.
Trage deine Fragen an das Leben vor deinen Altar.
Suche Rat bei der Weisheit des Inneren.
Dein Körper ist der Kanal, dein Herz frei und weit.
Dein Selbst entfaltet sich mehr und mehr.
Dein Glauben ist deine Superkraft.
So geh hinaus und heile die Welt.

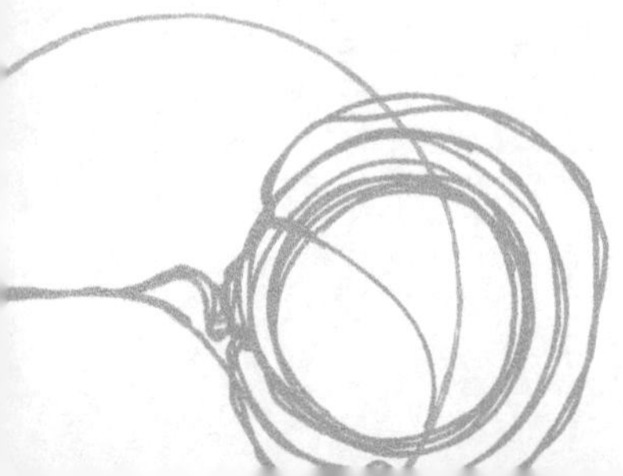

Kapitel 8
Evolutionäre Mystik
Persönliche Alchemie entwickeln

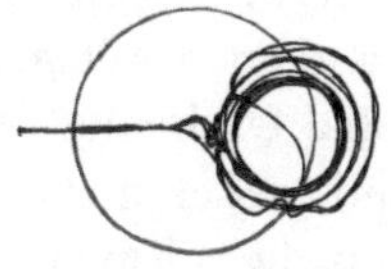

INTEGRATION: DAS HEILIGE IN DEN ALLTAG BRINGEN

Tägliche mystische Praxis, in Selbstliebe und Verbundenheit mit deiner persönlichen Lebenswelt, bringt Balance, Tiefe und Freude in deine persönliche Erfahrung. Du holst dein Bestes in diese Welt. Immer wieder integrierst du Momente des Heiligen in deinen Alltagsrhythmus. Dein geistiger Nährboden wird reich und fruchtbar und dein Körper zum Instrument bewusster Aktivität hin zum Positiven, Aufbauenden und Nährenden. Verbundenheit von Geist und Körper ist das Geheimnis des Flow-Zustands, wo du ebenso geerdet wie aufnahmebereit bist. Regelmäßige Rituale verleihen dir Energie. Die üblichen Alltagsdramen – Terminstress, Hin-und-hergerissen-Sein, Erwartungsangst – kannst du hinter dir lassen. Du ziehst dich nicht mehr in die rein reaktive Ecke zurück, sondern übst Ehrlichkeit, Solidarität und Intimität mit dir selbst. Im aktiven Gespräch mit deiner Seele entdeckst du, was dich beflügelt, was dir Freude bereitet und was dein inneres Wachstum unterstützt.

Was du dir damit selbst tust, kannst du nun auch anderen tun: Die mitfühlende Pflege, die du dir selbst schenkst, ist heilender Balsam auch für sie. In unserer immer komplexeren Welt sind wir alle darauf angewiesen, uns wieder mit vier Elementen unseres Planeten zu verbinden, ebenso wie mit Mond und Sonne sowie dem kosmischen Ätherelement, das alles Leben zusammenhält.

Stellst du dir jetzt die Frage, welches konkrete Geschenk DU der Welt machen kannst? Wie du offen, ehrlich, verbunden und geerdet bleibst, um das, was du empfängst, nicht als nur selbstverständlich anzusehen? Wirst du es schaffen, der Suggestion zu widerstehen, mehr und mehr materielle Dinge zu wollen, weil du meintest, dich dann besser zu fühlen? Wirst du entschleunigen können, um zur Ruhe zu kommen und in die Stille zu gehen? Wirst du lernen, deinen Energiekörper zu steuern, um das Numinose in deinen Alltag zu holen? Genau darin liegt die Kunst der Mystik! Und jedes Mal, wenn du erkennst, was du wirklich willst und wessen du tatsächlich bedarfst, dann ist das an sich schon ein heiliges Ritual. Du webst einen schimmernden Faden in den Wandteppich deines Lebens ein.

Schon wenn du jeden Morgen eine Kerze entzündest und eine Weile in Stille sitzt, dabei ein Gebet sprichst und Dankbarkeit hineinlegst, bringst du Licht und Positivität in den beginnenden Tag. Die Schönheit einer rituellen Lebensweise eröffnet bedeutungsvolle, wahrhaft transformative Erfahrungen. Sie öffnet den Sinn für die Heiligkeit des Alltags und verlagert den Fokus der Aufmerksamkeit weg von täglichen Stressfaktoren in den inneren Raum. Obwohl Anstrengung weiter nötig sein wird, weil sie einfach zum menschlichen Leben gehört, wirst du dich durch die Geistige Welt entlastet fühlen. Deine Intuition wird wachsen und du wirst zunehmend in freudiger Präsenz leben. Mit einem Wort: Du wirst dich in deiner Haut wohlfühlen.

Nimm dir jeden Morgen vor, diesen Tag als ein lebendiges, heiliges Ritual zu sehen. Sei neugierig, welche Geschenke, Symbole oder Führungen dir heute erteilt werden. Heiße das Unbekannte willkommen. Befreie dich von negativen Gedankenschleifen, noch bevor du deine übliche Routine beginnst. Bitte jeden Morgen um Unterstützung und lade deine mitfühlende Geistführung ein, dir zu helfen, deine Arbeit zu meistern und auch Ruhephasen genießen zu dürfen. Sobald wir mit dieser Einstellung durch den Tag gehen, werden selbst die schwierigsten Aufgaben einfacher und wir arbeiten effektiver, weil wir darauf vertrauen können, dass eine höhere Macht uns immer wieder aufhilft. Sobald du Widerstand oder Trägheit verspürst, frage dich also stets: „Was ist die tiefere seelische Botschaft, die in diesem Moment durchkommt? Wo liegt hier das Lernen? Was kann ich gehen lassen?"

Bewusste rituelle Lebenspraxis entwickelt sich weiter und weiter, schon aus sich selbst heraus. Es ist, wie wenn ein Stein ins Wasser geworfen wird und immer größere Kreise zieht. Unterschätze niemals die Macht des Welleneffekts! Dein persönlicher Prozess vertieft sich ständig. Du brauchst dafür nicht viel: Schon dem Flügelschlag der Vögel zu lauschen oder wie der Wind in den Blättern spielt oder das Kommen und Gehen von Ebbe und Flut zu beobachten, öffnet den inneren Raum für dich. Es einfach bewusst wahrzunehmen, lässt dich für einen Moment erkennen und empfinden, was der dir versprochene Platz in der Welt ist. Bewusst Platz für das Unbekannte zu schaffen und urteilslos die Energie zu beobachten, die in allem fließt und webt, ist mystische Erfahrung – die Erfahrung der Heiligkeit in allem. Jeder noch so gewöhnliche Tag wird sich mit Weisheit und Weisung anreichern, damit du erfüllt leben und lieben kannst.

DIE LEBENSREISE: EIN TANZ AUF ALLEN EBENEN

Unser Leben schickt uns auf eine spirituelle Reise, damit wir das Menschsein auf einem sich entwickelnden Planeten erforschen. Unsere Initiationen bestehen in der Verarbeitung von Gegensätzlichkeiten: von persönlichen Gipfelerlebnissen und Talfahrten, über vielerlei Arten von innerer Bereicherung und Verlust, bis hin zur Bewusstwerdung überpersönlicher, kosmischer Zyklen. Auf der Ebene der menschlichen Bewusstseinssphäre zu existieren, ist eine unverwechselbare Einladung, auf allen Ebenen zu tanzen. Mit jeder Richtung, die wir einschlagen, wird ein neues Geheimnis enthüllt. Jedes Lebensabenteuer führt uns in unser eigenes Werden. Keine Zeit ist verloren. Keine Arbeit umsonst. Keine Liebe vertan. Deine Lektionen lernst du an jedem Tag: die Führung schlägt ein wie der Blitz, oder sie pirscht sich auf den unmöglichsten Pfaden an. Deine Ahnen überbringen Botschaften, wenn du es am wenigsten erwartest. Deine Musen sind überall, wohin du auch gehst und wo immer du stehst. Bleib offen, bleib wach! Und sobald du zu vergessen beginnst, wo deine Mitte ist, erinnere dich stets: Du bist nicht allein, dir wird unter die Arme gegriffen.

Bist du somit parat für alles, was kommen mag? Vermagst du jede Lebenserfahrung als deine Lehrerin anzunehmen? Wirst du die tiefere Botschaft auch im scheinbar Banalsten erkennen? Dann fühlst du auch die Tiefe und den Wert deines Lebens. Und wenn dir Menschen oder Dinge begegnen, die dir den Atem rauben und dein Herz bewegen, dann wirst du darin den besonderen, vielleicht lebensverändernden Moment erkennen. Du stehst nicht mehr beiseite, wenn eine Synchronizität dir den Weg weisen will. Du erspürst, was für deine Entwicklung nicht mehr notwendig ist, und lässt es gehen. Du sammelst Weisheitslehren, lässt die Wahrheit an dich heran und bildest Güte und Anmut aus. Versammle deine Seelenfamilie! Sie weist dir den Weg, dem du folgen solltest.

Fürchte weder das, was sich wie Geburtsschmerzen anfühlt, noch das, was wie Sterben anmutet. Was dazwischen liegt, ist nicht mehr als eine Pause. Nutze deine intuitiven Werkzeuge, um die Wahrheit hinter jeder Geschichte auszugraben. Lass dir nicht länger dein Licht stehlen! Und wisse: Deine Wiedergeburt beginnt mit Demut. Verbeuge dich vor deiner Seelenführung, wenn du ins Unbekannte vorstößt. Gib dir die Erlaubnis, auch die Angst zu fühlen, wenn du notwendige Risiken eingehst. Bedenke auch: Wenn das Ego schwächer wird, kann sich alles anfühlen wie Mangel, Knappheit, Vergleich, Trägheit, Leere und Unwissenheit.

Doch geh mit allem mit! Nimm jede ausgestreckte Hand an, die dir den Berg zu erklimmen helfen will. Es ist auch eine Berufung deiner Seele, Hilfe anzunehmen. Tanze den kosmischen Lebenstanz durch alle Sphären, Ebenen und Reiche, von der Geburt bis zum Tod!

Du bist die Zeitreisende, die Wahrheitssuchende, die Hebamme und die Schöpferin eines einzigartigen, erfüllten Lebens. Was bedeutet es, wirklich radikal von Neuem zu beginnen? Es bedeutet, nichts zu wissen. Nichtwissen hilft, weit und mutig genug zu werden, um in das Abenteuer einzusteigen und die nächste Phase der Seelenentwicklung zu durchlaufen. Erwachen bedeutet auch, zu erkennen und zu verarbeiten, dass die Vergangenheit tot ist. Es gilt, sich rückhaltlos auf die Reifung des Geist-Körper-Prozesses zu konzentrieren. Ja, du wirst weiter auch durch dunkle Wälder gehen. Aber du hast den Gipfel vor Augen!

Und wenn du ganz oben stehst, was machst du da? Du lässt dich in einen Haufen Laub fallen … Ruhst dich aus – und erhebst dich danach wieder. Und beginnst erneut: Sortieren, sieben, unterscheiden, verbrennen, synthetisieren – alles, was in dir ist, trägt zur Alchemie der Transformation bei. Wie der Phönix sich aus der Asche erhebt, so landest auch du immer nur zu Hause – bei dir selbst, in deinem heiligen Körpertempel. In allen Sphären, auf allen Ebenen tanzen, fallen und wieder aufstehen!

Knisternd in uralter Glut spricht der Herzstein: Die Älteste in dir ist bereit, ihre Weisheit zu teilen. Denn alles Vergangene ist umgewandelt, eingewoben in die Mystik deines Geistkörpers.

PARADIGMENWECHSEL: VOLLE PRÄSENZ VON KÖRPER, GEIST UND SEELE

Eines ist gewiss: Sobald du den Geschmack deiner Körper-Geist-Intuition auf die Zunge bekommen hast, willst du ihn nicht mehr vermissen! Das Gefühl vollständiger Integration von Körper, Geist und Seele ist unvergleichlich. Es gibt da keinen Raum mehr für Zweifel, du wirst vom Lebensprozess selbst geführt. Deine Energien fließen – und die Lebensenergie fließt zu dir zurück.

Auch der Geist arbeitet auf Gegenseitigkeit: Sobald du sein Wirken zu gewahren und zu lieben beginnst, wird er deinen eigenen schöpferischen Geist aktivieren. Ja, du gehst Hand in Hand mit dem Schöpfergeist, statt nur selbst die Hand aufzuhalten. Das ist etwas völlig anderes, als um etwas für dich allein zu bitten. Du bleibst offen. Selbstkritisch. Achtest auf Details. Verlierst deinen Elan nicht mehr. Legst deine kühnsten Träume nicht mehr beiseite, denn dein kreativer Kanal bleibt immer offen. Das ist der Paradigmenwechsel, der dein Leben zu einer Reise ins Erwachen macht: zu einem fortlaufenden Prozess der Bewusstwerdung, zum einzigartigen Potenzial und zur Hervorbringung des Besten von dir selbst.

Dein Trainingsplatz ist bereitet: dass du deiner eigenen Wahrheit und deinem inneren Wissen vertraust, um den Wandel als Chance zu begreifen und zu nutzen. Lausche nach innen und wisse, wann du aktiv werden und in den Flow kommen kannst und wann du ruhen solltest, damit deine Systeme sich reorganisieren können. Durch vertiefte Integration deiner Kernüberzeugungen verschaffst du dir blitzschnell Klarheit darüber, was sich richtig anfühlt und was nicht.

Jeden Tag erwachen wir zu einer neuen Welt der Möglichkeiten. Ja, eigentlich dazu, einen neuen Körper und einen neuen Geist erschaffen zu dürfen. Spüre dieses unendlich Gute in dir selbst! Zähle jeden Morgen deine Segnungen. Rufe deine Dankbarkeit hervor, entzünde deine Kerze, schlürfe deinen Tee in der Stille des Morgenlichts. Dies ist der Moment, um deine Visionen für den anbrechenden Tag zu erhalten und zu verinnerlichen: Wie willst du in den Tag hineingehen? Siehst du es, fühlst du es, spürst du es, was er dir bringen könnte? Und wenn du Schwierigkeiten erwartest, umgib dich jetzt mit dem Leuchten der Möglichkeit zum Guten und zum richtigen Handeln.

Segne jeden Morgen, wenn du erwachst, auch deine Lieben. Segne die Erde und auch dich selbst. Es geschieht etwas ungemein Heiliges, wenn wir bewusst und mit einem reinen, sauberen Herzen in den neuen Tag gehen. Selbst wenn du nicht den besten Schlaf hattest, dich müde oder gestresst fühlst – wie kannst du gleichwohl dir und deinen Lieben mit Güte und Offenheit begegnen? Dieses einfache Ritual erfordert keinerlei äußere Vorbereitung, sondern nur innere Bereitschaft. Es ist ein hochwichtiger Beitrag zu deinem Paradigmenwechsel, weil es den inneren Sinn für Gelassenheit und Souveränität öffnet. Anstatt die Aufmerksamkeit darauf zu richten, was du nicht hast oder nicht zu erlangen glaubst, und dich von dem, was der Tag bringen könnte, überwältigt zu fühlen, umarmst du dich selbst. Du bereitest den heiligen Raum für Energieverschiebungen, damit das Gute in die Welt drängt.

Wir Menschen sind Benennungs- und Tatmaschinen. Daran können wir nichts ändern. Warum also richten wir unser Benennen und unser Tun nicht auf positive, höher schwingende Energien aus? Warum trainieren wir unsere Hirne und Herzen nicht darauf, die universelle Lebensenergie zu verkörpern, anstatt Pfeile projizierter Illusionen und niederer Motive abzuschießen? Es sollte ein immerwährendes, kraftvolles Ritual für jede Stunde, jede Minute, jede einzelne Sekunde sein, uns darauf auszurichten, höher schwingende Erfahrungen zu machen, statt hungrige niedere Schwingungen zu füttern. Das würde unser Leben radikal verändern! Zumindest können wir jeden Tag eine Tätigkeit ausführen, von der wir wissen, dass sie dauerhafte Freude und Freiheit schafft. Und dies sieben Tage lang tun! Beobachte die Wirkung, die das auf dein Leben hat.

Durch tägliche Rituale und Seelenpflegepraktiken wachsen uns echte Eingebungen zu. Davon auszugehen, dass sie uns einfach nur zufallen, wäre ein Fehler. Intuitionsentwicklung ist Arbeit und ständiger Prozess. Tauche tief in deine eigene Natur ein, damit die reine Essenz deiner persönlichen Gaben erwacht. Und lass ab davon, dir selbst etwas beweisen und anderen gefallen oder folgen zu wollen. Dies ist es, was schon die alten Mystikerinnen unter der Reise in die lichten Höhen des Geistes und in den tiefsten Grund der Seele verstanden. In allen Dimensionen Holz für dein Feuer zu sammeln, lässt die Strahlen der Sonne über das Feld deines Herzens fließen. Folge der Reise Lunas über das Himmelszelt, sie wird dich auf jedem Weg begleiten. Sei die Wahrheitssucherin, die Erbauerin der Liebe und die Seelenweberin.

So hältst du die Essenz der Gnade und Stärke auf jedem deiner Schritte fest in Händen. Du folgst dem Ruf, im Dienst der Herrlichkeit der Erde zu stehen. Lass dich von den Winden des Wandels leiten und spüre, wie die ewig sich wandelnden Gewässer dich in den gegenwärtigen Moment tragen. Küsse die Erde, berühre den Himmel, lege dein egoistisches Konsum- und Besitzdenken ab. Erwache zur Verantwortung für deinen eigenen, immer lebendiger werdenden Elementen-Körper. All dies wird zur fortlaufenden, ununterbrochenen Praxis, die dich der Verwirklichung deiner Träume näherbringt.

Denn nicht auf höchstem Weg in den Himmel, sondern inmitten der natürlichen Welt findest du in dieser Verkörperung Trost. Magie entsteht, wenn du dich übst, nicht zu urteilen und wenn du Liebe statt Angst wählst. Mach dies zu einem unverhandelbaren, hochheiligen – und täglichen! – Ereignis. Engagiere dich für dein Selbst, indem du dich im Spiegel des Mitgefühls betrachtest und „Ich liebe dich" auch an den schwierigsten Tagen zu dir sagst. Stärke deine Einsichtsmuskeln und deinen innersten Kern, damit du die Blitze der Intuition, die dir Klarheit bringen wollen, auch erkennst, statt sie verglühen zu lassen. Lerne diese sehr besondere Empfindung so gut kennen, dass du weißt, wann eine Eingebung dich ruft.

Und wenn dich einmal Trübsinn erfasst? Dann lass dich auch darauf ein! Atme, tanze, schüttle es aus! Bewege deine Energie auf jede erdenkliche Weise. Spüre in dich hinein. Denn gerade wird eine Botschaft für dich bereitet. Frage dich: „Was kann ich lernen? Was ist die zugrunde liegende Erkenntnis, die jetzt durchkommt?" Öffne jetzt dein Bewusstsein für den Paradigmenwechsel. Übe dich in Geduld, suche Rat bei Freunden. Beobachte deine Motivation, benenne sie möglichst klarsichtig, auch und gerade dann, wenn es dir schwerfällt, der Sache auf den Grund zu gehen. Denn alles ist miteinander verbunden – was du im Denken bist, wird zu deiner Realität. Was in deinem Kopf ist, lebt auch in deinen Worten und Taten weiter: Es wird zu dem, was du sein wirst. Verfeinere deshalb deine Grundwerte und mach dir bewusst, wofür du stehst. So beginnst du, wie eine Mystikerin zu denken, zu fühlen und zu handeln.

Was immer dein Glaube ist, aus welcher Kultur auch immer du hervorgingst, egal welcher Abstammung du bist: Für dich als Mystikerin geht es stets darum, dich dafür einzusetzen, das Bestmögliche deiner selbst zu verwirklichen. Und das nicht nur für dich selbst, sondern auch zum Wohl von Erde und Menschheit. Den spirituellen Weg zu gehen, bedeutet auch, ihn im Einklang mit den Bedürfnissen unserer gesamten Lebenswelt zu gehen. Inneres Wissen ist der Maßstab. Ob durch Karriere, ob in einem kreativen Projekt oder im Beziehungsleben: Die Kunst, spirituell zu leben und zu lieben, in Übereinstimmung mit sich selbst und allseitig erfüllt, ist in die Matrix deines gesamten Lebens einzuweben.

Du weißt, wann du bereit für die Reise bist. Meditieren, Tagebuch schreiben oder die Natur genießen – jeder Moment bietet Chancen für Bewusstheit und ist ein Trainingsplatz für die moderne Mystikerin.

RÜCKWÄRTSGEHEN, UM ZU ERINNERN, WOHIN DU WILLST

Offenes Gewahrsein fürs Kleine und Große, für Alltägliches wie fürs Kosmische offenbart das Geheimnis der Pause zwischen Ruhe und Aktivierung. Verweile an diesem vielversprechenden inneren Ort, sobald sich die Tür öffnet, und empfange die Medizin deines Herzens! Der innere Kritiker und das leere Geplapper des Verstandes verstummen, und du weilst im Zentrum der Flamme deines Herzraums, befreundest dich mit dir selbst wie mit einer lang vermissten Seelenverwandten und legst die Relikte der Vergangenheit ab. Schwelende alte Feuer verbrennen zu sauberer Asche – und ein neues Feuer erwartet dich, weil sich dein Bewusstsein verschoben und dein Herz seinen Panzer abgeworfen hat. Wer sich innerlich so weit befreit hat, wird auch andere daran teilhaben lassen können.

Und da bist du nun, umarmt von den Dahingegangenen, und lauschest der Weisheit der Zukünftigen. Geh durch diese zeitlose Tür, sobald sie sich öffnet! Wie das Wispern des nächtlichen Windes umfängt dich die Intuition. Du fühlst dich geborgen wie das Neugeborene in den Armen seiner Mutter. Und das bist du selbst, weil du dich selbst geboren hast. Fest bist du wie die Erde, dein Geist aber schwingt sich auf zum Himmel. Das ist tiefste Selbstheilung, und was immer du tust, es trägt zu deiner Reifung bei. Egal ob du deinen Tee schlürfst, den Haushalt erledigst, ob du der Jugend hilfst, ihren Weg zu finden, ob du dich um die Älteren kümmerst: Alles, was du tust, ist inspiriert und lässt die Schönheit des Lebens durchscheinen. Du wandelst alles zum Guten, weil deine Seele die Erde berührt, den Himmel küsst, das Wasser fühlt und Feuer entzündet.

Und was, wenn die Alten dich dazu aufrufen, „rückwärtszugehen"? Dann nimm auch diese Einladung an! Die Agenda der meisten heutigen Menschen dient der Schnelllebigkeit, sie lässt sie immer nur „vorwärtsstreben". Wenn du den Ruf der Mystik erhörst, wird es sich hingegen so anfühlen, als solltest du „rückwärtsgehen". Denn ist es nicht höchste Zeit, endlich wieder langsamer zu werden?" Sich in Stille zu baden, um zu hören, zu sehen, zu fühlen und zu spüren, was hochkommt. Es ist das Herz der menschlichen Gemeinschaft, das da zu dir spricht! Es will dich zu deinem Höchsten führen. Nein, eigentlich bist du bereits angekommen ... Deine Bestimmung ist dir doch längst bekannt. Lege also alles ständige Streben und jeden unstillbaren Durst ab. Trinke stattdessen aus der Quelle der Wahrheit und des Guten. Übergib deine Ängste und Sorgen dem Wind – doch ordne sie mit kostbarer Sorgfalt, während du Abschied davon nimmst, um dich ganz von Anhaftungen zu befreien und dir nicht mehr weismachen zu lassen, das Ziel deiner Sehnsucht sei unerreichbar. Doch ja, du bist eigentlich bereits angekommen ...

Geh also rückwärts, um dich zu erinnern, wohin du gehen willst. Vertraue. Jeden Tag aufs Neue.

MODERNE MYSTIK: GEERDET BLEIBEN

Seit je ist das Ziel mystischer Praxis die Einheitserfahrung – durch Öffnung der physischen, mentalen, emotionalen und spirituellen Kanäle der Einheit von Kosmos, Individuum und Lebenswelt bewusst zu werden. Kontemplation und Hingabe, um durch die Entwicklung der Intuition Zugang zu sonst unzugänglichen Erfahrungsbereichen zu erlangen, standen bei allen Mystikern und Mystikerinnen hoch im Kurs. Was zur modernen Mystik hinzukommt, sind Begegnung und Gemeinsamkeit. Das ist unser neues Paradigma. Um es mit vitalem Leben zu erfüllen, suchen wir Zugang zu heiligen Momenten inmitten des alltäglichen Lebens.

Wir vertrauen auf die Entfaltung des göttlichen Timings. Unser Glaube an das Einssein mit der irdischen Lebenswelt stärkt unsere Resilienz. Unsere Hoffnung, fest eingewurzelte persönliche Limitierungen und Ängste – ob ererbt oder persönlich erworben – hinter uns zu lassen, bleibt unverbrüchlich. Meditation und Körper-Geist-Übungen, verbunden mit tief empfundener Ehrfurcht angesichts der Schönheit der natürlichen Welt, richten unseren inneren Sinn neu aus. Die Praxis der modernen Mystik aktiviert brach liegende intuitive Systeme und hebt unser Potenzial, in verkörperter Gestalt spirituelle Erfahrungen zu machen, ins tägliche Leben.

Die moderne Mystikerin weiß um die Liebe als erster Quelle des Lebens und des Universums. Sie nimmt jeden Tag als neue Chance an, zu lernen und zu wachsen, weil sie offen und aufnahmebereit gegenüber allem ist – sei es physisch oder spirituell. So bleibt sie geerdet und erfüllt ihr Wissen, ihr Reden und ihre Sinnlichkeit mit Weisheit.

Weil Intuition sie führt und lehrt, dass alles, was das Universum liefert, sinnhaft ist, findet sie auch Trost im Unbekannten und Aufrüttelnden. Und sie weiß, wann es Zeit ist, sich auszuruhen. Das göttliche Timing zu erkennen, ist ihre Superkraft: zu erkennen, ob es Zeit ist, auszuschreiten oder innezuhalten, zu geben oder zu nehmen. Tägliche Rituale der Seelenpflege, fein ausgearbeitet und abgestimmt, werden für sie zur Kunst. Das intensiviert ihr Gewahrsein für die Heiligkeit jedes Moments und lässt sie auf jede Lebenserfahrung mit einem Impuls zu persönlichem Wachstum reagieren.

Nicht zuletzt vertraut die moderne Mystikerin darauf, dass das Universum einen größeren Plan für die positive Entwicklung unseres Planeten hat. So versteht es sich von selbst, dass sie sich nicht auf die üblichen Machtspiele einlässt, sondern sich für das Wohl aller Lebewesen engagiert. Auch du kannst zum planetaren Wandel beitragen und Mitschöpferin der zukünftigen Lebenswelt werden! Pflege deinen Körper wie ein fein abgestimmtes Instrument, kläre deinen Geist und arbeite an der Verfeinerung deiner emotionalen Energie! Dann wirst du die exquisite Göttlichkeit und die kosmische Relevanz eines jede Schritts verkörpern, den du unternimmst.

DEINE EVOLUTION: ERWACHEN – UND FREI SEIN

Mystische Lebenshaltung beginnt damit, auf allen Ebenen mitfühlend zu sein. Nicht nur mit unserer geschundenen Erde, wenn wir zum majestätischen Sternenhimmel aufschauen. Sondern auch mit dem inneren Kind und darin, ihm ohne Wenn und Aber zu verzeihen, wenn es wieder einmal überzogen hat. Und auch darin, über deine Empfindlichkeit einfach nur zu lachen, statt dich selbst zu verurteilen. Wann immer die stürmischen Gewässer des Alltags dir salzige Tränen aus deinem Herzen ziehen wollen, ertönt der Ruf, gerade jetzt zu erwachen und den Falkenboten zu sehen, der vor dir aufsteigt, und deinen

Blick nach oben zu richten statt nach unten. Das ist der Moment, in dem vor deinen Augen die Farben der Bäume sich wandeln und wo du das Leuchten in den Augen des Menschen siehst, der gerade vorübergeht. Nimm es dir zu Herzen – du selbst bist ein unbändig liebendes und unvollendet-perfektes Kunstwerk im Werden!

Der Weg der Befreiung ist in deine DNA eingeschrieben, und der in deinen Körper eingeflossene Geist ist bereit, den Wandel zu vollziehen. Gib dir die Erlaubnis! Schneide die Fesseln des verwundeten inneren Kriegers durch und verwebe seine Seele in den Kokon deiner persönlichen Wachstums-Alchemie. Ja, es ist immer wieder neue Arbeit, bleibt stets deine tägliche Übung und erfordert ein ganzes Leben lang Mitgefühl und Vergebung. Und ja, es lebt in dir, in deinem/deiner Geliebten, in deinen Kindern und deiner Familie. Es lebt in den Pflanzen in deinem Garten, in den Bäumen und Tieren im Wald, in allen Meeren und Seen, im Mond und in der Sonne. Überall webt die universelle Lebensenergie der Güte und des Mitgefühls am Netz des Lebens, und deshalb überlebt auch unser unerschütterliches Wissen, dass Schönheit und Liebe überall sind.

Nehmen wir wieder ein praktisches Beispiel einer alltäglichen Prüfung: Was machst du, wenn negative Gedankenschleifen dich zurückhalten? Wenn dein Mut in altgewohnten Denkprozessen zu verfallen droht? Gehst du innerlich schlafen? Versuchst du dich abzulenken? Dann wäre das Folgende jetzt deine Arbeit: erst zu erkennen, dass du einschläfst, dass du vergessen und dich einem passiven Leben ergeben willst. Und dann zu wählen: Willst du jetzt deiner Entwicklung den Rücken kehren oder nicht?

Wahlfreiheit ist unsere Bestimmung – wie aber kehrst du in dieser Situation zur Einheit mit deinem eigenen Wesen zurück? Schlicht und ergreifend, *indem du jetzt nicht urteilst, sondern dir selbst verzeihst.* Geh einfach zurück zum Atem, zur Teekanne, zum Spaziergang in der Natur, zum Fühlen deiner Liebe. Bring dein Herz und deine Seele in dein Tun und Lassen ein – nicht mehr und nicht weniger.

Und wenn du dich in der dunkelsten Nacht der Seele wiederfindest? Woher willst du dann die Gewissheit nehmen, dass sich die Dinge doch noch ändern werden? Einfach weil tief in dir etwas weiß, dass sie es tun werden! Weil das göttliche Timing auf deiner Seite ist. Weil du der dunklen, einsamen Nächte überdrüssig bist. Weil du Unterstützung und Führung von deinen Lieben und vom Geist, der in dir lebt, erhältst. Sobald einmal die Verbindung zwischen deinem Alltags-Ich und der Mystikerin in dir hergestellt ist, wirst du das niemals mehr vergessen. Du hast eine neue Stufe deiner Evolution erreicht. Sei felsenfest überzeugt: Dein mystisches Erwachen entwickelt sich durch konsequente Praxis, persönliche Verantwortung und indem du dem Herzenswunsch folgst, dich selbst in die Einheit zu bringen. Wirf diesen Wunsch mit aller Kraft ins Universum hinaus – und gib das Ergebnis frei!

Entwirre die Knoten deiner Negativität und des geringen Selbstwerts.
Unterbrich das Spiel von Macht und Kontrolle.

Füttere dein inneres Kind mit leidenschaftlicher, süßester Liebe.

Geh Hand in Hand mit deinem jüngeren Ich
den Weg, der von der Selbstisolation zum Mitfühlen führt.

Klarer Geist, reines Herz und gnadenvolle Entschlossenheit
im Loslassen:
So wirst du dich deiner selbst erinnern.

Lege deine Sorgen ab, wirf alles Begrenzende als Opfergabe ins Feuer.
Beruhige deinen Geist mit dem Erwachen zur Tatsache,
dass du vollkommene Liebe verdient hast.

Träume den Traum – wieder und wieder.
Fühle, wie Sonnenstrahlen ins Mark deiner Knochen dringen.

Eine neue Welt ist für dich bereitet –
Wunder und Geheimnis heißen dich willkommen.

DER WEG IST DAS ZIEL: VERKÖRPERT, VERBUNDEN, VITAL

Verkörpert

Mystiker und Mystikerinnen integrieren das Heilige ins tägliche Leben, indem sie die Energien in physischen, emotionalen, mentalen und spirituellen Kanälen ausgewogen ausrichten und zum Fließen bringen. Dem Stoßen und Ziehen wechselhafter Emotionen suchen sie mit erdverbundener und durchgeistigter Präsenz zu begegnen und erkennen, wann ihre eigenen Reaktionen auf die Aktionen anderer nur ihre eigenen Muster und Abwehrmechanismen widerspiegeln. Dank dieses „Rechenschafts-Feedbacks" über ihr Verhalten verfallen sie nicht so leicht in altgewohnte Autopilot-Reaktionen. Statt sich mit Selbstmitleid und Selbstvorwürfen zu quälen, wenn sie Fehler machen, reinigen sie durch geeignete Maßnahmen ihr persönliches Energiefeld. Somit verinnerlichen sie zunehmend eine simple, doch ungemein wichtige Wahrheit: *Es geht nicht immer nur um uns selbst.*

Jeder Gewinn an Selbstverantwortlichkeit sensibilisiert für die eigenen Grenzen. Statt zu überziehen oder in Verteidigungshaltung zu gehen, lernen wir loszulassen und bleiben aufnahmefähig, um zuzuhören und zu beobachten. Nur ein einziger tiefer Atemzug – statt jetzt etwas Schädliches zu sagen – stiftet so viel Frieden! Und baut Resilienz gegenüber Unvorhersehbarkeiten und Irritationen auf. Ein einziger, einfacher Atemzug – und unsere Anfälligkeit für negative Gedanken und verletzende Sätze wird in eine Gelegenheit des Erwachens umgelenkt.

Jeder einzelne Moment der Stille und Gelassenheit erweitert deinen Blickwinkel und deine Handlungsmöglichkeiten. In Situationen, wo du ins Schlingern gerätst, vermagst du deine Gedanken geradezuziehen und dich sofort wieder auszurichten. Auch andere sehen das! So entsteht ein Sog, der euch alle erhebt: Es ist wie eine Weisheitslehre ohne Lehrbuch – allein durch die Praxis des Nicht-Urteilens, des mitfühlenden Denkens und Handelns auf der Grundlage von Unparteilichkeit. Das ist gelebte Achtsamkeit und ein essenzieller Teil der Medizin moderner Mystikerinnen.

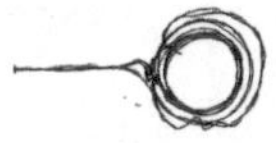

Verbunden

Im Kraftfeld deiner persönlichen Alchemie wirkt das Gesetz der Polarität: Licht und Dunkelheit, Entstehen und Vergehen, Wachsen und Schwinden, Pause und Aktivierung, Traum und Erwachen. Jeder Gegensatz liefert Zeichen und Symbole, die aufzeigen, wie Selbstwahrnehmung und Verhaltensausdruck in Einklang zu bringen sind. Immer unterstützt das Körperbewusstsein dabei, dass du dich jederzeit mit den Elementen verbindest, um mit Anmut und Widerstandsfähigkeit leichter durchs Leben gehen zu können. Und was, wenn du dich doch einmal verwirrt und verloren fühlst? Dann weißt du, dass du auch jetzt nach Hause kommen wirst, indem du nach innen gehst, in deine Mitte. Von dorther strömt dir immer Kraft zu, eine große Kraft, weil du die gegebene Situation radikal akzeptierst, statt Unangenehmes wegzuschieben. Begegne diesem Moment mit unbefangener Neugierde, um die Botschaft zu empfangen, wie du tiefer gehen und wieder kreativ ins Leben hineinwachsen kannst.

Sobald du vertraut damit bist, innere Begrenzungen und Blockaden wirklich zu bearbeiten, statt darüber hinwegsehen zu wollen, wirst du klar und deutlich erkennen, worauf du deine Aufmerksamkeit legen musst. Nehmen wir an, du glaubtest, einer Partnerschaft unwürdig zu sein. Dann würde ein typisches Narrativ in deinem Kopf eine Endlosschleife bilden Und die Folge? Du wärst wieder und wieder ein Magnet für toxische (oder nicht gelingende) Beziehungen! Der Tod giftiger Gedankenschleifen, Muster und Gewohnheiten bereitet einer wahrhaftigen inneren Wiedergeburt den Boden. Was du an dir selbst nicht ertragen kannst – es wird schlicht nicht mehr da sein. Du wirst zum Spiegel gehen und die Schönheit in deinen seelenvollen Augen sehen. Du genießt das Strahlen in deinem Herzen. Du siehst die Aura um deinen Körper leuchten. Du wirst an die Kraft des Lebens glauben und dich selbst in die Geheimnisse und Wunder deiner innersten Natur initiieren.

Vital

In unserer hochgradig technologischen, auf Individualismus und Ablenkung angelegten Lebenswelt spirituell zu erwachen, erfordert Selbstfürsorge: im Sinne eines herzzentrierten Lebens, vertieften Mitgefühls und der Bereitschaft zur (Selbst-) Vergebung. Es bedeutet auch, anzuerkennen, dass jede Lebensform das Recht hat, nach eigenem Selbstausdruck zu streben und ihre speziellen Fähigkeiten zu entwickeln. Besonderer Pflege bedürfen deine persönlichen Lebenspartnerschaften, im Sinne von Arbeit an der Bereitschaft zu vergeben und mitzufühlen.

Nichts macht das Leben erfüllter, als das eigene Herz als Gefäß des Mitgefühls und der Vergebung im Körper zu verankern! Und immer beginnt es bei dir selbst: indem du jeden Morgen deine Lieben mit reiner Liebe begrüßt, weil du bereits die Arbeit getan hast, dich selbst zu lieben. Müsstest du dich für Oberflächlichkeiten und Negativität entschuldigen, dann verzeih dir selbst! Überwinde deinen Stolz, sei ehrlich und wahrhaftig. Jeder Mensch hat seine eigene Art, mit Herausforderungen umzugehen, und nicht immer muss man erst verstehen, um konstruktiv zu agieren. Immer aber beginnt es damit, mitfühlend zu bleiben.

Der Schein deiner Altarkerze erinnert dich stets daran, den Weg der Schönheit und Erleuchtung zu gehen. Während du in die Flamme schaust und deine Dankbarkeit hervorrufst, visualisierst du dein inneres Strahlen, um dich im Flow von Stärke und Anmut durch den Tag zu bewegen. Lass alle Erwartungen gehen, deren Erfüllung sich deiner Kontrolle entzieht!

Dein offener Sinn für alltägliche Wunder erzeugt in jedem Lebenszyklus, in jeder Phase und jeder Situation eine positive Energie. Du nimmst das Geschenk an, mit den Augen und dem Herzen eines Kindes sehen zu dürfen. Heilende Rituale nähren dich unbefangene Neugier und vorbehaltlosen „Anfängergeist“

– sie werden zum heilenden Elixier deines gesamten Daseins. Warum? Weil sie Hetze und Stress zu Nichts machen und dich in den Zustand versetzen, wo die Zeit stillsteht, das verkopfte Geschwätz verstummt und überkommene Anhaftungen sich auflösen. Sie machen den Atem fließender, länger und tiefer, der ganze Körper wird weicher, und das Herz beginnt den Verstand zu bewohnen. Sie bewirken, dass der Geist dich in den wundersamsten und flüchtigsten Momenten des Alltags erfasst. Es geht dir nicht etwa darum, diese faszinierenden Momente wiederholen zu wollen, weil du weißt: Sie kommen sowieso immer wieder, weil sie supergern in deinem reinsten, wachsten Gewahrsein tanzen. Lass dich inspirieren, lass dich leiten, um ein erfülltes, vollständiges Leben zu führen, verwurzelt in der Gegenwart deiner vitalsten Präsenz.

Der Pfad der Freiheit erwartet deine Rückkehr! Das Haus des Geistes ist bereit, von dir bezogen zu werden! So verpflichte dich, tägliche Seelenpflegerituale durchzuführen, die dich an deinen Wert erinnern, dich vollste Präsenz lehren und mit ungebremster Liebe und kosmischer Freude erfüllen. Deine Geistführung wird dir stehende Ovationen bereiten. Sie jubelt „Bravo! Zugabe! Noch einmal!“ Ja, auch jetzt ist sie bei dir und ermutigt dich, die einzigartige Mission deines Lebens mit der Welt zu teilen.

Rekalibiriere dein Körper-Geist-Herz-Feld.
Diversifiziere deine innere Matrix.
Sei eine wahrheitssuchende Pfadfinderin.
Befreie dich von äußeren Erwartungen.
Verweile nicht länger in Vergangenheit oder Zukunft.
Frage dich immer wieder: „Was wäre, wenn?“ und „Warum?“.
Dieses Gespräch mit dir selbst, ist Treibstoff für deinen Prozess.
In die lichten Höhen des Geistes zu streben,
ist eine künstlerische Beziehung.
Tief im Herzen empfundene Hingabe an deinen Weg
ist das Ziel deiner Reise.

DEIN BEITRAG ZUR EVOLUTION UNSERER KOSMISCHEN HEIMAT: AUCH DU BIST DAS SALZ DER ERDE

Bist du bereit für die nächste Etappe? Um alles, was dich lebendig macht, als vereinigte Energie atmen und strömen zu lassen? Das Wechselhaft-Merkurische deines Energiekörpers – physisch, emotional, mental und spirituell – will zusammengeführt und harmonisiert werden. Es braucht Nahrung und Pflege, Dynamik, Ruhe und will geeint sein.

Denn individuelle Evolution hängt am Einswerden von Körper, Geist und Seele. Nur dann werden wir eins mit etwas Größerem als wir selbst. Es beginnt mit Verbundenheit unter uns Menschen in dieser unserer Lebenswelt. Sind wir miteinander in Liebe verbunden, nehmen wir die Schönheit und Majestät der Natur in uns auf. Dann empfinden wir auch unsere eigene Ganzheit. Wir schlagen tiefe Wurzeln in der irdischen Existenz und integrieren reinste Lebensenergie. Die fünf Elemente lehren uns das Einfachste und Komplexeste: wie wir in die Alchemie eines tiefen, vollen Atemzugs eintauchen ebenso wie den Perspektivwechsel in Bezug aufs gesamte Dasein. Wir fühlen uns selbst in den Niederungen des Alltags durch die unendliche Weite des Geistes inspiriert. So schließt sich der Kreis: Auch unsere zwischenmenschlichen Beziehungen werden reicher und bedeutungsvoller. Eben weil wir mit allem im Einklang sind. Das ist der Weg der Evolution der Seele – und unser Beitrag zur Evolution unserer kosmischen Heimat.

Auch du bist mit einer einzigartigen Energie in diese Welt gekommen: um zu lernen, dich auszudrücken, dich zu entwickeln und um zu heilen. Indem du dem Ruf folgst und die Arbeit tust, die dich erfüllt, tust du das nicht nur für dich selbst, sondern auch für alle Menschen und für die Erde, auf der wir leben.

Und wenn du zweifelst? Dann denke daran, dass deine Worte wie goldene Fäden sind. Was du in deinem Kopf zu dir selbst und durch deinen Mund in die Welt hinaus sprichst, bestimmt dein Leben! Erhebe dich, sobald du nur den leisesten Schimmer der Wahrheit vernimmst. Selbst wenn sie wie der Blitz einschlägt und dir den Atem raubt, lass sie ein! Sei kühn und beständig. Geistige Liebe kennt keine Bedingungen, keine Regeln, doch ist sie immer respektvoll gegenüber allen Wesen. Geistige Liebe heißt, mit aller Natur eins zu sein. Lass deine geistige Liebe wachsen, und die gute Energie wird dich und deine Lieben umgeben. Wer geistig liebt, liebt auch die Erde, will Wasser und Luft sauber halten und dem Lebensfeuer dienen, statt sich nur selbst daran zu wärmen.

Wenn diese Art der Liebe tief in dein Inneres integriert ist und du sie nach außen hin verkörperst, wird sie dich drängen, dich für deine Überzeugung auch einzusetzen. Und sie zeigt dir, wie du dies ausdrücken kannst. Diese Liebe breitet sich aus wie die liebe Luft, die für alle da ist. Und ja, sie erfüllt auch jene Orte, die sie am meisten brauchen, mit der Essenz des Lebens. Ist sie erst einmal in dir verkörpert, stirbt sie nie wieder, und sie zieht andere mit ihrer leuchtenden Lichtenergie an. Mach geistige Liebe zu deiner Mission! Lass sie in deinen Körpertempel fließen als endlosen Strom der Freude, Kreativität und Zuwendung. Übe dich im Mitfühlen statt im Urteilen, in Kreativität statt im Schlummern im Alltäglichen, in Freundlichkeit statt in Kritik.

Empfinde die Wellen der Geist-Liebe-Energie – sei eine Liebesmacherin, eine Brückenbauerin, eine Suchende des Geistes. Pflanze bei jeder Gelegenheit Samen der Güte und Schönheit. Sei eins auch mit deinen dunklen Nächten und tanze mit deinen Schatten, bis sie sich in Mitgefühl und Verständnis verwandeln. Erwecke deine innere Wegweisung, die strahlende Heilerin in dir, die Sterbebegleiterin, die Hebamme des Lebens, die Friedensstifterin und die Aktivistin. All das bist du – und noch viel mehr. Du bist eine lebendige, atmende Verkörperung heiliger, zeitloser Energie. Die Alten und die zukünftigen Generationen – sie alle sehen dich, sie fühlen dich, sie gehen mit dir mit.

Erlaube also deinen tapferen Augen, die Welt mit dieser unendlichen, zeitlosen Liebe zu sehen und lass deine heiligen Tränen mit Leichtigkeit und Anmut fließen, denn sie sind das Salz der Erde. Lobe deinen eigenen Geist für seine Hingabe, immer und immer wieder weiterzumachen, und hauche deiner Seelenessenz jeden Tag Lebenskraft ein. Genau dies ist die Arbeit der modernen Mystikerin. Geleitet wird sie durch ihre eigene

Intuition – deshalb braucht sie auch keine äußere Bestätigung mehr, um ihre Arbeit zu tun. Denn wenn nicht sie, wer dann? Und wenn nicht jetzt, wann dann?

Sei eine leidenschaftliche Kämpferin für allseitige Evolution! Dann wirst du zum Guten hingezogen, zur Leidenschaft für den Frieden, wirst dich befreit und gut fühlen, genährt und behütet in dieser mystischen Geist-Liebe-Präsenz. Und alle um dich herum werden diese geheimnisvolle Energie mitempfangen.

UMARME DEN MYSTISCHEN WEG

Wir stehen an einem Wendepunkt der menschlichen Evolution. Aber sind wir bereit, den planetarischen Wandel zu begleiten und mit zu bewirken? Sind wir bereit aufzuwachen? Erstmals besitzen wir die Werkzeuge und die Ressourcen, die Reise unserer Vorfahren zu vollenden, statt immer wieder neu anzufangen. Sich frei und authentisch auszudrücken, war stets der Weg der Mystik. Nun ist es an der Zeit, sich daran zu erinnern – auch rückwärtszugehen, statt immer nur vorwärts. Unsere Ahnen rufen uns, nach Hause zurückzukehren. Heiße dich selbst zu Hause willkommen!

Alles geschieht in unserer modernen Welt schneller und schneller. Auch der Wandel – und nicht nur zum Positiven. Die Klimakrise rast fast ungehindert auf den Kipppunkt zu. Unterprivilegierte Völker begehren auf, weil ihnen immer noch die Möglichkeit vorenthalten wird, ein Leben zu führen, an das wir selbst uns so sehr gewöhnt haben. Und immer noch herrschen vielerorts religiöser Wahn, Rassismus, Sexismus, Patriarchat und nackte Gewalt. Ist es nicht an der Zeit aufzubegehren?

Trage dein Herz auf der Zunge – zum Wohle der Menschheit. Sieh, wie der Pfad des Geistes tausend Namen, endlose Formen, Verläufe und Strukturen hat. Damit du deinen Glauben in Wahrhaftigkeit lebst, erkenne ihn an als Praxis des Erwachens und der Bewusstwerdung, der Offenheit und Verbundenheit mit *allen* Menschen.

Die Augen unserer Kinder ruhen auf uns. Ihre Ohren sind weit geöffnet. Am Abgrund stehend, müssen wir die gute Medizin für diese alles entscheidende Zeit finden, die giftigen Ablagerungen unserer Vergangenheit loswerden und die heilenden Wasser des Geistes auffangen. Und stets beginnt es im Inneren: Indem wir das verschmutzte Wasser in unseren Seelengefäßen klären, schaffen wir den Raum auch für äußere Veränderung. Wir sehen mit neuen Augen und geben die Verschmutzung im Inneren und Äußeren nicht mehr weiter. Denn kommende Generationen werden die Natur wieder ebenso gut kennen und schätzen lernen müssen, wie wir selbst die Technologie kennen und schätzen. Bei jedem Schritt, den wir tun, müssen wir die Saat ausbringen, die unsere Gegenwart zum fruchtbaren Feld bestellt, auf dem die Zukunft wächst. Lasst uns dafür beten, dass es unseren Lieben gut gehen wird und die Erde wieder mit Gutem erfüllt wird. Wie wirst du dich also verändern, um nachhaltiger zu leben und Mutter Erde von Stress zu entlasten? Welche Verantwortung wirst du übernehmen?

Versammeln wir uns am heiligen Feuer. Erleben wir, wie das alte, verdorrte Holz zu Glut wird und verbrennt. Fühlen wir die Asche in unseren Händen, spüren wir, wie die Alten unsere Reise unterstützen. Erlauben wir unserer eigenen Evolution, sich zu entfalten!

So gebärst auch du die Mystikerin in dir, lässt deine alten Wege sterben und von dir abgleiten wie die Schlange, die sich häutet. So erschaffst du gemeinsam mit dem Universum jeden Tag die Zukunft. Indem du alle Bereiche durchlebst – die Höhen und die Tiefen –, kultivierst du Herz und Verstand, wappnest dich mit Leichtigkeit und Ernsthaftigkeit zugleich. Auf immerwährender Reise ins Zentrum des Lebens!

Der mystische Code

Schreibe heilige Liebesbriefe und Gedichte an das Göttliche. Führe ein Gespräch mit deinem höchsten Selbst. Wirf deine aufrichtigen, kristallklaren Absichten weit ins Universum hinaus!
Bete laut und oft. Erschaffe deine Realität mit Unterstützung der universellen Lebenskraft, die in dir und um dich herum lebt und webt. Trainiere deinen Geist, sich von der umwerfenden Schönheit der natürlichen Welt berühren zu lassen. Lasse Schönheit und Harmonie lauter sprechen als die Nöte des Lebens!
Baue eine authentische Beziehung zu den Elementen sowie zu Sonne und Mond auf. Synchronisiere deinen Seelenkörper mit den kosmischen Rhythmen. Lass deine Essenz zu deiner Muse werden. Lass das Geschwätz deines Verstandes gehen. Öffne deine Energiekanäle, um die Botschaften deiner geistigen Führung zu empfangen. Gewähre deiner Intuition, zu wachsen und sich zu verfeinern – vertraue deinem Bauchgefühl.
Halte deine Geist-Körper-Energie rein und klar. Folge deiner Intuition, ganz gleich, ob sie wie der Blitz einschlägt oder leise flüstert – es geschieht immer aus gutem Grund. Beobachte auch die Bewegungen körperlicher Energien. Beachte, wie du aufwachst und zu Bett gehst – erlebe jeden Moment spirituell. Und gib dich der Naturerfahrung hin – als heilendem Balsam für die Seele. So erweiterst du deine Perspektive, siehst im Alltag nicht mehr das schnöde Einerlei, sondern nimmst jeden Tag als eine Chance für deine Entwicklung an. Und nimm nicht alles immer so persönlich. Lache öfter aus dem Bauch heraus!
Dein mystischer Code bringt dich überall und jeden Tag an innere Orte, wo du der Stimme seelenvoller Geheimnisse lauschen darfst. Du bleibst dir selbst treu und lebst deine Grundwerte.
Und was ist, wenn du übertreibst oder dich unnötig zurückhältst? Dann schrecke nicht davor zurück, es dir einzugestehen. Wenn du dich beim Tratschen ertappst, lenke einfach das Muster um. Übe dich in Freundlichkeit und Demut – ohne Bedingungen zu stellen! So wirst du zum Kanal der Einheit, der Liebe, der Wahrheit, der Freude und des Friedens für alle Wesen. Vertraue jeden Tag darauf, dass du Berge versetzen und Felder mit den herrlichsten Wildblumen wachsen lassen kannst ...

GEWAHRSEIN IM RAD DES LEBENS: TÄGLICHE WEISHEITSPRAXIS DER FÜNF ELEMENTE

Die Rhythmen des Alltags sind die Basis unserer spirituellen Praxis. Ins Gewohnte bewusst geübte, rituelle Übungen zu verweben, erschafft das Kunstwerk persönlicher Alchemie. Es führt unser Bewusstsein aus dem Zustand der Lähmung in die schrankenlose Weite bedingungsloser Akzeptanz und ehrfürchtiger Präsenz. Die kosmischen Zyklen von Sonnenjahr und Mondzyklus gewähren uns Zutritt zum inneren Tempel, der wir sind. Wegweisung finden wir auf physischer und spiritueller Ebene in Form konkreter Regeln sowie in Zeichen und Symbolen. Dein Energiekörper wird aufleben wie nie zuvor, deine Seele mit ungekannter Leidenschaft zu lieben und zu leben beginnen. Das ist die Leinwand, auf der deine Träume ins tägliche Leben gemalt werden. Das, was die zeitlos gültige Mystik als Erleuchtung bezeichnet.

Erwachen

Element: Luft
Himmelsrichtung: Osten
Jahreszeit: Frühlings-Tagundnachtgleiche
Körperkanal: Herz
Essenz: Souveränes Herz + erweiterte Perspektive

Ehre die aufgehende Sonne im Osten – begrüße den Anbruch des neuen Tages. Erwecke deine Bereitschaft, mit Leichtigkeit, Anmut und Klarheit durch den Tag zu gehen. Während du deine Morgenkerze entzündest, rufe deine Dankbarkeit hervor. Dann visualisiere einen Abglanz des heute erwünschten Tagesverlaufs – und wie du dich selbst zeigen möchtest. Atme die frische Luft ein: Sie birgt die Alchemie der Kraft, die dich befähigt, deinem Herzenswunsch zu folgen. Dieser Morgen ist so voller neuer Freude wie der Duft des Frühlings, so stark wie die Zwiebeln, die aus der Erde schießen, und so lieblich wie der Gesang der Vögel, die aus reiner Freude leben. Danke dem Himmel über dir, den Winden des Wandels hinter dir und dem

Element Luft überall um dich herum, weil du einen weiteren Tag auf diesem Planeten atmen darfst.

Rufe die Visionärin in deinem Herzen hervor. Sammle deine Wurzeln, rüste deine Flügel und befreie dich von allem, was dich bindet. Pflanze deine Visionssamen in den Grund deines Herzens und erinnere dich daran, dass du ein guter Mensch bist. Umarme deinen Geist mit unerschütterlicher, unverhandelbarer, ungezähmter Selbstliebe. Rufe deine guten Vorfahren und deine geistige Führung an. Bitte um Unterstützung auf deiner Reise durch den Zyklus dieses Tages. Bete laut aus dem Puls deines Herzens heraus, bleibe immer im Gespräch mit ihm. Ehre, was immer von dort durchkommt! Bete laut für die Erweckung des Bewusstseins, das dieser Planet in seinem Herzen trägt. Und dafür, dass eine mitfühlende, von der Seele gespeiste Führung die notwendigen Veränderungen herbeiführt.

Gib dir schließlich selbst die Erlaubnis, die Kunst der Vergebung und des Mitgefühls zu praktizieren. Indem du das Urteilen über dich selbst und andere loslässt, gehst du mit nektargleicher Süße im Herzen einher und stärkst du dich selbst so, wie die tiefen Wurzeln den uralten Zedernbaum stärken, und erhebst dich auf den Schwingen des Adlers, um frei und freudig durch den Tag zu gehen. Das ist der Ruf der Mystikerin in dir – erhöre ihn und teile deine Herzensweisheit mit allen, die sie zu empfangen bereit sind.

Transformation durch Läuterung

Element: Feuer
Himmelsrichtung: Süden
Jahreszeit: Sommersonnenwende
Körperkanal: Solarplexus
Essenz: Aktive Transformation + reine innere Kraft

Ehre die Richtung des Südens – begrüße die wogende Leidenschaft deines persönlichen Energiefeldes. Wisse, dass du dich mit Geist-Körper-Praktiken reinigen kannst. Deine täglichen Rituale erwirken, dass du innerlich geklärt und authentisch bleibst. Heiße deine heutigen Lektionen – in welcher Form auch immer sie kommen werden – willkommen. Sie wollen in deinen Gedanken und Worten, deinen spontanen Reaktionen und deinem Nicht-Urteilen zum Ausdruck kommen: ob im Bereich von Familie und Freunden, ob bei der Arbeit oder als Reaktion auf den Ruf der natürlichen Welt nach Fürsorge und Pflege.

Heiße auch Gefühle des Mangels, der Unwürdigkeit und der Scham willkommen – sie sind dein Material, um dich in Unterscheidungsvermögen zu üben und authentische Grundüberzeugungen zu entwickeln. Sobald Glaubenssätze, die dich kleinmachen, in deinem Verstand wild zu tanzen und dein Herz durcheinanderzuwirbeln beginnen, unterbrich es einfach! Es ist nur ein Prozess, der jetzt durchfließt, ohne wirklichen Bezug zu deinem innersten Kern. Halte inne, atme tief durch und wirf alle gestrige Energie ins Feuer. Beobachte, wie sich die Vergangenheit vor deinen Augen verwandelt.

Spüre im Solarplexus die heilige Verfeinerung deiner wesenhaften Gefühlskraft. Arbeite mit dem Element Feuer, um dich an deine ureigene Kraft und Stärke zu erinnern. Entzünde deine Kerze, mach Feuer, spüre die Wärme des Sonnenlichts, und lass dich davon reinigen und verwandeln. Bring deine persönliche Fülle und Inspiration zum Ausdruck, feiere dich selbst und teile deine Gaben mit der Welt!

Brenne hell wie die Sonne! Gib dich hin, frei und rückhaltlos, aber ohne auch nur das Mindeste zu erwarten. Genauso verabschiedest du dich von hinfällig gewordenen Verhaltensmustern. Du wirst wissen, wann die Zeit reif dafür ist: Der Aufruf zum Handeln wird so laut sein, dass du einfach handeln musst, kannst und willst – in dem Wissen, dass du fest auf der Grundlage stehst, von der aus du das Leben zurückfordern kannst, das dein Geburtsrecht ist.

Fließen, fließen, fließen

Element: Wasser
Himmelsrichtung: Westen
Jahreszeit: Herbst-Tagundnachtgleiche
Körperkanal: Becken, Hüften, Gebärmutter, Unterbauch
Essenz: Fluss + intuitive Integration

Ehre die westlichen Winde des Wandels – begrüße deine Fähigkeit zu fließen, dich zu verändern und jederzeit mit deinen Gefühlen zu arbeiten. Erlaube dem Wasser, dich daran zu erinnern, wie du in deinem eigenen Fließen tanzen kannst. Lass dich von den heilenden Eigenschaften des Wassers befeuchten, beruhigen, erfrischen und verjüngen. Wasser lehrt uns, loszulassen, damit wir auch gegenläufige Energieströme willkommen heißen können. Das ist unerlässlich, um uns mit dem höheren Selbst zu verbinden. Denke also daran, dass du nichts verdrängen und in deinem Gefühlskörper vergraben darfst. Wenn du vor anderen deine Wahrheit nicht hart und unversöhnlich, sondern mit Zartgefühl aussprichst, wirst du dann auch deine eigene Negativität gehen lassen können.

Wasser klärt unser Urteil über uns selbst und andere, legt unsere einzigartige, unverwechselbare Essenz frei und spült alle Blockaden weg, die uns an kreativen, sinnlichen und lustvollen Erfahrungen hindern. Indem es die intuitiven Rezeptoren reinigt, wird das Bauchgefühl lebendig. Das reinigt nicht nur, sondern nährt auch spirituell.

Geh nun deinen Weg durch diesen Tag in Kraft und Schönheit. Sieh das Leuchten in den Energiefeldern in dir und um dich herum, und vertraue auf Botschaften der Hilfe, sobald Schuldgefühle, Angst, Trägheit und Stress dich übermannen wollen. Dies ist immer ein Zeichen, innezuhalten, die Hände auf den Unterbauch zu legen und tief zu atmen. Verbinde dich mit deinen Stressoren und visualisiere, wie sie deinen Körper verlassen. Lass alles gehen lassen, was du nicht kontrollieren kannst. Was fließen will, soll fließen ...

Das Allereinfachste ist oft das Allerbeste – also trinke jetzt ein großes Glas Wasser! Das löst Altes und Verstocktes und wandelt, was zu Boden fallen will, um sich zu erneuern – ganz so, wie Herbstblätter den Boden regenerieren. Vertraue darauf, dass du deine Trigger und Stressoren loslassen kannst. Sei wie Wasser – verwandle dich in eine neue, bessere Version deiner selbst!

Intuition und Wesenhaftigkeit erwecken

Element: Erde
Himmelsrichtung: Norden
Jahreszeit: Winter-Tagundnachtgleiche
Körperkanal: Steißbein, Schambein, Sitzknochen, Beine, Füße
Essenz: Erdung + Ehren der Fülle

Bei jedem Schritt, den du machst, ehre die Erde – für ihre wilde, raue Schönheit ebenso wie für ihre grenzenlos nährende Fülle. Richte deinen Blick nach Norden. Spüre in dir selbst die starke Präsenz der Berge und weiten Ebenen ebenso wie die Sanftheit des zarten Schoßes der Erde. Auch du bist von ihrer Natur, stark und weich zugleich. Ehre die fernen Ahnen, die das Land vor dir bewohnt haben. Erwecke die Verbindung zu deinen eigenen Vorfahren und zu ihren spirituellen Praktiken. Verpflichte dich zu einer täglichen Praxis, die es dir erlaubt, in voller Präsenz zu leben. Vergegenwärtige dir, welche Mittel und Wege Klarsichtigkeit, Erdung und Intuition verschaffen.

Glaubst du an deine Fähigkeit, kosmisch zu denken und zu empfinden – und dabei voll und ganz in der physischen Welt zu leben? Denn du lebst sowohl in der sichtbaren als auch in einer unsichtbaren Welt. Aus beiden Welten erhältst du Unterstützung, um zu unterscheiden, wann dich dein Verstand und wann dich dein sechster Sinn sicher durch diesen Tag führen wird.

Widme dich deinen rituellen Übungen, um deine inneren Sinne zu öffnen, damit du die Stimme der Intuition vernimmst. Nähre deinen Lebenstraum! Denn wenn er verloren geht, wirst du ihn nie wirklich leben können. Tanze mit dem Unbekannten, heiße das Geheimnis willkommen. Öffne die Tür für deine geistige Führung. Sie ist willens und bereit, dich auf dem Weg zur allerbesten Version deiner selbst zu unterstützen – zu deinem wahren Selbst auch auf dieser irdischen Ebene.

Bete laut und oft! Ein spirituelles Leben in menschlicher Verkörperung zu führen, bedeutet, jede Interaktion, jedes Gefühl, jeden Gedanken, jede Erfahrung und jedes Ereignis als Lehre zu betrachten. Sei eine Schülerin des Lebens! Tanze mit Neugier und Demut, umarme deinen Körpertempel mit der

Wärme und Pflege der herrlichen Schönheit von Mutter Erde. Sieh nicht nur länger ihre Schönheit, *sei* ihre Schönheit.

Einheit: Verinnerlichung + Verkörperung

Element: Äther
Richtung: Zentrum
Symbol: Spirale
Körperkanal: Kehle, Geist und Energiekörper
Essenz: Raum + spirituelle Verkörperung

Ehre das Element Äther – es wohnt und wirkt im Raum, in der Stille und in allem, was Energie enthält und behält. Auch in deiner eigenen Mitte befindet es sich und brachte die Gaben dar, mit denen du geboren wurdest. Dich mit ihnen in Einklang zu bringen, wird nun deine Seelenaufgabe sein. Nimm den Raum zwischen Ein- und Ausatmen wahr, achte auf jede Gedankenpause, vernimm die Stille in und hinter deinen Worten und Liedern. Das begründet eine heilige Sphäre in dir, wo der Geist das Körperliche und das Körperliche das Geistige hält. Das Element Äther tanzt mit deiner weiblichen und deiner männlichen Seite. Es erinnert dich daran, dass du ein spirituelles Wesen bist und deine intuitive Natur Zugang zu kosmischen Ebenen hat, um dir die Fähigkeit zu schenken, einen Welleneffekt in der Welt zu erzeugen.

Deine Gebete und Herzensanliegen haben Gewicht! Sie bewirken eine Veränderung nicht nur in dir selbst, sondern strahlen auf deine Mitwelt aus. Im Äther liegt die Botschaft, dass alles, wirklich alles möglich ist – das Wunder des Lebens und die Tragödie des Todes. So werden wir zur Teezeremonie gerufen, zur Visionssuche, zum stillen Rückzug und zum Übergangsritus. Im Gebet bringt es uns auf die Knie! Wir spüren und fühlen diese Energie, wenn unser Körper ein neues Kind und unsere Seele ein neues Paradigma gebären. Dann schimmert etwas in magnetischem Licht, konzentriert sich in einem einzigen Punkt und ist doch mit ewig wachsender Präsenz zugegen.

Das allgegenwärtige Element birgt ein unlösbares Rätsel, ist unantastbar und kann nicht eindeutig benannt werden. Äther birgt keinen offensichtlichen, sehr wohl aber einen fühlbaren Sinn und bewirkt Veränderung, Positivität und Einprägungen im Herzen. Äther ist ewiges Potenzial, das zur Aktualisierung drängt, existiert überall und ist doch nirgends zu greifen, kommt und geht nach Belieben. Es lebt durch deine Augen, wenn du die Schönheit um dich herum siehst und selbst in Schönheit gehst.

So vertraue auf jeden noch so kleinen Lichtschimmer, der deinen Weg kreuzt: auf die Tiere, die dich begrüßen, auf die Vorzeichen in den Sternschnuppen, auf den Hoffnungsschimmer im Lichte Lunas, auf das Plätschern an der Oberfläche eines Sees, auf den Wind, der will, dass du ihm lauschest. Vertraue auf diese glücksverheißenden Momente, die Hingabe über Pflicht, Liebe über Angst und Klarheit über Verwirrung stellen!

ZU DEN LICHTEN HÖHEN DES GEISTES: DIE KUNST, DEN MITTLEREN WEG ZU FINDEN

Jede Beziehung, auf welcher Ebene und mit wem oder was auch immer sie geführt wird, ist ein kreativer Prozess und kann durch bewusste Arbeit zur Lebenskunst werden. Mystische Verinnerlichung ist die Beziehung zum eigenen Wesenskern, eine Beziehung, die weder Anfang noch Ende kennt, immer prozessorientiert ist und offen im Hinblick auf das eigene Selbst, deine Lebensmenschen und den schöpferischen Geist.

Sich auf menschliche Bedürfnisse, Eigenarten und Sehnsüchte einzustellen, ist für den Prozess des Erwachens wesentlich. Das gilt in Bezug auf dich selbst ebenso wie für deine Beziehung zu anderen. Denn solange du in deiner „reaktiven Ecke“ bleibst und dich dem Urteilen und der Abwehrhaltung verschreibst, so lange büßt du an Verbundenheit ein. Statt das Unkraut in deinem inneren Garten zu jäten, stehst du beiseite, wenn er davon überwuchert wird. Deine Wahrheit versumpft in trüben Gewässern. Du verlierst dich, weil du Mauern um dich herum baust, nur um an Vertrautem festzuhalten. Führe lieber dein inneres Kind heim! Sobald du dich selbst radikal ehrlich zur Rede stellst und persönliche Verantwortung für dein Handeln übernimmst, ist der Augenblick des Erwachens und des

Beginns deiner bewussten Evolution gekommen. Die Heiligkeit jeder Art von Beziehung hängt an deiner Fähigkeit zuzuhören und dich für die Botschaft des gegenwärtigen Moments zu öffnen. Im Lauf der Zeit wirst du lernen, wie du beten, meditieren und dich auch mit Mutter Natur verbinden kannst.

Natürlich werden weiterhin Momente kommen, wo du dich unausgeglichen fühlst, wo negative Gefühle und Gedanken dich überwältigen und zu Handlungen drängen wollen, die du doch hinter dir lassen willst. Dann visualisiere einen stillen Feldweg vor deinem inneren Auge, der sanft und stetig zum Horizont führt. Verbinde dich mit deinem Atem, werde sanft und fließend, und sieh dich ruhig und gelassen in der Mitte des Weges vorangehen. Öffne deinen Blick für die lichten Höhen am fernen Horizont. Erinnere dich daran, dass du von allen Elementen, Himmelsrichtungen und den spirituellen Reichen unterstützt wirst. während du diesen offenen Weg just in dessen Mitte beschreitest. Empfange alle Gefühle, intuitiven Botschaften oder Einsichtsschübe, die nun durchkommen. Gibt es eine nährende Energie, die dich heilt und hält? Übe dich in mitfühlendem Nachfragen, sei weitsichtig, beachte deine eigene Perspektive genauso wie die Perspektiven anderer Menschen und Wesen. Solch kreatives Visualisieren und Wahrnehmen ist Übung und Werkzeug, mit denen du die Empfangsbereitschaft deiner spirituellen und energetisch-physischen Antennen verfeinerst. Du gibst deiner Seele Raum zum Atmen und schickst Allen und Allem gute Energie, statt in Abwehrhaltung zu verfallen. Indem du dich darin übst, nichts abzuwerten, sondern einfach nur zu unterscheiden, was dich weiterbringt und was nicht, wirst du innerlich wachsen.

Es kann so einfach sein: Einfach nur hinzuhören und zuzuhören, ohne im Kopf ein Urteil zu fällen, erweitert augenblicklich das achtsame Gewahrsein. Der Atem vertieft sich, der Körper erdet sich, das defensive, verletzte, wütende innere Kind gibt die Führung ab. Dies ist der Moment des Loslassens und der Moment der Rückkehr zum höheren Selbst. Eine Veränderung, die den Lauf auch deines Lebens ändert. Ein Wandel, der dein Herz öffnet, sodass du einsiehst, wann dein falscher Stolz dich dazu zwingen will, einseitigen Urteilen Glauben zu schenken. Es ist der Moment, an dem du aus persönlicher

Integrität heraus denkst und handelst, statt dich von deiner inneren Führung abzuwenden. Und das gilt für alle Ebenen: körperlich, emotional, mental und spirituell.

Also lass dich nicht immer wieder von einschränkenden Gedanken einladen lassen wie: „Ich bin immer ... „ – „Ich bin nie ...“ – „Wenn ich nur ... könnte“. In der Umnachtung einer einzigen Sekunde kann jegliche intuitive Botschaft verloren gehen, und der mittlere Weg zu den Höhen des Geistes wird vernebelt. Worin liegt dann die Arbeit? Darin, dass du dich immer wieder übst, dich genau jetzt wiederzufinden. Und schon öffnet sich der Weg der Mitte sofort wieder. Abwehr und Urteil bestimmen dich nicht weiter.

So wie in diesem Übungsbeispiel, kannst du mit allen selbstgeschaffenen Visualisierungen und Ritualen arbeiten. Du bist die Kreative, bist die Künstlerin und das Kunstwerk in einer Person. Je geschickter du im Leben und Lieben, im Zuhören und Beobachten, im Helfen und Hilfe Empfangen wirst, umso besser gerüstet bist du auch für die wilde Fahrt im Auf und Ab des Alltags. Und vergiss nie: Immer wieder musst du auch pausieren, Atem schöpfen und nach innen gehen. Sonst verliert sich der Weg vor dir erneut – der Weg der Mitte und zu Verbundenheit und Erfüllung auf allen Ebenen.

DAS KOSMISCHE NETZ: DEIN HERZ IST DEINE MEDIZIN

Von einem erwachten Herzen geführt zu werden, um Geduld, Hingabe und Verlässlichkeit zu erwerben, befreit von den allertiefsten Mustern des Mangels, von Verdruss, Angst, Misstrauen, Wut und Schuld. Und das gilt nicht nur für dich allein, sondern auch für die menschliche Gemeinschaft als Ganzes. Denn uns alle verbindet das kosmische Netz des Lebens. Sobald wir zu verstehen beginnen, wie Elemente, Jahreszeiten und Himmelsräume unsere innere Alchemie bereichern und befruchten, können wir mit unserer persönlichen Energie auch alles andere bereichern und befruchten. Das Netz allgegenwärtiger Verbundenheit webt und lebt in jeder einzelnen menschlichen Verkörperung. Was du dir selbst tust, das tust du auch anderen. Wer an einem neuen Narrativ des eigenen Lebens arbeitet, wirkt auch an der Erneuerung des kollektiven Bewusstseins mit und trägt zu einer neuen Weltordnung bei. Durch ihr Herzbewusstsein wird die moderne Mystikerin zur Aktivistin der Liebe und des Lebens. Spürst du, wie fein deine eigene Führung auf dein Herz abgestimmt ist?

Wir leben in einer Art goldenem Zeitalter der Bequemlichkeit, dank unserer Technologie und der kritiklosen Verehrung des „freien Willens". Doch nutzen wir damit unsere gottgegebene Chance der Wahlmöglichkeit? Die Chance, uns von Konditionierungen und karmischen Wunden zu heilen? Beweisen wir die Intelligenz und das Herz, die planetaren Ressourcen so zu nutzen, dass wir eine andere Bewusstseinsebene erreichen, statt den Reichtum der Erde für egoistische Zwecke auszubeuten? Um tatsächlich in Freiheit und Freude zu leben, braucht die Menschheit endlich eine ehrliche Selbstreflexion. Und ja, auch für jeden und jede von uns ist es harte Arbeit, die eigene mentale Verdrahtung neu zu ordnen und die emotionale Motivation zu reinigen. Aber es ist unerlässlich! Wir müssen uns wieder auf die kosmische Intelligenz einschwingen, wie bereits unsere Ahnen es erstrebten – ohne dass sie die äußeren Möglichkeiten hatten, über die wir verfügen.

Übe dich im Hinblick auf die planetare Krise darin, ehrlich und empathisch zugleich die Wahrheit zu sagen. Spiel nichts herunter, aber übertreibe auch nichts. Es ist, wie es ist, und nichts kann sich ändern, solange wir vor allem unsere Angst zum Ausdruck bringen. Hingabe und Engagement statt Pflicht und Schuld! Herzensbeziehungen aufbauen! Erlaube dir, jeden Tag aus deiner ungeteilten Präsenz und Ganzheit heraus zu leben, statt in Ego-Zuständen der Ignoranz, des Wunsches nach Machtübernahme oder im Desinteresse zu schlummern. Lass dich nicht länger von irgendeiner „Blase" manipulieren. Werde zum Engel auf Erden, bereite nachfolgenden Generationen einen guten Boden!

Indem wir unseren täglichen Lebensrhythmus als ein lebendiges Ritual betrachten und uns darin üben, in Schönheit und mit erwachtem Herzen durchs Leben zu gehen, spinnen wir auch am kosmischen Netz mit. Sieh, wie es strahlt und glitzert – und wie es sich immer wieder erneuert, wenn es irgendwo zerrissen war. Beobachte, wie universelle Verbundenheit auch deinen Lebensweg orchestriert – sanft und unbezwingbar zugleich. Du selbst kannst felsenfest und fließend, klar und geheimnisvoll zugleich sein. Trost auch in den dunkelsten Momenten finden. Du aktivierst die Magie deines Herzens, wie das Licht der Sonne deinen Körper erwärmt, und verbreitest ihren Zauber weit und breit. Lass deine persönliche Alchemie ein Geschenk an das Universum sein, einen Akt bewussten Mitgefühls. Sei die Gärtnerin der Herzensmedizin und beobachte, wie deine geistigen Blumen im Geist und in den Seelen vieler Menschen erblühen und sich nach und nach überallhin ausbreiten.

Teile die Wildblumensträuße deiner Seele mit Freunden und Verwandten wie mit Fremden. Mit allen, die Liebe brauchen. Das kosmische Herzensnetz wächst wie ein Lauffeuer. Es ist ansteckend und magnetisch, wenn es genährt wird, aber flüchtig wie der Wind, wenn man den Sinn dafür verliert. Du jedoch weißt, dass es überall wirkt und webt und immer zugänglich ist: im kostbaren Wunder des Zyklus von Leben, Tod und Wiedergeburt, wo Anfang und Ende miteinander verschmelzen und immer wieder das Leben aufersteht.

Lass den Duft der Wildrose in dein Herz dringen, spüre, wie das Wasser des Ozeans dich reinigt, empfange die Wärme der Sonne, um deinen zersplitterten Geist zu beruhigen, und spüre die Winde des Wandels in deinem Rücken. Vertraue darauf, dass das Wunder von Leben und Tod auch deine Seele wachrüttelt. Du wirst mythische Kraft erleben, wenn du auf das göttliche Timing vertraust und die Zeichen und Symbole beachtest, die dein Alltag dir schenkt. Deine Lehrer sind hinter jeder Ecke! Halte also alle Energiekanäle offen, um deine innere Haltung in jedem Moment steuern zu können. Die mystische Kreatur in dir kann sich in jedem einzelnen Moment in die Welt gebären.

Im Inneren der Elemente lebt ein uralter Fluss evolutionärer Entwicklung. Vertraue darauf! In deinem Herzensgeflecht ankert die tiefe Gewissheit, dass du Frieden mit deiner eigenen Vergangenheit und der Vergangenheit der Menschheit schließen kannst. Deine Rituale der Heilung und Ehrung der Vorfahren werden auch kommende Generationen dazu inspirieren, sich weiterzuentwickeln, unbewusste Lebenshaltungen zu erleuchten und Mitgefühl und Authentizität zu praktizieren.

Wegbereiterin der Zukunft zu sein bedeutet, mit Herz und Seele zu den eigenen Grundüberzeugungen und zu dem zu stehen, was du wirklich bist. So wird dein Geist vom Guten erfüllt und du integrierst deine persönliche Herzensmedizin auch ins große Netz, das in dir und mir und allen von uns webt und lebt.

Verkörpere den Kanal zwischen Himmel und Erde.
Lass dein Inneres durchdrungen sein
von der Alchemie der Herzensmedizin.

Die weiblich-mythische Superkraft bringt alles zurück zum Herzen! Deshalb besteht die Suche der modernen Mystikerin darin, Herzensarbeit zu verrichten. So erfüllt sie ihren Seelenzweck. Erhebe dich, um die Alchemie deines Herzens zu entwickeln. Nie wirst du es bereuen, diese Arbeit getan zu haben.

Dein tägliches, bewusstes Geist-Körper-Training wird zu deiner Therapie. Sei deine eigene Heilerin! Nimm jeden geistigen Rat an, der durchkommt. Sei immer bereit, denn oft wird er erteilt, wenn du es am wenigsten erwartest. Wie der Empfang gelingt? Immer, wenn du genau da bist, wo du bist. Denn wo du bist, sollst du auch sein. Jeder Moment ist ein Moment zur Befreiung deines Verstandes und der Öffnung deines Herzens. Ein Schritt in Richtung auf das Ziel deines eigenen Werdens. Du bist Energie in Bewegung. Tanze mit deinem Energiekörper, um dein Leben gemeinsam mit dem Geist zu erschaffen und zu lenken. Auch dieses Buch liest du, um deine Lebenskraftschwingung zu erhöhen. Um strategisch und einfallsreich zu sein und dein Bewusstsein zu entwickeln. Um nimmermüde zu sein im Auswerfen deiner Visionssamen.

Die fünf Elemente – Luft, Feuer, Wasser, Erde und Äther – sind deine archetypischen Weisheitslehrer. Du tauchst tief in ihre universellen Lebensenergien ein, um fortlaufend Führung zu erhalten und die nächsten Arbeitsschritte auf deiner Reise eigenhändig zu enthüllen. Dein Gespür hält dich in Verbindung mit jeder Drehung des Jahresrads, seine wiederkehrende Symbolik gibt deinem aktuellen Lebensprozess Halt und Führung. Sonne, Mond und Sterne sind deine Lehrkräfte am Himmel. Schaue oft nach oben!

Die täglichen Praktiken, die du einlädst, sind erdend, inspirierend und befreiend. So schützt du dein eigenes Energiefeld. Du setzt eine starke Grenze gegenüber der materialistischen Denkweise, wirst weder zum Opfer überhöhten Leistungsdenkens noch von unterfordernder Bequemlichkeit. Immer wieder kehrst du zur Langsamkeit zurück. Findest die Pause in der Pause. Gehst nach innen, wenn der Geist dich ruft, und teilst deine Gaben mit der Welt.

Unsere Welt wartet auf dein herzgeleitetes Denken, auf dein tieferes Fühlen im alltäglichen Dasein. Also sei ein Liebeskanal der Hingabe und nicht ein Kanal reiner Pflichterfüllung. Jeder Schritt auf der Reise – rückwärts, vorwärts, seitwärts – erinnert dich daran, dass Ganzheit und Präsenz dich in die Tiefen der seelenbewegenden Erweckung führen.

Verbanne auch den Drang, immer anderen gefallen zu wollen, schreibe gefühlvolle Gedichte an dich selbst, teile deine Gartenernte mit deinen Nachbarn. Falle auf die Knie zu Ehren der Honigbienen – du selbst bist ein Bestäuber der Erde mit der Kraft des kosmischen Bewusstseins. Ehre die Bauern, die auf natürliche Art und Weise für deine Ernährung sorgen. Sei selbst eine Beschützerin der Gewässer, denn jedes Wasser nährt auch deine Seele. Inspiriere andere, innezuhalten, sich ebenfalls auszuruhen und zu erneuern. Ja, der Weg der modernen Mystikerin ist nichts für schwache Nerven! Er erfordert rückhaltlose, nicht verhandelbare Selbstfürsorge und eine Hingabe, die dich stärker macht als die Verlockungen der oberflächlichen Dramen des Lebens.

Die Mystikerin in dir wird lebendig, wenn die Schönheit, die du in der Welt siehst, dir größer erscheint als die Zerstörung. Wenn die Liebe lauter spricht als die Gewalt. Bewaffnet mit einem Strauß wilder Blumen in deinem Herzen, sprichst du universelle Wahrheiten aus, ohne dass andere sich abwenden müssten. Du lebst in den wilden Rosen, den Flüssen, Ozeanen und Wasserfällen. Du fällst auf die Knie, um zu beten – nicht nur für deine eigenen Wünsche, sondern auch für die Evolution des Planeten und dafür, dass die zeitlose Weisheit uns Menschen nicht verloren gehe. Du heilst deine karmischen Wunden, beruhigst dein inneres Kind, wenn es weint oder zürnt, und du bist die Erdenhüterin, Windtänzerin, Wasserläuferin,

Feuerhüterin und Energiemedizinerin: Das ist der Ruf der modernen Mystikerin. Er lebt in dir. *Sie* lebt in dir. Lebt durch dich.

Die Mission meiner Seele ist einzigartig
und spricht eine unaussprechliche Herzenssprache.
Ich halte nichts zurück, lasse Begrenzungen los
und gebe mich jedem Ergebnis hin.
Wie eine Jägerin folge ich den frischen Spuren, die sich mir bieten.
In der Sphäre des Unbekannten erwartet mich eine unendlich weite Welt.
Ich weiß, dass es dort Magie zu finden gibt.
Während ich meine Visionen zum Leben erwecke
antworte ich auf den Ruf, hier zu sein und zu tun,
wozu ich bestimmt bin.
Meine Seele wird wachgerüttelt.
Ich alchimiere, synchronisiere und ritualisiere die Sakramente
auf dem Altar meines Lebens.
Ich lausche den Geschichten Tausender Leben der Vergangenheit
und Tausender Leben der Zukunft.
Und bleibe dabei hier, jederzeit.
Das Lied der Mystikerin flüstert: Willkommen zu Hause, Süße.
Willkommen zu Hause!

Rituale für mystische und spirituelle Verinnerlichung

Die moderne Mystikerin übt sich darin, heilige Rituale zur inneren Transformation ins tägliche Leben zu integrieren. Dabei richtet sie ihre Aufmerksamkeit auf den Atem, sie verrichtet Gebete, übt sich in Visualisierung, führt Tagebuch über ihre Inspirationen und erschließt einen heiligen Raum. Mit Seelenkraft öffnet sie das Innerste ihres Herzens und bringt ihren Lebenstraum in die Realität.

I. Gebet zur Erschließung eines heiligen Raums

Dieses Gebet passt zur Eröffnung oder zum Abschluss einer Einzel- oder Gruppenzeremonie. Du kannst dich jeder der vier Himmelsrichtungen zuwenden, während du sprichst. Natürlich kannst du auch dein eigenes Gebet schreiben, um die Elemente so anzurufen, wie es für dich stimmig ist.

Ruf nach Osten:
Zum Ort der aufgehenden Sonne,
im Willkommen der Winde des Neubeginns.
Geflügeltes Gewahrsein, fliege hoch,
weite meine Perspektive,
aktiviere mein visionäres Herz.
Ruf nach Süden:
Wo das Holz gesammelt,
das Feuer entzündet wird
und die Glut hell und heller brennt.
Mitfühlende Geistführung, komm zu mir!
Aktiviere meine Mitte,
verwandle mich!
Ruf nach Westen:
Wo die höchsten Quellen sprudeln,
wilde Flüsse tanzen, kühle Seen sich erinnern,
wie ihre Wasser ins salzige Meer finden
in flüssiger Anmut.
Ich bin im Fluss.
Ruf nach Norden:
Wo die Erde weint, wenn die Ahnen zur Gegenwart sprechen.
Ich sammle Steine und ordne sie zur Spirale,
um meinen Weg zu finden:
Zuhören, beobachten, lernen, fallen, aufstehen, wagen.
Das Zentrum im Zentrum finden.
Den Raum im Raum.
Erhöre den Ruf! Wach auf!
Lindern, heilen, weben.
Erleuchtete! Du trägst die Weisheit weiter.

2. Atemarbeit: Gemeinsamer Herz-Puls-Atem

Absicht

Das Energiefeld aktivieren, Stress abbauen und Herzkraft eratmen.

1 Such dir einen bequemen Sitz, richte deine Aufmerksamkeit nach innen und lass deinen ganzen Körper weich werden.
2 Beginne, deinen Atem zu verlangsamen, indem du beim Einatmen bis sechs und beim Ausatmen bis sechs zählst. Mach es für mindestens 12 Atemzyklen.
3 Wechsle deinen Atemrhythmus: Atme zweimal schnell durch die Nase ein, halte den Atem an und atme einmal lang durch den Mund aus.
4 Führe es für mindestens 12 Runden aus.
5 Verändere deinen Atemrhythmus auf fünf kurze Einatmungen – zähle sie an den Fingern ab. Halte dann den Atem so lange wie möglich an, ziehe den Nabel zur Wirbelsäule hin und neige das Kinn zum Herzen. Atme durch den Mund aus und gib dabei ein Geräusch von dir, das sich energetisierend und klärend anfühlt.

- Visualisiere deutlich, wie dein Atem in die Mitte deines Herzens eintritt. Rufe deine Fähigkeit zur Selbstliebe hervor und sende ein Gebet des Mitgefühls und der Heilung an die Gemeinschaft.
- Während du den Atem anhältst, ziehe den Nabel ein und lass deine Kernessenz nach oben ins Herz schießen.
- Wenn du ausatmest, stell dir vor, wie dein mitfühlender und liebevoller Geist nach hinten und nach vorn aus deinem Körper strömt.
- Führe es sechs Runden lang aus.

6 Tauchen/tauchten Symbole, Formen, Lichtspuren, Erinnerungen oder Affirmationen spontan auf?
7 Sitze zwei Minuten lang in stiller Meditation. Lass dein Herz sich ausdehnen und neue Kraft in deine gesamte Verkörperung strömen.

8 Komm zurück in den physischen Körper und in den gegenwärtigen Moment. Sammle alle Erkenntnisse oder Veränderungen, die du erfahren hast. Notiere es, wenn du magst.

3. Visualisierung: Mein mystisches Herz

Absicht

Die Integration erdender und aufsteigender Energien erfahren.
Mystische Weisheit im Herzen erwecken und erforschen.

1 Such dir einen bequemen Platz, an dem du wenigstens zehn Minuten lang in Stille sitzen kannst.
2 Stell dir eine Landschaft vor, wo du dich ruhig und friedlich fühlst. Beobachte, was dort wächst; verbinde dich mit den Elementen. Integriere die Farben, Klänge, Düfte und Formen dieser Umgebung.
3 Spüre die Wurzeln eines Baumes. Stell dir nun vor, wie du dich mit ihnen von der Schale deines Beckens her bis tief in die Erde hinein verbindest. Dort ist die Quelle deiner irdischen Nahrung.
4 Achte auf die Textur und die Form der Wurzeln und auch darauf, ob sie einen Ton von sich geben.
5 Bring dein Gewahrsein zum Nabel und stell dir vor, dass du deine Wirbelsäule nach oben hin verlängerst.
6 Visualisiere, wie Lichtperlen sich spiralförmig in und um deine Wirbelsäule herum bilden, dann durch den Nacken in die Mitte deines Gehirns und schließlich oben aus deinem Kopf heraus bis hinauf zu den Sternen wandern.
7 Stell eine visuelle Verbindung her vom Bauchnabel über den Scheitel ganz nach oben zu den Sternen hin – visualisiere die Sternformationen weit droben.
8 Gehe dann zurück zu deinen Wurzeln, und während sie dein Gewahrsein unten ziehen, nimm auch wahr, dass ihr Wachstum sich nun auch umkehrt: Sie beginnen sich gleichermaßen nach oben zu erstrecken, umschlingen deine Beine und umhüllen deinen Leib, bis sie Lunge und Herz erreichen. Stell dir vor, wie ihre Kraft die Liebeskraft deines Herzens nährt und mehrt.

9 Kehre zum nächtlichen Sternenhimmel zurück und lass das Licht der Sterne in dein Herz strömen.
10 Stell dir vor, dass Herz und Lunge sich mit dem Licht von Millionen Sternen erfüllen. Sieh, wie sich Sternenlicht und Wurzelkraft in deiner gesamten Verkörperung miteinander vermischen.
11 Empfange die Symbole und/oder Botschaften deines mystischen Herzens. Die älteste Weise deiner Seelenfamilie spricht nun zu dir! Mit welchem Ratschlag unterstützt sie die Entwicklung deines eigenen Herzbewusstseins?
12 Achte auf das Flüstern der Stille. Gibt es einen Aufruf zum Handeln? Halte ihn fest.
13 Lege beide Hände aufs Herz und danke für jeden Tag, den du auf diesem Planeten leben und lieben darfst.
14 Schreibe spontan nur für zwei Minuten über deine Erfahrungen.

4. Meditation: Die Seelenkammer betreten

Absicht

Deinen heiligen Raum errichten, Selbst-Erinnerung zurückgewinnen und alltägliche Resilienz stärken.

1 Such dir einen bequemen Platz oder leg dich hin. Wickle dich in eine Decke und achte darauf, dass du warm genug bleibst.
2 Beginne dich bewusst auf deinen Atem einzustimmen.
3 Wenn du bereit bist, lass dein Einatmen zu einem sonnenhaften Licht werden und nimm es vollständig in dich auf.
4 Lass dich mit jedem Ausatmen ganz und gar fallen.
5 Stell dir vor, dass du deine Seelenkammer betrittst. Es ist jener innere Ort, wo du die höchste Frequenz reiner Energie empfängst und integrierst. Erlaube dir, diese einzigartige Zone zu betreten, die unfassbar tief und nährend wirkt. Jedes Einatmen ist hier wie Nektar, der deine Seele mit Güte, Schönheit und Wahrheit erfüllt. Dies ist deine ureigene spirituelle Energie: Sie umhüllt dich schützend wie ein Kokon.
6 Mit jedem Ausatmen wirst du weicher. Du lässt einfach nur los. Stress, Unausgeglichenheit und Müdigkeit fallen ab wie altes Laub bei warmem Regen. So legst du mit jedem Ausatmen

überkommene Gewohnheiten ab und erfüllst deine Seelenkammer komplett mit Balance, Harmonie und positivem Strahlen.

7 Erfülle weiterhin mit jedem Einatmen deine Seelenkammer mit Frieden und Erleuchtung.

8 Versiegle deine Meditation durch die Farbe, mit der du zutiefst in Resonanz gehst, und stell dir vor, dass deine Seelenkammer vollständig von dieser heilenden Farbe erfüllt wird.

5. Visualisierungsreise: Erwecke dein inneres Mysterium und gewinne deine Seelenbestimmung zurück

Absicht

Dich auf dein höheres Selbst einstimmen, deine intuitive Kraft begrüßen. Alles ablegen, was dir nicht mehr dient.

Ausdrucksmittel

Papier, Buntstifte oder Farbe, eine Kerze, Altargegenstände, dein Tagebuch, Musik, ein freier Platz und eine Decke.

1 Entzünde die Kerze, reinige dein Zimmer mit frischer Luft, Räucherstäbchen und/oder ätherischen Ölen. Das gibt dir das Gefühl, in dir selbst zu Hause zu sein.

2 Errichte einen Altar, der alles enthält, womit du gerade arbeitest: Worte, Bilder, Steine, Pflanzen, Einfaches und Komplexes. Schon das ist Heilung für dich.

3 Setz dich für mindestens zwei Minuten in die Stille. Atme tief durch – lass dich ganz fallen.

4 Visualisiere ein Gewässer vor dir. Schau in die Spiegelung dieses Wassers und heiße die Mystikerin in dir willkommen. Stimm dich auf dein höheres Selbst ein und ehre all die Arbeit, die auf dich zukommt: emotional und auf der Verstandesebene, alle dazugehörigen Worte, deine Aufgabenliste und selbst das, was dir noch unbekannt ist.

5 Lass jede Sorge, jedes drängende Anliegen, jeden Stressor gehen – und wenn nur für diesen Moment. Dann rufe hervor, was du in dein Leben einlädst:

6 Beginne damit, deine Herzensabsichten in alle Himmelsrichtungen auf deine eigene kreative Art und Weise darzustellen. Für jede Richtung gilt: Schreibe es auf, zeichne, singe, tanze, bete, liebe. Lass dies eine Verstand-Geist-Seele-Kartierungsübung sein. Was/wen willst du einladen? Gehen lassen?

Osten
Rufe deine Herzensvision im Element Luft hervor. Welche Botschaft gibt sie dir? Was ist dein Herz bereit zu fühlen und zu teilen?

Süden
Heiße das Element des Feuers, deine ehrliche, bescheidene und klare innere Kraft willkommen. Was hat sie mit dir zu teilen? Rufe es hervor und schreibe es nieder. Was in dir ist bereit, verarbeitet, verbrannt und transformiert zu werden?

Westen
Bring deine Verbindung zum Wasser und zum Fließen mit deinen Gefühlen zum Ausdruck. Verbundenheit ist deine Superkraft! Vielleicht wird die geistige Führung deine Aufmerksamkeit auf etwas lenken, was du am wenigsten erwartest? Erlaube dir, den Zug dorthin zu spüren.

Norden
Rufe deine Verbindung zu Mutter Erde hervor und webe die goldenen Fäden der Bestimmung deiner Seelenfamilie fort. Begrüße deine Erdung und die Mission deiner Seele.

Äther
Rufe dein höchstes Selbst hervor. Ehre deine innere Stille ebenso wie deine ausdrucksstärksten Momente – lass die ganze Bandbreite deines Seins frei.

7 Während du skizzierst, schreibst oder Symbole anfertigst, um anzuzeigen, wo du jetzt bist und wohin du gerade gehst, beginne zu formulieren, welcher Weg, welche Richtung oder welche Verpflichtung sich am besten mit deinem höheren Selbst in Einklang bringen lässt.

8 Wenn dein bestes Ich in diesem Moment auf dich herabschauen würde, was würde es sagen? Was wäre seine Aufforderung zum Handeln?
9 Wenn du deine Kartierung abgeschlossen hast, lege sie auf den Altar und erfasse sie als Ganzes. Lass jegliche Bedeutung und Botschaft zu – was immer jetzt durchkommen will.
10 Versiegle den heiligen Raum um dich herum, indem du die Elemente, ihre Bedeutungen und deine eigenen Boten ehrst.
11 Schreibe deine Reaktionen nieder. Oder verfasse ein Gedicht. Oder teile einem Lieblingsmenschen deinen Seelenauftrag mit.

6. Ermächtige deine spirituelle Stimme und verkörpere deine mystische Schönheit

Absicht

Alle Rollen loslassen, die du im Alltag spielst. Die seelischen Kanäle von Mangel an Liebe reinigen und deine spirituelle Stimme in mystischer Schönheit zur Geltung bringen.

Zweck

Dich zur spirituellen Verwirklichung ermächtigen und Botschaften, Heilungen und Handlungsaufrufe erhalten, sodass du ein Leben in Fülle und Freude leben kannst.

Ausdrucksmittel

Irgendwelche Altargegenstände, um die Elemente Erde, Luft, Feuer, Wasser und Äther darzustellen. Tagebuch, Kerze, Weihrauch, Kräuter oder ätherische Öle, um die Luft zu reinigen. Ein Raum, in dem du dich frei bewegen kannst – wenn möglich, ein Platz im Freien.

1 Setz dich in Stille, lass alle Rollen und Verantwortlichkeiten los. Atme mindestens zwei bis fünf Minuten lang ruhig und gleichmäßig, während du dir vorstellst, frei von allen Anhaftungen zu sein.
2 Lege eine Hand aufs Herz und die andere auf den Nabel. Heiße deine spirituelle Stimme und jeden Ausdruck deines mystischen Selbst willkommen.

3 Öffne die Fenster, damit alle negativen Energien gehen können. Eröffne deinen heiligen Raum mit ätherischen Ölen, Kräutern oder Weihrauch.
4 Lade deine mitfühlende geistige Führung ein, dir unter die Arme zu greifen, und heiße deine spirituelle Essenz willkommen, sodass sie voll zum Ausdruck kommt.
5 Schreibe folgende Sätze zum Vervollständigen auf:

Die Schönheit, die ich in meinem Herzen sehe, ist _____

Die Schönheit, die ich in meinem Loslassen sehe, ist _____

Die Schönheit, die ich in meiner derzeitigen Transformation sehe, ist _____

Die Schönheit, die ich in meiner Fähigkeit zu fließen sehe, ist _____

Die Schönheit, die ich in meinem geerdeten Selbst sehe, ist _____

Die Schönheit, die ich in meinem geistigen Ausdruck sehe, ist _____

Die Schönheit, die ich in der Welt sehe, ist _____

Die Schönheit, die ich in meiner persönlichen Alchemie sehe, ist _____

6 Errichte einen Altar, inspiriert von deinen jetzigen intuitiv-kreativen Impulsen. Lass dich von den obigen Sätzen leiten, um dafür beliebige heilige Gegenstände aus deinem Zuhause auszuwählen.
7 Entzünde eine Kerze auf dem Altar und beginne die obigen Sätze laut zu beten oder zu channeln. Rufe deine Dankbarkeit und die Wünsche deiner Seele hervor, halte Fürsprache für die Heilung der Welt. Erlaube der Mystikerin in dir, sich ganz frei auszudrücken.

8 Verkörpere, was auftaucht: Gefühle, Ausdrücke, Bewegungen und Wünsche. Halte nichts zurück.
9 Steh auf und beginne eine Bewegungsreise. Tanze, bewege dich oder jogge auf der Stelle fünf bis zehn Minuten lang ohne Unterbrechung. Lass der Stimme freien Lauf. Halte die Absicht wach, deine Mystik lebendig werden zu lassen.
10 Kehre zum Altar zurück, lege beide Hände auf seine Mitte. Die Mystikerin in dir möchte jetzt vielleicht singen, sprechen oder noch einmal beten.
11 Komm zur Ruhe, empfange die rituelle Heilung und beobachte alle intuitiven Blitze oder körperlichen Regungen.
12 Wähle alle Altargegenstände aus, die du der Natur zurückgeben kannst: als ein Geschenk der Gegenseitigkeit, eine Anerkennung und Verpflichtung gegenüber deinem spirituellen Selbst und deiner Umwelt.
13 Weile noch im heiligen Raum, während du deine spirituelle Stimme und deine mitfühlenden Führer ehrst. Erlaube allen Worten, Gebeten oder Liedern, durch dich hindurchzufließen.

7. Tagebuch-Empfehlungen

- Liste deine wichtigsten Werte auf und schreibe sie in ein Leitbild für deine Seele. Verwende die erste Person, um diesen Beitrag zu verfassen. („Meine Grundwerte sind ..." oder „Ich glaube an ...")
- Wenn du ein Fabelwesen wärst, dann welches? Warum?
- Welche Weisheit würde die Mystikerin in dir jetzt mit der Welt teilen?
- Welchen Rat würdest du deinem jüngeren Selbst, das gegenwärtig durch deine spirituelle Arbeit entsteht, geben?
- Wie lässt sich dieser Ratschlag auf deine Gegenwart anwenden?
- Was waren deine tiefgreifendsten, wirklich lebensverändernden Erfahrungen? Wie haben sie dein Bewusstsein und dein Glaubenssystem verändert? Welche Botschaft oder welchen Kernwert hast du aus jeder Erfahrung mitgenommen?
- Welche täglichen Praktiken bringen dich dazu, die beste Version deiner selbst zu leben?

- Welche Rituale und täglichen Praktiken zur Seelenpflege halten dein Herz wach, weit und warm?
- Schreibe ein Seelenmantra oder einen Ehrenkodex für die Mystikerin in dir auf. Webe alles ein, was dich erleuchtet, was dich einzigartig, stark, kreativ und temperamentvoll macht. Beginne jeden Satz wie einen Liebesbrief an deine Seele mit „Die Schönheit, die ich in dir sehe, ist ..."

Der Geist ruft.
Das Gefühl einer anderen Präsenz, blitzt auf:
ein Duft, ein Ton, eine Vision.
Das Numinose spricht vernehmlicher als das Alltägliche.
Zuhören. Innehalten. Zurücksetzen.
Wo bin ich?
Wer bin ich jetzt?

Enthülle deine bestgehüteten Geheimnisse
deiner außerweltlichen Verwandtschaft.
Lege deine wertvollsten Reliquien nieder.
Irgendwo inmitten deines Schlummerns
erwacht deine magnetische Natur.
Das steht dir gut, passt wie angegossen,
geht ins Mark des Herzens der Herzen.
Puls! Bumm! Beat! Überspringen. Zittern. Mich wachrütteln.
Oh, dieses große Geheimnis, das wir Leben nennen,
zu kennen!

Die innerste Quelle wird weder enthüllt noch verschlüsselt,
weder verloren noch gefunden.
Rein. Unberührbar. Sinnlich.
Unendliche Energie in reinster Form.
Kein Ende. Kein Anfang.
Kosmisch, flüchtig, bedingungslos.

Antworte dem Ruf! Der Geist hält dich auf höchstem Weg.

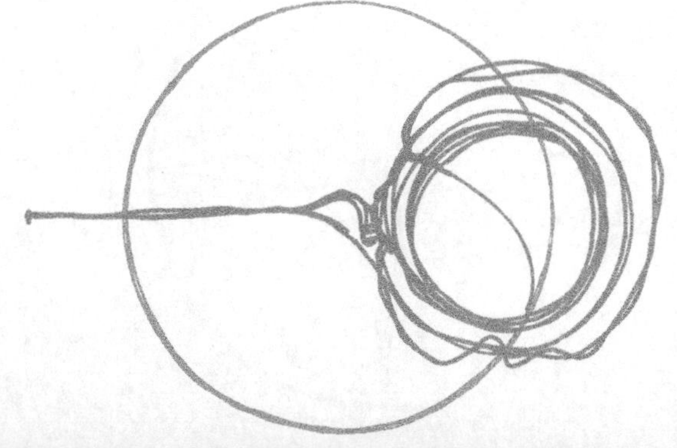

Rosenduft für immer in meinem Herzen.
Salzige Meere heben mich empor und läutern mich.

Die Wärme des Sonnenlichts heilt meinen zersplitterten Geist.
Die Winde des Wandels schieben mich voran.
Das Wunder des Lebens, von Geburt und Tod
rüttelt meine Seele wach.
Von alldem bin ich Zeuge.
Wie die ältesten Sterne bewahre ich alles in mir.

Blitzartig erinnere ich mich an den unvergesslichen Moment,
als sich die Erzählung meines eigenen Lebens
zum Guten wandelte und alles anders werden durfte.
Wie ein Fabelwesen trage ich mein Lied den uralten Zedern vor,
die sich im alterslosen Wind des Wandels wiegen.

Und im Erwachen erinnere ich mich an meine
Selbstermächtigung:
Daran, welche Kraft es schenkt, meinen inneren
Gestaltwandel zu kanalisieren.

Navigieren durch die göttlichen Zeitpläne.
Stabil im rituellen Leben,
dank kosmischer Zeichen und Symbole.
Als ungezähmte Natur wachse ich ins Leben hinein.
Bete zärtlich für die Seele der Erde,
für das Wohl der Menschheit und aller Wesen.

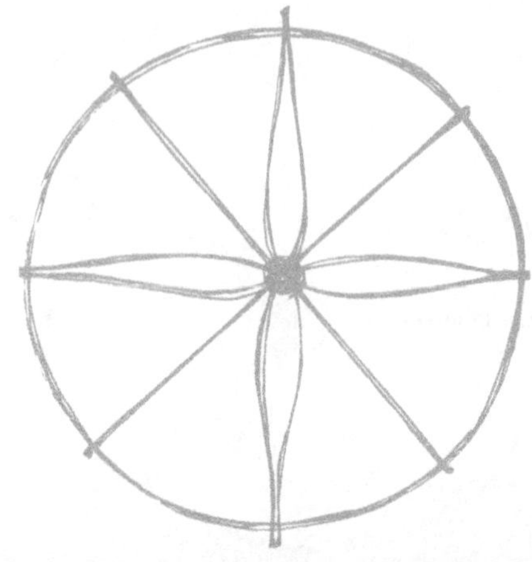

EPILOG

Die Kunst des Rituals ist die Kunst der Verbindung von Körper, Geist, Herz und Seele. Der Körper ist der Kanal, der Verstand die Bühne, das Herz das Nest und der Geistkörper die Sphäre deiner persönlichen Alchemie. Der Tanz von Hingabe und Aktivierung ist der Tanz des Lebens. Die Dynamik der kosmischen Rhythmen zu ehren, heißt, das Mysterium des Lebens zu umarmen. Als Menschen können wir zwar nie ganz verstehen, was auf kosmischer Ebene geschieht, doch können wir uns am Universum ausrichten, indem wir praktizieren, wovon wir direkt und unmittelbar wissen, dass es gut für unsere Seele ist.

Indem du mit der allgegenwärtigen Lebenskraft und dem archetypischen Rhythmus von Sonne und Mond und der fünf Elemente verschmilzt, wirst du zur Heilerin von vielerlei Unbill, der wir Menschen naturgemäß ausgesetzt sind. Wenn das Leben hart wird und der innere Kritiker dich auf die Palme bringt, bringst du Unterscheidungsvermögen zur Geltung und legst dein Herz auf deinen inneren Altar. Du wirst die Polarität von Arbeit und Spiel, Freude und Trauer, Anfang und Ende harmonisch ausgleichen.

Das Leben ist voller Überraschungen! Vertraue darauf, dass dir unter die Arme gegriffen wird. Wer jeden Tag die Aufforderung zur geistigen Arbeit annimmt, wird auch Klarheit darüber erlangen, welche Schritte heute zu gehen sind. Nähre die Wälder und Wiesen, die Ozeane und Seen, die Berge und Täler mit ehrlicher Hingabe – immer und immer wieder. Indem du innere Spannungen gehen lässt, lösen sich auch äußerliche Komplikationen. Nimm dir deine heilige Pause. So wird dein Körper wieder stark, der Verstand klar und das Herz lebendig.

Erforsche auch die Rituale und Traditionen deiner Vorfahren. Lerne deinen Stammbaum kennen. Sammle Familienbilder und errichte einen Ahnenaltar. Sammle das Gold deines Stammbaums, nimm auf, womit aus der Vergangenheit du in Resonanz stehst, und unterscheide es von dem, wo es nicht der Fall ist. Auch darin liegt Heilung. Studiere zudem die Glaubensformen und Rituale anderer Kulturen und behandle sie mit Respekt. Lerne proaktiv von allen Traditionen, die es dir ermöglichen, dich zu erden und selbst zu erforschen. Auch das wird dich unterstützen, die beste Version deiner selbst zu werden.

Versammle dich in Gemeinschaft mit Gleichgesinnten und lass die Freude an ihrer Gesellschaft dein inneres Feuer entfachen. Und wenn es damit einmal zu viel werden sollte, lockere einfach den Griff. Vertraue auf das Unbekannte und heiße die Winde des Wandels willkommen. Wandle im Anfängergeist auf diesem Planeten, um bereit für kosmische Vertiefung zu sein.

Nimm in jeden Morgen und jeden Abend deine meditativen Momente mit hinein. Nicht nur dein Altar, sondern jedes bewusst gestaltete, kleinere Heiligtum in deinem Zuhause spiegelt deinen Geist wider. Jeden Tag achtsam zu beginnen und zu beenden, bringt Stabilität und Ausgeglichenheit sowohl in deine Aktivitäten wie auch in die notwendigen Ruhephasen.

Öffne dein eigenes Energiefeld, um mit der natürlichen Umgebung zu verschmelzen – berühre die Erde, küsse den Himmel. Entdecke die Freiheit in deinen ureigenen kreativen Ausdrucksformen – künstlerisch, körperlich, emotional oder intellektuell – und praktiziere sie zeremoniell. Schenke dir selbst das Geschenk der Stille im frühen Morgenlicht und im abendlichen Mondschein.

Sieh nicht zuletzt alle Veränderungen, Widerstände und schwierige Zeiten als das, was sie sind: notwendige Begleiterscheinungen des menschlichen Daseins. Statt dich selbst zu bedauern, schaffe dir Unterstützungssysteme, um tief sitzende Muster zu ändern. Reite lachend auf alten Gewohnheiten, wie auf Wellen, die kommen und gehen! Ignoriere es nicht, wenn

Gefühle von Schuld, Scham, Mangel, Angst oder gefühlte Unwürdigkeit aufkommen. Begrüße alles, was deinem Emotionalkörper Stress bereitet – als die tadellose Kriegerin, die du bist. Feiere dein Gewahrsein und deine Beobachtungsfähigkeit, wenn solche Gefühle aufkommen, bevor sie die Oberhand gewinnen. Richte dich auf, begegne ihnen, benenne sie und beginne von Neuem, dir selbst dieselbe Gutherzigkeit im Ertragen deiner Unvollkommenheit zu erweisen, die du auch deinen Lieblingsmenschen entgegenbringst. Visualisiere, wie du anstrengungslos in einem Strom der Selbstvergebung, des Mitgefühls und des erwachten Bewusstseins mitschwimmst. Und fokussiere dich auf deine Möglichkeiten, dich innerlich zu verändern – danach sehnt sich dein Geist!

Heiße auch deine Seelenfamilie willkommen. Blutsverwandte und spirituelle Verwandte – in der körperlichen und außerkörperlichen Welt – laden dich dazu ein, deine Hände an ihrem Feuer zu wärmen. Hinter jeder Stadtecke, in jedem Café, auf jedem Spaziergang kann es einen Lehrer oder eine Muse geben, eine Reflexion oder Intuition, um zu lauschen und dein Herz weit zu öffnen.

Geh Hand in Hand mit deinem Geist, und lass dein Herz deine Zwillingsflamme sein. Heiße diese gesegnete Lebensreise als vieldimensionale, heilige, tiefe, liebevolle und freudige Erfahrung willkommen. Und ja, erinnere dich auch immer wieder daran, manchmal rückwärtszugehen: umzukehren, um einen anderen Weg zu finden. Rufe dann deine mitfühlende geistige Führung an. Lade sie zum Tee ein. Heiße ihre Güte in deinem eigenen Herzen willkommen. Sie wird dir Momente des Loslassens schenken und den Weg bereiten für die Freiheit, die in deinem Energiekörper wächst wie Wildblumen auf einem Berggipfel.

Die moderne Mystikerin ist dafür gerüstet, dass jeder Zyklus in ihrem Leben zum nächsten führt. Du lebst dein Leben nicht länger im Halbschlaf und lädst nicht länger Negativität und Toxizität in deinen Lebenskreis ein. Innere Schönheit strömt durch dich hindurch und berührt die Herzen auch der Fremden auf deinem Weg. Sie heilt dich selbst, deine Familie, deine Gemeinschaft und belebt die Güte und Wahrheit. Bis zum Kern der Erde und hinauf zu den Sternen gehst du so –

manchmal rückwärts, um dich an deine Güte, Schönheit und Wahrheit zu erinnern, manchmal spiralförmig nach oben, direkt in den Strudel des ätherischen Mysteriums hinein.

Feiere die Entwicklung deines freien, geerdeten, freudigen und authentischen Selbst! In dir ist alles, was du brauchst. Deine Erdengel und deine Geistführung feuern dein tapferes Herz an. Die ganze Zeit über lernst du, wie du deinen Weg nach Hause findest und dich immer wieder für die Liebe öffnest.

Gestern Abend
habe ich vom Mondlicht getrunken.
Einen riesigen Schluck.
Luna riss mich in Stücke.
Ein Strudel der Dunkelheit umhüllte mich.
Und ich wachte auf – ja, ich wachte auf.
Sammeln. Heilen. Weben.
Alles, was zu mir gehört, findet wieder zusammen.
Alle Erzählungen von Vergangenheit, Gegenwart und Zukunft.
Meine Seelenfamilie ruft.
Es ist an der Zeit.
Wandel ist jetzt.
Sand rieselt durch Finger. Vogel ruft. Laub fällt zu Boden.
Stern verglüht. Ein anderer wird geboren.
Wildblumen schießen aus Erde.
Hungernd nach Sonne.
Ich nehme alles an. Alles.

Übersicht über alle Rituale

Kapitel 6
Das Heilige bewegt sich durch dich: Der Geist ruft
Rituale, um die Geistige Welt anzurufen

Kapitel 7
Heilende Rituale der Mondgöttin: Zeitlose Weisheit für Transformation und Erneuerung
Rituale, um lunare Energie anzuzapfen und auszurichten

Kapitel 8
Evolutionäre Mystik: Persönliche Alchemie entwickeln
Rituale für mystische und spirituelle Verinnerlichung

Empfohlene Lektüre

Barks, Coleman. *The Essential Rumi.* New York: HarperCollins, 1995.

Blackwood, Danielle. *The Twelve Faces of the Goddess: Transform Your Life with Astrology, Magick, and the Sacred Feminine.* Woodbury, Minnesota: Llewellyn Publications, 2018.

Brown, Brené. *Entdecke deine innere Stärke: Wahre Heimat in dir selbst und Verbundenheit mit anderen finden.* München: Kailash, 2018.

Desikachar, T.K.V. *The Heart of Yoga: Developing a Personal Practice.* Rochester, Vermont: Inner Traditions, 1995.

Dispenza, Joe. *Werde übernatürlich: Wie gewöhnliche Menschen das Ungewöhnliche erreichen.* Dorfen: Koha, 2017.

Estés, Clarissa Pinkola. *Die Wolfsfrau: Die Kraft der weiblichen Urinstinkte.* München: Heyne, 2022.

Gibran, Khalil. *Der Prophet.* München: dtv, 2003.

Ingerman, Sandra. *Lichtvoll leben: Schamanische Impulse für jeden Tag.* München: Goldmann, 2016.

Judith, Anodea. *Lebensräder: Das große Chakren-Lehr- und Übungsbuch.* München: Goldmann, 2004.

Kempton, Sally. *Awakening Shakti: The Transformative Power of the Goddesses of Yoga.* Boulder, Colorado: Sounds True, 2013.

Kimmerer, Robin Wall. *Geflochtenes Süßgras: Die Weisheit der Pflanzen.* Berlin: Aufbau, 2021.

Mate, Gabor, M.D. *Wenn der Körper nein sagt: Wie chronischer Stress krank macht – und was Sie dagegen tun können.* Kandern: Narayana, 2020.

Myss, Caroline. *Chakras: Die sieben Zentren von Kraft und Heilung.* München: Knaur, 1999.

Oliver, Mary. *Sag mir, was hast du vor mit deinem wilden, kostbaren Leben: Gesammelte Gedichte.* Zürich: Diogenes, 2023.

Roach, Geshe Michael und Christie McNally. *Die Essenz des Yoga nach Patanjali: Zeitlose Weisheit für ein erfülltes Leben.* Petersberg: Via Nova, 2006.

Roth, Gabrielle. *Totem: Das Praxisbuch zu den Fünf Rhythmen.* Berlin: Allegria, 2019.

Ruiz, Don Miguel. *Die vier Versprechen: Ein Weg zur Freiheit und Würde.* Berlin: Allegria, 2022.

Starr, Mirabai. *Wild Mercy: Living the Fierce and Tender Wisdom of the Women Mystics.* Boulder, Colorado: Sounds True, 2019.

Syedullah, Jasmine, Lama Rod Owens, und Angel Kyodo Williams. *Radikal lieben: Buddhismus, Antirassismus und Befreiung.* Hiddensee: w_orten & meer, 2021.

Tippett, Krista. *Becoming Wise: An Inquiry into the Mystery and Art of Living.* New York: Penguin Press, 2016.

Wilcox, Joan Parisi. *Masters of the Living Energy: The Mystical World of the Q'ero of Peru.* Vermont: Inner Traditions, 1999.

Wohlleben, Peter. *Das geheime Leben der Bäume: Was sie fühlen, wie sie kommunizieren – die Entdeckung einer verborgenen Welt.* München: Heyne, 2019.

Über die Autorin

Foto: Kornelia Kulbackie

Mara Branscombe lebt mit ihrem Mann und ihren beiden Töchtern in Vancouver, Kanada. Ihre Leidenschaft, den spirituellen Weg zu gehen, führte sie zu indischen Yogis, zu Schamanen verschiedener Traditionslinien und ließ sie tief ins uralte Wissen östlicher und westlicher Weisheitslehren eintauchen. Als Abenteurerin segelte sie über den Atlantik, wanderte durch den Himalaja und lebte in einer abgelegenen Hütte in den kanadischen Wäldern. Heute ist Mara eine erfolgreiche Autorin, Seminarleiterin und Zeremonienmeisterin mit internationalem Publikum. Im Mittelpunkt ihres Wirkens steht die Vermittlung eines erdgebundenen und herzzentrierten Lebens und Liebens.

Weitere Informationen: **www.marabranscombe.com**

Notizen

Notizen

Notizen

Notizen

Die Originalausgabe erschien 2022 bei Findhorn Press,
a division of Inner Traditions International, Rochester, VT 05767, USA.
Dieses Werk wurde vermittelt durch die
Literarische Agentur Thomas Schlück GmbH, 30161 Hannover.

Illustrationen: Laura Mowbray
Umschlaggestaltung: Guter Punkt, München
Umschlagmotive:
Baum: © kovalto1 / iStock / Getty Images Plus
Mond: © alano design / iStock / Getty Images Plus
Hintergrund: © lavendertime / iStock / Getty Images Plus
Satz und Innenlayout: BuchHaus Robert Gigler, München
Druck und Bindung: GGP Media GmbH, Pößneck
ISBN: 978-3-905836-37-0

Printed in Germany
www.allinti.ch